LOUIS DE FUNÈS

« NE PARLEZ PAS TROP DE MOI,
LES ENFANTS ! »

et aussi
de **Patrick de Funès**

Médecin malgré moi, le cherche midi, 2008.
La Folie de la grandeur, le cherche midi, 2012.

Patrick et Olivier de Funès

LOUIS DE FUNÈS

« NE PARLEZ PAS TROP DE MOI, LES ENFANTS ! »

COLLECTION **DOCUMENTS**

cherche midi

Coordination éditoriale : Frédéric Dieudonné

23, rue du Cherche-Midi
75006 Paris

Avant-propos

Pourquoi donc ai-je souhaité écrire quelques mots, en préambule d'un livre sur un grand acteur français ? Je suis éthologue. J'ai passé des années à étudier les chimpanzés. Mois après mois, seule dans la forêt, loin de la civilisation. Et je connaissais mal Louis de Funès. Mais en découvrant certains de ses films, puis en rencontrant Patrick, son fils aîné, je me suis rendu compte que, contre toute attente, Louis de Funès et moi avions beaucoup de points communs.

D'abord, il était un éthologue, comme moi. L'éthologie désigne tout simplement l'étude du comportement. Lui a étudié les humains. Il a répertorié leurs mouvements, gestes et postures, qui varient selon les circonstances, et toutes les idiosyncrasies qui déterminent l'individualité. Il est parvenu à une compréhension profonde du langage du corps, celui qui ne recourt pas aux mots. Puis, il a intégré sa connaissance dans les personnages qu'il a incarnés en tant qu'acteur. Intuitivement, il a sélectionné des comportements qui semblent innés à notre espèce, et que nous remarquons chez tout le monde. Et c'est pour cette raison, j'en suis convaincue, qu'il est devenu un acteur si populaire.

J'ai fait exactement la même chose que lui. La différence, c'est que j'ai appris à interpréter le langage du corps de nos plus proches cousins vivants : les chimpanzés. Il existe tant de similitudes entre la communication de l'homme et celle des grands singes : le baiser ou la petite tape dans le dos pour se saluer, la même expression de tristesse ou de joie sur le visage, les mêmes crises de colère, la même façon de courber l'échine et de baisser la tête pour chercher réconfort ou pardon. La plus grande différence réside dans notre usage des mots. Mais les postures et les gestes sont prioritaires et chacun, en regardant jouer Louis de Funès, peut comprendre intuitivement ces signaux de communication, même lorsqu'on croit s'intéresser davantage à son dialogue.

Après avoir étudié si longtemps la communication des chimpanzés, j'ai commencé à regarder les gens différemment. C'est pourquoi je suis en mesure d'apprécier l'art consommé de Louis de Funès. Son interprétation de ce que les hommes peuvent ressentir et comprendre, sous le vernis des mots, est simplement magistrale.
Je ne suis pas étonnée qu'il soit devenu l'acteur le plus populaire de France, et qu'aujourd'hui encore, la diffusion de ses films à la télévision continue de battre des records. Ce qui, bien sûr, assure sa pérennité auprès des générations nouvelles, qui découvrent son génie, et voudront le partager à leur tour avec leurs enfants.

Lorsque j'ai rencontré Patrick en 2004 à Paris, nous avons évoqué mes observations des chimpanzés, et leur lien avec le jeu de son père. Il m'a conseillé de regarder *La Grande Vadrouille*, en particulier la scène où Louis de Funès parvient à s'approprier les chaussures de Bourvil. Je l'ai fait, et je comprends maintenant pourquoi il me l'avait suggéré.
Dans une société de chimpanzés, les plus faibles tirent avantage des plus forts en recourant à la ruse. Un jour, j'ai ainsi observé comment le jeune Figan amadouait Goliath, le mâle dominant. Figan voulait à tout prix un morceau de la viande (gourmandise occasionnelle) que son compagnon était en train de savourer. Il savait qu'il ne pourrait jamais la lui prendre par la force. Alors, il s'est avancé en posture de soumission, a émis quelques grognements et s'est mis à épouiller Goliath. Petit à petit, il s'est rapproché d'un bout de viande tombé aux pieds de Goliath. En regardant bien Goliath et en continuant à l'épouiller d'une seule main, il s'est encore penché davantage vers le butin. Finalement, il l'a ramassé en douceur de l'autre main, a continué un moment son épouillage, puis s'est éclipsé tranquillement pour déguster le fruit de son larcin.
Ainsi que Patrick l'évoque plus loin, dans *La Grande Vadrouille*, le simple peintre en bâtiment (Bourvil), se fait berner, comme Goliath, par le comportement servile d'un homme d'un plus haut rang social : le chef d'orchestre (Louis de Funès). La différence, c'est que Goliath, lui, ne s'est aperçu de rien !

Plus j'en apprends sur ce grand acteur, plus je m'aperçois de ce qui nous lie. Nous avons tous deux apprécié la lecture des ouvrages de l'entomologiste Jean-Henri Fabre, l'un de ses auteurs favoris. Toute petite, j'étais fascinée par la façon anthropomorphique (et réfutée par les scientifiques) dont Fabre décrit les insectes et leur comportement. Il arrivait à me rendre sympathiques les araignées et les bousiers, entre autres !
De plus, Louis de Funès et moi partageons la même passion pour le jardinage - même si aujourd'hui, en voyage 300 jours par an, j'ai rarement le temps de m'y consacrer. Mais lorsque j'étais enfant, je passais des heures à faire des semis, à sentir entre mes doigts la terre, la texture même de la nature. J'ignore si, comme ma sœur et moi, Louis ramassait parfois les escargots pour les mettre à l'abri d'un piétinement malheureux. Mais Patrick m'a raconté la révolte de son père à l'égard de tous ceux qui maltraitent le monde vivant : « chasseurs, braconniers, vivisecteurs, et même les militaires, tous pareils à ses yeux », m'a-t-il dit.
Louis de Funès, qui a toujours aimé la nature, en est devenu un ardent défenseur. Il a su souligner l'urgence de préserver le monde sauvage.
Ce soir-là, j'ai aussi fait la connaissance de son épouse, Jeanne. Elle est certaine que lui et moi aurions pu bien discuter ensemble. Pour ma part, je sais que j'aurais vraiment aimé rencontrer Louis de Funès. Quel honneur d'introduire ce livre de souvenirs, bel hommage rendu à un grand acteur par ses deux fils !

Jane Goodall PhD
Fondatrice du Jane Goodall Institute
Messagère de la Paix à l'ONU
www.janegoodall.fr

Bravo, Patrick et Olivier,
pour vos souvenirs qui se veulent justes et exacts, sans perdre de vue l'humour qui régnait dans notre maison.

Notre but à Louis et à moi, parents confrontés à des enfants ayant chacun une personnalité si forte, était de les laisser s'épanouir au maximum.

Je constate en lisant ce livre qui relate toute cette vie intime, haute en couleur, serrés les uns contre les autres, que Louis a réussi ce qu'il désirait.

Jeanne de Funès

À María Angeles et Samy Nouira,
mes amis de Tunis

PATRICK DE FUNÈS

À ma femme Dominique
et à mes enfants Julia, Charles et Adrien

OLIVIER DE FUNÈS

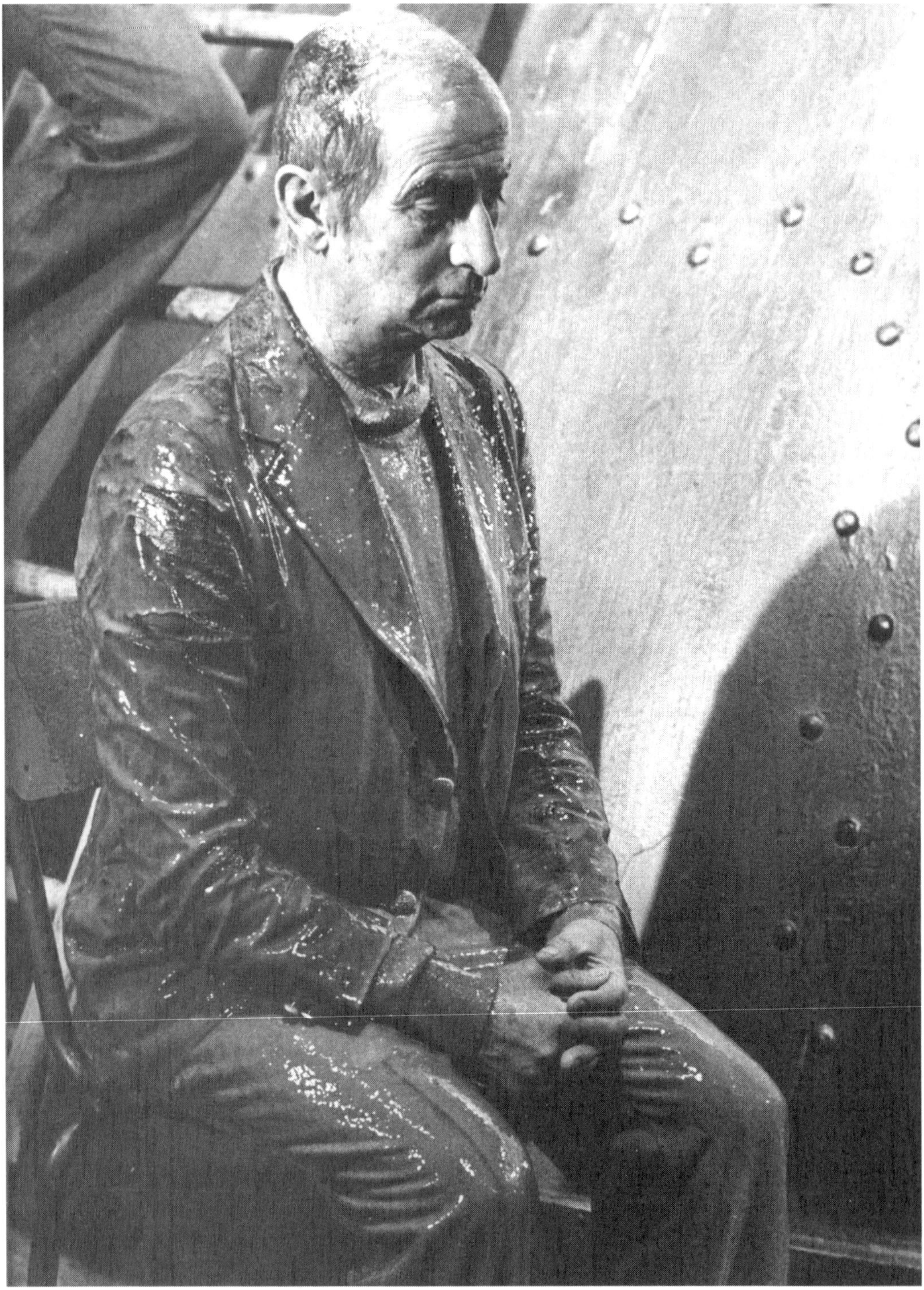

Sur le tournage des *Aventures de Rabbi Jacob*, en 1973.
« C'est ma photo de plateau préférée », confie Jeanne de Funès. « Louis devait souvent attendre très longtemps entre les prises. Observez sa patience et sa capacité de concentration. »

Prologue

Patrick

1973. *Rabbi Jacob* est un triomphe. Mon père n'a pas ménagé sa peine pour interpréter ce rôle de patron irascible entraîné dans d'incroyables péripéties. La scène de la cuve de chewing-gum a été tournée dans une usine désaffectée, où la température n'excédait pas dix degrés. Il a dû replonger des dizaines de fois dans une mixture verte, mélange gluant de pâte à pain et de colorant alimentaire, en restant trempé entre les prises.

Après trois jours de ce supplice, comme il n'entendait plus de l'oreille gauche, il courut chez un O.R.L., qui aperçut un bouchon verdâtre collé au tympan. Au moyen d'une grosse seringue faisant office de mini-karcher, le praticien y envoya un jet d'eau sous pression.

« M. de Funès, un conseil, conclut-il. Cessez de vous retourner des cotons-tiges en tous sens dans les oreilles : vous ne parviendrez qu'à les boucher, et il faudra recommencer cette injection désagréable. »

Négligeant ces directives, le patient poursuivit allégrement le rituel. Et lorsqu'il croyait détecter une légère baisse d'audition, il réitérait l'opération de débouchage tout seul, à l'aide d'une petite poire en caoutchouc. Un soir, nous nous apprêtions à rejoindre Marcelle Oury, la mère de Gérard, pour l'emmener au grand restaurant Taillevent. Mon père y avait également convié le docteur Djian, éminent radiologue, le

contraire d'un homme empesé ou condescendant. Il appréciait sa conversation pince-sans-rire et pleine d'esprit.
« Ça y est, je n'entends plus de l'oreille gauche ! s'écria-t-il en quittant l'appartement. Une minute, je vais la déboucher. »
Il secoua tous les tiroirs de la salle de bains pour remettre la main sur sa poire magique : en vain. Il se résigna à partir sans se faire l'injection salvatrice :
« Voilà, je ne vais rien entendre de ce que va me dire Djian ! »
En nous ouvrant sa porte, Marcelle Oury n'eut même pas le temps de nous embrasser :
« Ma petite Marcelle, tu n'aurais pas une poire à lavement ? »
Elle en resta comme deux ronds de flan, ignorant même à quoi cela ressemblait.
Le sujet alimenta toute la conversation jusqu'au restaurant. Marcelle tentait de l'apaiser :
- Mais Louis, tu entends parfaitement !
- Là, peut-être, mais Djian parle tout doucement. Enfin, je vais m'asseoir à sa gauche, comme ça, il me parlera du bon côté !
Au restaurant, notre ami nous attendait. Averti de la catastrophe, il compatit d'un air distrait… Mon père fit signe à un maître d'hôtel en queue-de-pie, qui accourut très cérémonieusement, s'attendant sans doute à ce qu'il commande du champagne :
« Vous serait-il possible d'envoyer un chasseur dans une pharmacie de garde pour m'acheter une poire à lavement, modèle enfant de préférence ? »
L'avantage de ces grands établissements, c'est que l'on ne s'y étonne de rien : « Mais naturellement, M. de Funès ! »
On peut imaginer ce qu'on a dû se raconter dans les cuisines…
Un quart d'heure plus tard, un groom s'avança avec une petite poire rose sur un plateau d'argent, que toute la salle put contempler. Tout sourire, mon père la saisit du bout des doigts, avant de s'éclipser quelques instants. À son retour, il nous annonça joyeusement que tout allait beaucoup mieux !

Olivier

La vie aux côtés de notre père fut pleine d'impondérables et de charme. Elle n'était ni banale, ni triste. Le mythe de l'acteur comique abandonnant son humour à la sortie du théâtre pour afficher le masque d'une mélancolie pesante n'a jamais eu sa place dans notre maison.

Louis de Funès était un homme aussi drôle dans la vie qu'à l'écran, sans toutefois utiliser les mêmes armes, car il exerçait avant tout un vrai métier, qu'il a peaufiné tout au long de sa carrière.

La curiosité de son public est toujours aussi vive :
« Comment faisait-il pour trouver tout cela ? »
« Il paraît qu'il était extrêmement nerveux ? »
« Vous racontait-il ses gags avant de les jouer ? »
« On dit qu'il était extrêmement dur sur un tournage. »
« Était-il sévère avec vous ? »

Autant de questions que nous abordons dans ce livre, en tant que simples témoins de cette aventure si originale.

12

1
Louis et Jeanne

Patrick

Mes parents sont nés la même année, en 1914, au début de la Grande Guerre. Le jour de l'Armistice de 1918, tandis que toutes les cloches de Courbevoie sonnent la victoire, le petit Louis de Funès, insouciant, sème quelques radis dans le jardinet du pavillon familial. Son père Carlos de Funès est bien vivant. Espagnol, il n'a pas été mobilisé et échappe au massacre.

Carlos a fui l'Espagne dix ans plus tôt, après avoir enlevé ma grand-mère Leonor Soto de Galarza, dont il s'est épris à Madrid. Dès leur rencontre, la jeune fille ne fut pas insensible au charme de ce bel avocat andalou, mais ses parents ne l'entendirent pas de cette oreille, nourrissant pour elle d'autres ambitions. Quand son prétendant se risqua à demander sa main, ils le mirent à la porte sans tambour ni trompettes. Séquestrée dans sa chambre, Leonor était surveillée jour et nuit par une duègne ressemblant à Alice Sapritch dans *La Folie des Grandeurs*. Malgré ces précautions, les amoureux réussirent à prendre la fuite, comme dans les romans. Connaissant ma grand-mère, je ne serais pas étonné qu'elle soit descendue le long d'un drap… Prudents, les tourtereaux passèrent la frontière, et s'installèrent à Courbevoie, près de Paris. Marie (surnommée Mine) vint au monde en 1906, Charles en 1910, et Louis quatre ans plus tard. Puis, ils déménagèrent dans la commune de Bécon-les-Bruyères, où mon père passa sa jeunesse.

Ne pouvant exercer sa profession d'avocat en France, mon grand-père décida de se lancer dans la fabrication d'émeraudes synthétiques. Une idée saugrenue, car il était atteint de daltonisme. Le rouge, le bleu, le vert… c'était à peu près la même chose pour lui : il évoluait dans un monde en noir et blanc. C'était à Louis, qui n'avait pas plus de six ans, de donner son avis sur ses derniers essais :

- Bibi, celle-ci, elle tire plutôt sur le vert ou sur le bleu ?
- Mais… elle est jaune !

« Ah, papa, c'était un artiste ! nous racontait mon père. Il était calme, discret. On ne l'entendait pas. Il était d'une politesse exquise, il avait beaucoup d'humour, mais le quotidien ne l'intéressait pas. Et puis, il passait le plus clair de son temps au café ! C'était un homme du Sud ! »

Heureusement, ma grand-mère Leonor avait la tête sur les épaules. Elle se démenait pour faire bouillir la marmite. De connivence avec des négociants en fourrures, elle rabattait vers eux des dames de la bonne société. Habile comédienne, elle arrivait à leur faire croire qu'enroulées dans un vison, elles auraient la classe de Greta Garbo.

Puis, mon grand-père s'embarqua pour le Venezuela, dans l'espoir de faire prospérer son affaire. Ses courriers s'espacèrent progressivement. Mon père se retrouva interne dans un collège sinistre à Coulommiers.

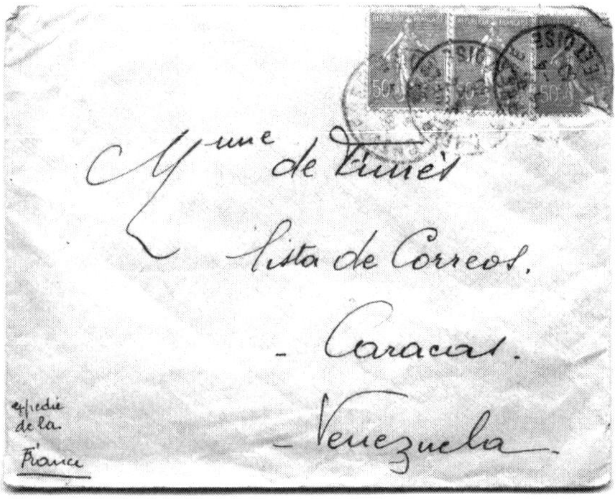

En 1930, il écrivit une longue lettre à sa mère, partie au Venezuela chercher son mari qui s'était lancé dans la fabrication d'émeraudes artificielles.

À droite : lycée Jules-Ferry de Coulommiers, année scolaire 1925-1926. À l'âge de onze ans, Louis de Funès incarnait déjà un gendarme dans une pièce de théâtre montée avec ses camarades : *Le Royal Dindon*.

« Mes enfants, vous ne serez jamais pensionnaires ! nous répétera-t-il souvent. On se gelait l'hiver, et je n'avais que dix ans ! On ne venait jamais me voir. C'était la prison ! »
Au bout de trois ans, Leonor partit à la recherche de son mari migrateur… Elle sortit Louis de son collège pour le confier au docteur Pouchet, qui dirigeait un refuge de nourrissons abandonnés dans la vallée de Chevreuse. Ce médecin prétendait avoir mis au point une mixture pour faire grandir les enfants : le sirop panglandulaire. Ma grand-mère espérait que cette boisson visqueuse serait profitable à son fils, qu'elle trouvait trop petit. Celui-ci s'accommoda de son goût de poisson : il était si heureux d'être à des lieues de Coulommiers. Il faisait du vélo, langeait les bébés, leur donnait le biberon… jusqu'au jour où sa mère ramena un mari devenu l'ombre de lui-même : il était miné par la tuberculose. De peur de le contaminer, il n'embrassa pas Louis, mais, d'une main tremblotante, lui tendit un petit animal empaillé : « Un colibri, le plus petit oiseau du monde, lui susurra-t-il entre deux quintes de toux. Et en plus, colibri veut dire émeraude en argot ! » Toute sa vie, mon père le gardera bien en vue.
Il devait vaporiser plusieurs fois par jour un antiseptique dans tout l'appartement pour éviter la contagion. Puis, mon grand-père s'en retourna seul à Malaga, où il s'est éteint le 19 mai 1934.

Mon père jouait au théâtre *Faisons un rêve*, de Sacha Guitry, lorsque ma grand-mère est morte à son tour, le 25 octobre 1957. Il était effondré, mais il lui était inconcevable de ne pas jouer ce soir-là. Et ma mère, qui l'avait accompagné au théâtre, le trouva meilleur que jamais.
Ma grand-mère s'exprimait en très bon français, malgré un fort accent castillan, qui ne manquait ni de charme ni de distinction. Nous lui rendions visite tous les dimanches. Elle s'adressait à mon père en espagnol, mais il avait beau le parler parfaitement, il lui répondait en français, car c'était la langue dans laquelle il pensait.
Actrice dans l'âme, elle nous jouait chaque fois, au moment

Son père : Louis de Funès a peu connu son père Carlos, mort en 1934 de la tuberculose.
À droite : sa mère Leonor avait des talents de comédienne,
dont il s'inspira beaucoup pour la genèse de ses personnages.

du départ, la grande scène de la séparation. Elle nous étreignait, nous broyait littéralement dans ses bras et se lançait dans une tirade interminable pour nous annoncer que c'était la dernière fois que nous la voyions vivante. Nous la laissions effondrée dans un fauteuil, se tenant le cœur à deux mains, comme s'il allait lâcher.

Louis de Funès l'évoquait souvent au cours d'interviews, racontant qu'elle avait été son premier professeur de comédie, la comparant même à Raimu. Il nous avait rapporté une anecdote qui l'amusait beaucoup :

« Maman avait un aplomb incroyable. Je n'oublierai jamais l'histoire de cet oncle de Madrid, qui nous avait envoyé sa photo à Bécon. En apercevant ce visage moustachu, elle s'était empressée de le reléguer à la cave. "Je l'ai placée sur le piano !" lui a-t-elle écrit en le remerciant. Et voilà que ce monsieur débarque un jour à l'improviste ! Je le vois encore, avec sa tasse de thé, demandant où était son portrait. Maman a marqué un temps : cette histoire lui était complètement sortie de la tête. Alors elle l'a regardé dans les yeux, avec une sincérité inouïe, et elle lui a répondu : "Oh ! je viens justement de la donner à agrandir !" Ça, c'était du spectacle ! »

Mine, la sœur aînée de mon père, était devenue une splendide jeune femme, pleine de prestance et d'élégance. Le couturier Jacques Heim l'avait même engagée comme mannequin.
Après avoir épousé un aviateur, elle s'éprit de Jean Murat, le jeune premier en vogue, et s'éclipsa avec lui à Madrid. Inconsciente, elle le présenta à sa famille comme son mari. « C'est curieux, se dirent-ils, on a l'impression de l'avoir déjà vu quelque part !... »
Aimant régenter, elle était un brin autoritaire avec son petit frère...
« Je n'avais pas mon mot à dire, nous racontait-il. Je me souviens du jour où elle m'a emmené chez l'actrice Renée Saint-Cyr, sa grande copine ! J'avais dix-huit ans et j'étais tout intimidé à l'idée de rencontrer la vedette de l'époque. Tu parles ! Je suis arrivé dans un appartement vide ! Elle n'avait pas encore emménagé. Mine m'avait amené là pour que je passe les trois cents mètres carrés de parquet à la paille de fer ! J'en ai gardé des crampes aux mollets pendant une semaine. »
Il était donc plus prudent de ne jamais évoquer le nom de Renée Saint-Cyr devant mon père. Cependant cette mésaventure ne l'empêchera pas, bien plus tard, de tourner *Les Bons Vivants* avec son fils, Georges Lautner, avec qui il s'entendra très bien.

Dans sa jeunesse, mon père fumait deux paquets de cigarettes par jour. Il toussait, crachait et était d'une maigreur impressionnante. Les médecins de l'armée le crurent tuberculeux. Quant à lui, il est toujours resté convaincu qu'ils avaient confondu son dossier avec celui d'un autre. Pourtant, on l'avait convoqué plusieurs fois, comme l'atteste son livret militaire, que nous avons conservé. En 1937, il fut définitivement écarté du service actif, après trois jours passés au camp de Mailly.

Mon oncle Charles de Funès connut un destin plus tragique : en 1939, il fut fauché par une mitrailleuse allemande. Ce fut un coup rude pour mon père : ce frère était son compagnon de jeu. Ils avaient sillonné ensemble une partie de la France à vélo. J'ai l'impression que c'est dans ces immenses virées qu'il a appris ce que c'était d'aller au-delà de ses forces, et d'endurer la douleur sans renoncer.

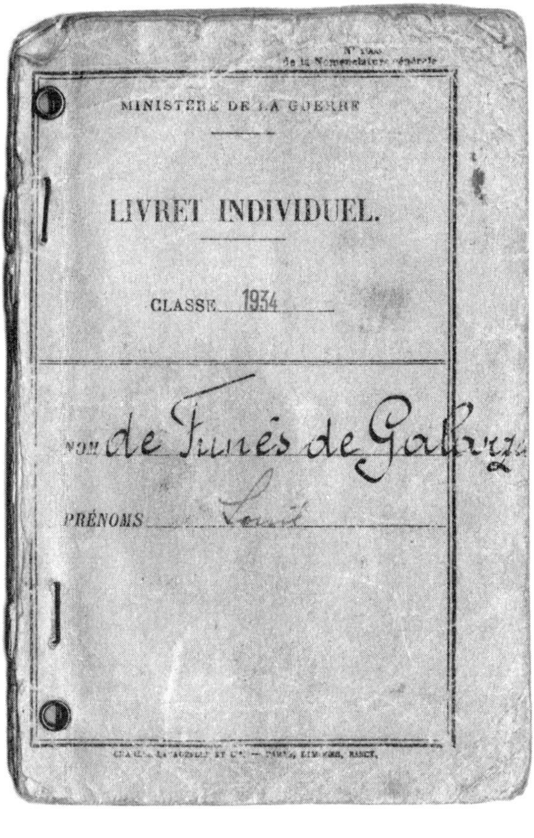

Considéré à tort comme tuberculeux, Louis de Funès fut réformé définitivement en 1937.

De son côté, la petite Jeanne Barthélémy, future madame de Funès, n'a pas eu la chance de connaître ses parents. Son père, qui s'appelait Louis, fut tué par un obus à Verdun en 1918. Et comble de malheur, sa mère est morte peu après dans de terribles souffrances. Elle avait sans doute contracté la fièvre des tranchées en allant reconnaître le corps de son mari dans un hangar de Bar-le-Duc.
Orphelins, ma mère et son frère Pierre sont partis vivre chez « maman Titine », leur grand-mère paternelle, au pied de la butte Montmartre. Elle avait quatre filles, Marie, Julia, Jeanne et Valentine, et un fils Henri, sorti indemne de la boucherie de Verdun. Pierre et ma mère passaient toutes leurs vacances chez leur tante Marie, épouse de Charles, comte de Maupassant. Des portes-fenêtres de leur superbe hôtel particulier parisien, on apercevait, perdue parmi les saules du parc Monceau, la statue de son cousin Guy, le célèbre écrivain. Au printemps, l'oncle Charles et la tante Marie quittaient Paris pour la douceur du climat de leur manoir d'Allonnes, en Anjou, puis passaient tout l'été dans leur château de Clermont-sur-Loire, au Cellier, près de Nantes, celui-là même où nous vivrons plus tard.

* * *

Mes parents se sont connus sous l'Occupation, en 1942, dans une école de jazz de la rue du Faubourg-Poissonnière. Dans un couloir du métro, ma mère avait aperçu une publicité annonçant l'ouverture de l'établissement. Pour les jeunes de l'époque, le jazz était synonyme de liberté. Elle s'y précipita.
- Je ne pourrai jamais me payer les cours ! annonça-t-elle d'emblée à Charles Henry, le maître des lieux.
- Ce sont surtout tes doigts qui sont importants. Il en faut de sacrés ! Tes gammes, ça marche ?
- Mes pouces traînent un peu… Je suis plus à l'aise sur une machine à écrire.
- Parfait : je cherche une secrétaire ! Je suis sûr que tu feras très

bien l'affaire. En échange, tu suivras gratuitement les cours. Mon père s'était inscrit la veille lui aussi, pour apprendre l'harmonie et le solfège, car il ne savait pas lire une seule note de musique. Et pourtant, il était déjà pianiste dans un bar du quartier de la Madeleine : L'Horizon.

« Je trimais douze heures sans interruption. On me faisait manger en cinq minutes dans les vestiaires avant de commencer. Je n'avais même pas le droit d'aller faire pipi. En plus, il fallait garder le sourire. »

Toutes sortes de gens s'y côtoyaient : des noctambules chic et un brin débraillés, des petites vertus venues se détendre entre deux clients, leurs souteneurs aux costumes trop bien taillés, et une poignée de truands armés jusqu'aux dents. Sans oublier les officiers allemands, sanglés dans leurs uniformes vert-de-gris.

Ma mère se souvient de leur rencontre comme si c'était hier : « Je tapais du courrier, quand Charles Henry a fait irruption dans le bureau en s'écriant : "Jeanne ! Viens vite, tu vas voir un phénomène !" Il était surexcité. Il m'a entraînée vers la salle de cours, et c'est là que j'ai vu ton père pour la première fois. Il était au piano. Les autres élèves étaient bouche bée. "Écoute ça, c'est incroyable !" m'a murmuré Charles

C'est au conservatoire de musique de Charles Henry que Louis et Jeanne se sont rencontrés, en 1942. On aperçoit Eddie Barclay à l'extrême gauche, juste au-dessus de Jeanne. Louis de Funès est accoudé au piano.

Henry. “Je ne comprends pas pourquoi il veut prendre des leçons ! Je suis très embarrassé : si j’y touche, je risque de lui casser sa baraque. Il va se mettre à réfléchir, et tout peut s’effondrer d’un coup.” »

À l’instar du maréchal des logis chef Cruchot et de madame la colonelle, une étincelle a dû jaillir au moment où Jeanne et Louis se sont effleuré la main ! Toujours est-il qu’ils ne se quitteront plus.

- Donne-moi des leçons particulières, lui demanda ma mère, subjuguée.

- Viens d’abord m’entendre à L’Horizon : je t’invite à dîner.

Elle y était le soir même.

« Il avait fait dresser une table basse contre le piano. Il y avait du homard et du champagne, se rappelle ma mère. Toute sa paie du mois y est passée. On en a ri pendant des années ! Il était là, assis à côté de moi pendant une pause, quand j’ai entendu claquer la porte d’entrée. Une grande brune, l’air furieux, s’est dirigée vers nous à grandes enjambées, et sans dire un mot, elle s’est postée devant ton père et lui a balancé une gifle retentissante. Elle a tourné aussitôt les talons et elle est repartie. Loin de se démonter, il en a rajouté. Il a basculé à la renverse et s’est affaissé dans le fauteuil comme s’il avait reçu un coup de poing colossal. Cela a déclenché un éclat de rire général ! “Je la connais à peine, m’a-t-il expliqué. J’avais complètement oublié que je lui avais donné rendez-vous !” »

Au bar L’Horizon, près de la Madeleine, au début des années 1940. Sans avoir jamais appris le solfège, il avait un sens exceptionnel du rythme.

Ma mère fut séduite par l'énergie bouillonnante de ce jeune homme. Elle devint un pilier de L'Horizon. On y chantait, on y dansait. Sans avoir vraiment conscience de ce qu'ils faisaient, les Allemands reprenaient en chœur des refrains américains, que mon père entonnait depuis son piano. Et quand il les sentait à point, il leur faisait répéter des paroles de son cru :
- Et on l'aura…
- Et on l'aura ! répétaient-ils à tue-tête.
- Dans l'cul !
- Dans l'cul ! s'égosillaient-ils de plus belle.
Le jeu était périlleux. Les Allemands étaient comme des tigres sous l'effet d'une capsule anesthésiante. Un soir, quand mon père, au piano, aperçut un certain Friedrich s'approcher de ma mère, il en joua une fausse note. Ce client assidu était l'un des chefs de la Kommandantur. Il s'arrêta devant elle et s'inclina cérémonieusement avant de lui faire le baisemain. Elle était tétanisée. Après avoir plaqué deux accords, mon père se leva pour la tirer de ce mauvais pas. Devant improviser un rôle, il choisit la soumission :
- Herr Friedrich, permettez-moi de vous présenter ma fiancée ! se risqua-t-il, plié en deux, l'œil humble et obséquieux.
- Ach ! Fiancée de vous ! Gut, gut ! Oh alors, pas toucher ! s'écria l'officier en s'éloignant.
Cette composition resurgira comme par miracle une vingtaine d'années plus tard dans *La Grande Vadrouille*, quand Stanislas Lefort, dans sa loge à l'Opéra, est traité de « gross filou » par l'officier allemand.

Cette nuit-là, en attrapant le dernier métro, mon père embrassa ma mère :
« À partir de maintenant, nous sommes fiancés. »
Par la suite, lorsqu'ils manquaient ce fameux métro, il la raccompagnait chez son frère, rue de Maubeuge. Il devait ensuite retraverser tout Paris pour rentrer chez lui.
En 1942, déambuler dans les rues après le couvre-feu était proprement suicidaire : les patrouilles embarquaient souvent comme otages ceux qu'elles surprenaient, certains étaient

fusillés au mont Valérien. Main dans la main, mes parents rasaient les murs, se cachaient sous des porches…
« Une fois, au coin d'une rue, ton père m'a poussée en arrière, me chuchotant : "Ne regarde pas !" J'ai quand même eu le temps d'apercevoir un camion chargé de cadavres entassés. »

Lorsqu'elle annonça à sa grand-mère et à ses tantes qu'elle fréquentait un pianiste de bar, celles-ci ne s'en troublèrent pas le moins du monde. Mais elles s'affolèrent au récit de leurs expéditions nocturnes. Aussi, l'oncle Henri, le rescapé de Verdun, qui tenait, avec sa femme Justine, un hôtel rue Condorcet, à deux pas de chez ma mère, proposa à mon père de l'héberger dans une belle chambre au rez-de-chaussée. Il va sans dire que les uns et les autres n'avaient pas la moindre sympathie pour l'occupant. En particulier Simone, la femme de chambre, qui, un matin, se retrouva face à trois types de la Gestapo, demandant à voir un certain Louis de Funès : le S.T.O. (Service du travail obligatoire) avait besoin de main-d'œuvre… Elle eut la présence d'esprit de répondre qu'il avait quitté l'hôtel la veille, pour une destination inconnue. Si les générations nouvelles peuvent continuer à rire avec Louis de Funès, c'est peut-être en grande partie grâce à cette femme.

Mon père avait juste oublié un détail : il était déjà marié… En 1936, il avait épousé une femme nommée Germaine. Sans doute n'étaient-ils pas faits l'un pour l'autre : un mois après la cérémonie, il prenait ses jambes à son cou. De leur union est né un enfant, Daniel.
Ma mère tomba des nues en apprenant cette histoire, et le prit très mal :
« Ma famille n'acceptera jamais que je vive avec un homme marié. Et moi-même, je refuse cette situation. Notre rencontre restera un merveilleux souvenir, Louis, mais restons-en là. »
Il comprit alors qu'il devait prendre le taureau par les cornes, et divorcer. Il envoya sa sœur Mine tâter le terrain : séparée elle-même de son premier mari depuis un certain temps, elle connaissait la procédure. Elle alla trouver Germaine, ravie à

La musique a toujours été très importante pour Louis et Jeanne.
À l'époque, Louis de Funès n'envisageait pas d'autre carrière que celle de pianiste.

l'idée de ne plus s'appeler madame de Funès. Ayant rencontré Henri, l'homme de sa vie, elle souhaitait l'épouser au plus vite. Elle ne posait qu'une condition : Louis ne s'occuperait jamais de Daniel, qu'Henri considérait comme son fils.
Ma mère ne s'était toujours pas faite à cette idée : elle avait quand même l'impression d'enlever son mari à une autre femme…
« Eh bien, pour te rassurer, demain, je t'emmène chez Germaine ! lui proposa mon père. Elle veut faire ta connaissance ! »
C'est une jeune femme agréable et souriante qui leur ouvrit la porte. Elle embrassa ma mère, s'exclamant :
« Que vous êtes jolie ! Je suis ravie pour Louis ! »
Ma mère avait l'impression de rendre visite à une cousine de son fiancé ! Germaine les conduisit au salon, où attendait Henri, tenant sur ses genoux un gamin de sept ans : Daniel. Pour dissiper d'emblée tout embarras, il entra dans le vif du

sujet : « Germaine est ravie de divorcer. Il est bien entendu que Daniel est notre fils, et que nous le gardons. »

Ce problème réglé, ma mère devait présenter son futur époux à toute sa famille, avant de convoler en justes noces. Se rendre au château de Clermont était toute une expédition : les trains s'arrêtaient souvent en rase campagne, et il fallait passer au travers de multiples contrôles. Dès que mon père entendit enfin crisser sous ses pieds le sable de Loire soigneusement ratissé de la cour d'honneur, il fut littéralement subjugué par la magie du lieu. Marie de Maupassant venait alors de perdre son mari. Âgée d'une soixantaine d'années, elle avait les façons d'une grande dame, sans rien d'outré. Tante Julia, sa sœur aînée – et ma future marraine –, donna le ton en déclarant :

« Celui que Jeanne a choisi ne peut être que parfait ! »

La chaleur de cet accueil effaça la timidité maladive de mon père. Ce jeune homme allait offrir sans réserve son affection à cette famille. Maman Titine devint sa propre grand-mère, à qui il se confiera comme à personne.

Les tantes de ma mère avaient des personnalités très différentes : quelle mine d'inspiration pour lui plus tard ! Surtout tante Jeanne, la sœur de tante Marie, qu'on retrouvera dans de nombreux personnages de ses films. C'était une femme minuscule, aux goûts simples, qui s'était réfugiée au château avec son mari quand Nancy était aux mains des Allemands. Elle ne demandait qu'à se rendre utile. Mon père l'aimait beaucoup. Elle avait toujours l'air ronchon, et il ne se passait pas un jour sans qu'elle fonde en larmes, pour une réflexion anodine ou l'annonce d'un décès à la radio. Des années plus tard, mon père découvrit que Robert Dhéry avait le talent de pleurer sur commande, exactement comme elle.

« Fais-moi tante Jeanne ! », lui demandait-il souvent.

Dans une scène du *Petit Baigneur*, Robert pleure si bien qu'on remarque mon père remonter son drap sur son visage pour cacher son fou rire.

Son arrivée dans cette nouvelle famille lui offrit une seconde naissance, qui lui permit de laisser son passé de côté, et de l'enfouir, au fil des années, au plus profond de lui-même.

Devant la fontaine du château de Clermont-sur-Loire,
où Louis de Funès fut présenté à toute la famille de Jeanne.

Le divorce de mon père et de Germaine avait été prononcé, mais l'Église était intraitable : pas de cérémonie religieuse pour un remariage ! Henry VIII Tudor avait envoyé balader le pape lorsqu'il avait épousé Anne Boleyn en secondes noces, mais Louis de Funès n'était pas le roi d'Angleterre. Il n'y eut donc qu'un mariage civil en avril 1943, à la mairie du 9e arrondissement.

Débarrassons-nous au passage d'une légende qui court dans toutes les biographies : ce n'est pas du boudin qui fut servi au repas de noce, mais des volailles, bien grasses, expédiées de Clermont par nos tantes. Le boudin avait été servi la veille, lors d'une petite fête que mon père et Robert Deiss, son ami d'enfance, avaient organisée pour enterrer leur vie de garçon. Robert, lui aussi, s'était fiancé à une dénommée Jeanne : mon père et lui trouvèrent amusant de se marier le même jour. Pour que le tableau soit complet, ils appelèrent tous les deux leur fils Patrick.

Le petit deux-pièces de la rue de Miromesnil que Robert prêta à mes parents était loin d'être désagréable. Les copains débarquaient à l'improviste, en enjambant la fenêtre. Daniel Gélin, le plus assidu, venait de se marier avec Danièle

Delorme, la vedette du moment, qui enchaînait les rôles de pauvres filles tristounettes. C'est lui qui poussa Louis de Funès à épouser le métier d'acteur. À l'époque, l'argent manquait cruellement : mes parents et leurs amis vivaient au jour le jour. Gélin, qui menait une carrière de jeune premier avec un certain bonheur, suggéra tout naturellement à mon père de faire de la figuration. Il était bien placé pour lui indiquer les films en préparation.

Après la Libération, le ménage Gélin commença à battre de l'aile : Danièle Delorme ne voyait plus que par l'Union soviétique, et se mit à avoir des prétentions intellectuelles. Rapidement, leurs visites s'espacèrent. Ne pouvant plus compter que sur eux-mêmes pour décrocher de petits cachetons, mes parents mirent au point un ingénieux système… qui nécessitait de bonnes chaussures ! Bras dessus bras dessous, ils arpentaient les Champs-Élysées des après-midi entiers, passant et repassant devant le Fouquet's. Tous les gens de cinéma

Page de gauche : déjeuner de fiançailles en 1942, dans la salle à manger du château de Clermont. À gauche, maman Titine, la grand-mère de Jeanne. Louis de Funès est à droite sur la photo.

Ci-contre : jeunes mariés, Louis et Jeanne de Funès en 1945, au bord de la Loire.

négatif & positif de
mon bout d'essai de
La Tentation de Barbizon
mon 1er film

y déjeunaient ou y prenaient un verre. Mes parents finissaient par rencontrer une vague connaissance :
- Que c'est drôle de te voir, quelle chance ! Nous passions par le plus grand des hasards ! lançait mon père, feignant la surprise comme il savait si bien le faire.
- Louis ! Passe donc au studio demain : il y a une journée à faire.
Un jour, ils tombèrent sur le cinéaste Jean-Pierre Melville :
- Louis, Jeanne ! Quel dommage que je ne vous aie pas aperçus plus tôt ! J'avais besoin d'un pianiste pour le réveillon du Jour de l'An, mais je l'ai déjà trouvé. Vous ne connaîtriez pas un accordéoniste par hasard ?
- Mais Jean-Pierre, j'en joue aussi très bien, mentit mon père, qui n'en avait jamais touché un de sa vie !
Et Melville l'engagea. Mon père se plaça derrière le pianiste de façon à cacher sa main gauche, celle des boutons de l'accordéon, qu'il aurait été bien en peine d'utiliser. De la droite, il se débrouilla tant bien que mal pour accompagner le piano, en se contorsionnant sans cesse pour éviter d'être confondu. Melville n'était pas dupe. Il lui versa le double de ce qui avait été prévu, par générosité d'abord, et sans doute aussi pour le récompenser d'avoir fait ainsi illusion toute la soirée !
Par la suite, mon père ne manqua jamais un film de Melville. Il lui vouait un culte sans faille, au point qu'un jour, Gérard Oury finit par s'en agacer :
« Tu ne jures que par lui, mais il ne t'a jamais fait tourner ! »
Sa réponse fut probablement évasive, et il passa cette anecdote sous silence. Par pudeur, il ne s'étendait jamais sur les raisons d'une amitié, d'une reconnaissance, et encore moins d'une inimitié.

Louis de Funès avait conservé précieusement ces morceaux de pellicule de son tout premier rôle au cinéma en 1945.

Olivier

La passion du jazz n'a jamais quitté mon père. Pour son anniversaire, je lui offrais régulièrement le dernier album d'Oscar Peterson ou d'Erroll Garner, ses pianistes préférés. Il y a toujours eu un piano chez nous, mais il ne voulait presque plus en jouer. Sans doute pour ne pas se rappeler les mauvais souvenirs de sa jeunesse, il boudait le clavier, comme il rechignait à parler espagnol.

Lorsqu'il se croyait seul, je le surprenais de temps en temps à rechercher les harmonies de *Sweet Lorraine* ou de *Sophisticated Lady*. Il n'avait pas perdu ses doigts : ils étaient juste un peu rouillés. Perfectionniste dans ce domaine aussi, il ne voulait pas qu'on l'écoute :

« Je joue comme un cochon, il faudrait que je travaille beaucoup ! »

Il se plaignait de n'avoir pas assez travaillé sa main gauche lorsqu'il jouait dans les bars. C'est pourtant cette main qui lui donnait le rythme, et qui lui valut un tel succès. N'appréciant pas les gens qui s'installent au piano en fin de soirée pour massacrer un morceau, il jugeait qu'il ne devait pas, lui non plus, jouer ce qu'il appelait « de la soupe ». Sa modestie lui venait de son immense respect pour les instrumentistes professionnels, qu'il n'envisageait pas une seconde de pouvoir égaler. Son souci de la perfection nous a ainsi privés de son talent de pianiste.

Dans le petit deux-pièces de la rue de Miromesnil, l'argent manquait,
mais le jeune couple gardait l'enthousiasme de la jeunesse.

2

Jeunes années

Olivier

En 1952, nous avons quitté la rue de Miromesnil, où nous logions au rez-de-chaussée, pour un petit appartement rue de Maubeuge. J'avais trois ans, Patrick huit, mes parents trente-huit. L'immeuble était modeste, mais ce deux-pièces donnait sur un petit square qui allait devenir plus tard une école primaire.

Nous y avons passé huit ans, durant lesquels mon père n'a cessé de bricoler pour aménager une salle de bains, des rangements et un salon accueillant. Avec des engagements plus réguliers, son inquiétude au sujet de notre confort s'estompait. L'ambiance familiale s'égayait. Mes parents embauchèrent une dame charmante, Émilienne, pour aider ma mère. Elle nous gardait pendant les absences prolongées de mes parents, et apprit à mijoter leurs plats préférés : pigeons aux petits pois, escargots de Bourgogne ou rognons au madère. Nous avions désormais la télé. J'avais le droit de regarder *36 chandelles* le vendredi et *Les cinq dernières minutes* le mardi soir. Mon père pouvait y voir ses chanteurs préférés : Maurice Chevalier, Gilbert Bécaud… Les grandes émissions d'information, comme *Cinq colonnes à la une*, le passionnaient. Les vaches maigres s'éloignaient avec nonchalance, mais, d'après mon père, elles profiteraient de la première occasion pour revenir nous rendre visite. Paris était sale et saturé d'automobiles. Nous rentrions de l'école Turgot

poussiéreux et blafards, assaillis par des trachéites à répétition. Notre vie parisienne s'écoulait tranquillement, au rythme d'un quartier populaire de l'époque. Les commerçants qui servaient M. de Funès lui demandaient des nouvelles de ses enfants. Il n'était pas encore un acteur connu, et il regrettera parfois cette époque.
Nous rendions souvent visite à Henri, l'oncle de ma mère, qui tenait désormais une teinturerie rue de Bellefond avec sa femme Justine. Cet homme sympathique nous racontait ses combats de boxe de jeunesse. Mon père admirait ses prouesses physiques et son courage à exercer un métier aussi fatigant sans jamais se plaindre. Surtout, il appartenait à cette famille qui l'avait accueilli sans réserve, pendant la guerre, alors qu'il courtisait la petite Jeanne… Parler des choses de la vie, faire rire les gens qu'il rencontrait ou nous rapporter un sachet de friandises le rendaient heureux. Mais l'avenir lui faisait peur.

Au baptême de Patrick, né en 1944. Olivier (à droite) est né en 1949.

Patrick

Les bagarres du couple Planche, nos voisins du dessus, perturbaient notre sommeil. Surtout lorsque la maîtresse de maison, femme grande et robuste, renversait une armoire sur son mari haut d'1,50 m ! Apprenant qu'il s'était pendu pour échapper à la dictature conjugale, mon père décida de déménager au plus vite.

M. Simon était notre voisin du dessous. Bel homme d'une quarantaine d'années, il était vêtu de stricts costumes croisés bleu marine, et soulevait respectueusement son feutre gris clair pour saluer ma mère. Ses reparties étonnantes faisaient la joie de mon père :

« Moi, monsieur, je n'ai jamais travaillé, et je ne paie aucun impôt, car la dame qui habite en dessous de chez vous subvient à tous mes besoins. Je suis son invité permanent. »

À propos des Algériens qui luttaient alors pour leur indépendance, il concluait :

« Mais monsieur, ces gens, quelques dattes et un verre de lait leur suffisent ! Que veulent-ils de plus ? »

Les idées de cet homme étaient à mille lieues de celles de mon père, mais les imitations qu'il nous faisait de lui n'étaient jamais méprisantes : il a toujours été indulgent envers les excentriques. Il l'aimait bien, M. Simon.

Quand je regarde *Les Aventures de Rabbi Jacob*, je revois l'œil de notre cher voisin dans celui de Victor Pivert, que joue mon père, et qui ose dire :

« Vous avez vu la mariée ? Elle est noire ! Et lui, il est blanc ! »

Il me rappelle aussi Léopold Saroyan, l'homme d'affaires du *Corniaud*, coiffé du même feutre gris, et d'une telle mauvaise foi, après avoir pulvérisé la 2 CV d'Antoine Maréchal, *alias* Bourvil !

En 1952, mon père jouait *La Puce à l'oreille* de Feydeau au théâtre Montparnasse. À la fin de la représentation, il courait au petit théâtre Vernet des Champs-Élysées pour apparaître dans le premier sketch de *Bouboute et Sélection*, un petit spectacle des Branquignols. Il enfilait une queue-de-pie à toute vitesse et entrait dans la salle, au bras de Colette Brosset.

Robert Dhéry, en barman, surgissait alors une coupe de café liégeois à la main, dérapait et la lui jetait en pleine figure ! Persuadé que c'était un vrai client, le public était ravi. Juste après, mon père traversait la rue pour aller se changer dans le bâtiment d'en face et réapparaître dans un nouveau sketch, habillé en pompier avec une lance à incendie. Un soir, en le voyant ainsi affublé au milieu de la chaussée, le portier du Raspoutine, célèbre cabaret russe, avait fait évacuer la salle ! Puis, il reprenait le métro pour rejoindre le Pot au Fou, cabaret de la rue Cujas, où il incarnait un clochard.

En 1953, à La Tomate, petit cabaret dirigé par Robert Rocca, mon père jouait plusieurs personnages dans une adaptation du *Journal* de Jules Renard. Une performance qui lui avait valu un papier enthousiaste du journaliste Jean-Jacques Gautier, dont la plume acérée avait le pouvoir de remplir une salle ou de la vider. Dans l'un des sketches, Louis de Funès était gardien de musée. À sa sortie de scène, on annonçait au micro que, cet acteur ayant reçu une critique élogieuse de Jean-Jacques Gautier, il allait leur offrir un bis ! L'air très sûr de lui, il le rejouait alors à la manière d'un acteur prétentieux.

Sacha Guitry admirait Jules Renard, et souhaita rencontrer mon père, lequel revint enchanté de l'avenue Élisée-Reclus, tenant avec précaution un portrait de l'auteur de *Poil de Carotte*, que lui avait rapidement croqué son hôte. Ce dessin est toujours resté bien en vue, avec sa belle dédicace : « Pour Louis de Funès, excellent comédien. Sacha Guitry, dessinateur médiocre. »

Après avoir abandonné ses études secondaires, mon père avait exercé toutes sortes de petits métiers. Je me demande s'il ne les enjolivait pas un peu dans ses interviews, car à la maison, il n'en parlait jamais. De son expérience d'étalagiste, il avait gardé un très bon coup de crayon. Il a même peint des paysages un peu naïfs qui avaient du charme. Il aimait bien illustrer de croquis les petites notes qu'il prenait de-ci de-là, comme celle-ci :

« Quelqu'un dessine un bonhomme très costaud, l'insulte et l'efface aussitôt pour ne pas qu'il riposte. »

Sacha Guitry perçut très vite le talent de Louis de Funès, qu'il fit jouer plusieurs fois au cinéma, et aussi au théâtre. En 1953, il lui croqua ce portrait de Jules Renard, que tous deux appréciaient beaucoup.

Sa scolarité ne lui avait pas laissé un souvenir impérissable ; à moi non plus, d'ailleurs. Le lycée Jacques-Decour, où je suis entré dès la sixième, était aussi lugubre qu'une prison, et ses professeurs, d'une incapacité consternante. Mon père, qui ne comprenait rien au latin ni aux maths, n'était guère en mesure de m'aider. Ma mère me faisait réciter inlassablement les vers sirupeux du programme. Elle était aussi l'intransigeante répétitrice de son mari : son articulation et sa diction en sont devenues parfaites.

Comme dans *L'Homme-Orchestre*, mon père me mimait les

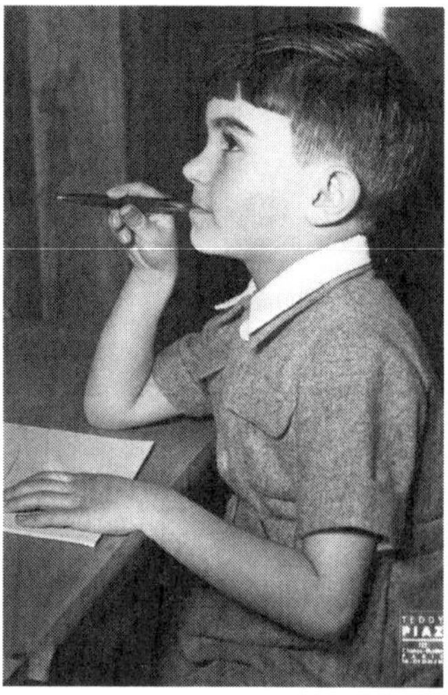

« Quand nous étions gamins, mon père avait placé un tableau noir dans notre chambre, raconte Patrick. Comme il aimait nous faire rire, les leçons de calcul prenaient un tour très fantaisiste. »

À droite : dictée ou exercice d'algèbre ? Patrick se concentre…

Fables de La Fontaine. Il avait beau me faire de sa main le bec du corbeau s'ouvrant et se fermant sur un fromage imaginaire, les yeux hypocrites du renard, ou me montrer, en écartant les bras, comment la grenouille devenait aussi grosse que le bœuf, et faire un gros « Paf ! » lorsqu'elle éclatait, rien à faire : ce poète m'ennuyait. Pire encore, j'étais dégoûté du fromage, incapable d'avaler une bouchée du gruyère suintant qu'on me collait dans l'assiette à chaque repas. Mes parents, toujours très enclins à se monter mutuellement la tête, me voyaient déjà nain ! En France, on ne plaisante pas avec la décalcification.

Mes notes s'effondraient les unes après les autres, au grand dam de mon père, de plus en plus prompt à m'enguirlander. Puis, en 1955, pour la première fois, nos parents furent obligés de nous quitter, ralliant Hambourg, où se tournait *Ingrid*, un film du cinéaste hongrois Géza Radványi, et plus tard l'Italie, pour jouer dans *Un coup fumant* avec l'acteur italien Totò. Leur départ avait été organisé avec le plus grand soin. La brave Émilienne, à qui nous jouions mille tours pendables, se chargerait de notre bien-être, et l'instituteur d'Olivier, un jeune homme intelligent, habiterait chez nous. Témoin objectif, il expliqua à mes parents que mes difficultés étaient liées à l'incurie des professeurs. Je me sentis déculpabilisé, et mes résultats commencèrent à s'améliorer. À Noël, le tableau d'honneur me valut une mobylette. Ce fut le début d'un marché qui dura jusqu'à la fin de mes études : on m'offrait une voiture à chaque succès aux examens de fin d'année. La courbe de mes notes s'inversa miraculeusement : à la maison, l'ambiance rappelait un peu celle d'une famille témoin de la guérison inespérée d'un handicapé mental.
Davantage enclin à parler de mes cours, j'affirmai un soir que Louis XVI avait trahi la France, et que cette forfaiture lui avait coûté sa tête ! Mon père avala sa salade de travers ; ma mère en lâcha ses casseroles...
- Le professeur assure qu'il avait voulu livrer des documents secrets aux Autrichiens.

- Il a osé vous dire ça ! Quel culot ! Demain, nous allons voir le proviseur, ma petite fille, annonça-t-il à ma mère.
Il m'expliqua que ce pauvre roi avait comme lui la passion du jardinage, et que c'était un brave homme, roi malgré lui. Quant à Marie-Antoinette, elle n'était qu'une malheureuse reine un peu légère. Conscient d'avoir été manipulé, je compris que je ne devais pas prendre tout enseignement pour argent comptant.

Olivier

Certains films éloignaient parfois mes parents plusieurs semaines. Ils me manquaient. Je regardais tous les jours la porte d'entrée, en m'imaginant les voir revenir par surprise, victimes d'un heureux impondérable. *Ni vu ni connu* fut tourné pendant l'été 1957. Pour une fois, nous refermions cette maudite porte avec eux, du bon côté, direction la

Louis, facétieux, et Jeanne de Funès à Hambourg en 1955, pendant le tournage de *Ingrid*, de Géza Radványi. À droite : avec Patrick, en 1952. « Gros fumeur, mon père avait essayé d'arrêter plusieurs fois sans succès. Il y parvint définitivement dans les années 1960. »

Bourgogne : ce sont mes premiers souvenirs de tournage. La production nous avait réservé deux chambres au village de Sémur-en-Auxois. Patrick et moi logions dans la plus petite. Ses dimensions très correctes ne suffirent malheureusement pas à héberger le canard colvert que mon frère, à peine arrivé, avait ramené du marché. Bruyant et peu habitué aux règles d'hygiène, le sympathique volatile passa le séjour dans la baignoire de mes parents ! Il fut tout de même bien reçu, et même invité à rejoindre notre appartement parisien : nos passions étaient sacrées.

Patrick

Ce canard répondait au nom de Bidule. C'était le partenaire de mon père dans une scène du film. Il n'allait quand même pas finir en fricassée ! J'ai demandé à Yves Robert de m'en faire cadeau. Dans la rue, il me suivait comme un toutou. Je l'emmenais au restaurant, aux magasins… Il était devenu l'attraction du village.

Olivier

Présent sur chaque scène, je fus très vite séduit par l'ambiance du tournage. Je voyais pour la première fois mon père exercer son métier. Autorisé à pénétrer dans ce monde que beaucoup rêvaient de connaître, je découvrais les coulisses du spectacle que m'offrait l'écran de notre cinéma de quartier, le Roxy. Yves Robert me plaça à l'œilleton de la caméra, et je pus tourner les manivelles chromées qui conduisaient l'objectif vers sa cible. J'ai appris le jargon des plateaux, et le vrai silence : celui des yeux suspendus au jeu des acteurs. Je m'enivrais de parfums de bois et de projecteurs bouillants. Je faisais partie de la famille. J'observais mon père inventer constamment de nouvelles expressions.

C'est sur ce film qu'il a commencé à peaufiner son jeu. Il ne se contentait plus d'exécuter la partition : il cherchait déjà le petit détail qui changeait tout. L'interprétation d'un braconnier étant risquée, il devait rendre son personnage sympathique. Il eut l'idée d'appeler son chien « Fous le camp », créant ainsi la fameuse réplique : « Viens ici, Fous le camp ! » N'hésitant pas à refaire les prises pour trouver le ton juste, il discutait beaucoup avec ses partenaires, Pierre Mondy ou Claude Rich. Il fallait tester, innover, rester complices, s'amuser ! Il évitait les soirées prolongées avec l'équipe dans les restaurants de la région. Le repos lui était nécessaire pour être inventif. Le souci de la perfection le tenaillait pendant tout le tournage : il l'a dévoré toute sa vie. Seuls les moments partagés avec nous lui rendaient quelques heures de sérénité. Mais il ne tardait pas à s'en faire de nouveau si nous souffrions d'un mauvais rhume ou d'un mal de tête…

Ni vu ni connu fut un beau succès à sa sortie. Un certain Louis de Funès, que seuls les initiés connaissaient déjà, attira le public sans aucun soutien publicitaire : la bande-annonce avait suffi à faire mouche. *Ah ! Les belles bacchantes, Papa maman la bonne et moi, La Traversée de Paris* l'avaient fait découvrir. *Ni vu ni connu* le consacrait. Ses angoisses s'en trouvèrent encore accentuées : il craignait que ce succès ne soit qu'un feu follet.

Patrick

Quand mon père décrocha le rôle principal de *Comme un cheveu sur la soupe* en 1957, Bernheim, le plus grand imprésario de l'époque, lui proposa de rejoindre son écurie. Difficile de refuser : il s'occupait des acteurs en vogue. Fine mouche, ma mère s'aperçut rapidement qu'il utilisait son mari en monnaie d'échange – un peu comme certains propriétaires de vignobles, qui vous obligent à prendre dix bouteilles d'un cru moyen pour vous vendre une seule de leur grande cuvée. Il cédait Louis de Funès à un producteur, à condition que celui-ci engage deux de ses tocards.

- Non mais, dis donc ! Il se fiche de toi, celui-là ! explosa-t-elle. On l'envoie balader. Tu te retrouves dans de mauvais films entouré de zéros.

- Tu as raison, ma petite fille ! C'est un marchand de soupe.

À partir de maintenant, tu vas t'occuper de ma carrière !
Elle dut apprendre à subir pas mal de petites humiliations. En 1955, pendant les répétitions de *Nekrassov* au théâtre Antoine, Jean Meyer, le metteur en scène (404e sociétaire de la Comédie-Française !) n'avait de cesse d'interrompre mon père, et de le reprendre sur chaque mot. Du fond de la salle, ma mère l'apostropha :
- Monsieur, dites tout de suite que mon mari est un mauvais comédien !
- Je ne vous le fais pas dire, madame !
Mes parents quittèrent les lieux sur-le-champ. Par chance, un bon dédit avait été négocié, que Simone Berriau leur versa immédiatement. Mon père se sentit libéré : il n'aimait pas plus la pièce que son auteur, Jean-Paul Sartre.
- Il m'a humiliée devant tout le monde !
- Pourquoi t'énerver, ma petite fille ? Tôt ou tard, le bon Dieu te l'amènera sur un plateau !
En effet, la pièce fut un échec. Mieux encore : dix ans plus tard, Jean Meyer supplia mon père de lui confier un petit rôle dans *Le Corniaud*. Il accepta.
« Tu vois ! La voilà, ta revanche ! » glissa-t-il à ma mère.

À la même époque, Elvire Popesco, directrice du Théâtre de Paris, voulut engager ce Louis de Funès, dont le microcosme ambiant commençait à beaucoup parler. Elle lui proposa une pièce d'Henry Bernstein, son auteur fétiche.
- Mais madame, mon mari mérite la grande salle ! s'insurgea ma mère, apprenant qu'elle lui réservait l'annexe – le petit Théâtre de Paris.
- De quoi vous mêlez-vous ? Et pour qui vous prenez-vous ? Pas question, ce sera le petit, lui répondit la dame, métamorphosée en dragon.
Voyant que ma mère, nullement impressionnée par son numéro, ne lâchait pas prise, elle ajouta :
- Et prenez-vous même le temps de faire l'amour ?
- Tout va pour le mieux sur ce point, rassurez-vous !
Sans un mot, la directrice tourna les talons. Ma mère attendit

quelques minutes, puis, ne la voyant pas revenir, s'esquiva à son tour.
Dix ans plus tard, mes parents se rendirent à une première dans ce même théâtre.
Tout sourire, Elvire Popesco les attendait en haut des marches : « Maintenant, je vous offre la grande salle ! » dit-elle à mon père d'un air enjôleur. Il ne prit même pas la peine de lui répondre.

À l'époque, il avait souvent pour partenaires à l'écran d'immenses acteurs, comme Fernandel et Michel Simon. Il y révélait des possibilités jusque-là insoupçonnées. Mais les producteurs, encore attachés au comique troupier, lui imposaient de grosses femmes pour épouses : selon eux, c'était plus drôle. Ma mère n'aimait pas qu'on tourne son mari en ridicule. Elle ne perdait jamais de vue sa carrière, veillant attentivement à ce qu'il soit traité selon le rang auquel il pouvait prétendre. Elle avait d'ailleurs bataillé pour qu'on cesse de lui attribuer le surnom de Fufu. Il devint M. de Funès pour certains, Louis pour d'autres. Elle se mit à le seriner :
« Louis, il faut que tes femmes soient belles et élégantes. Tu as l'air de quoi, à côté de Georgette Anys ou d'autres ? Elles jouent très bien, mais ça te dévalorise. »
Ce raisonnement fit la preuve de sa justesse avec la tournée d'*Oscar* en 1959. Maria Pacôme était une madame Barnier très distinguée. Elle sut donner une nouvelle dimension sociale à mon père. Le public le vit d'un autre œil, et ses mésaventures sur scène n'en furent que plus hilarantes. C'est ainsi que ma mère devint sa « marieuse ». Elle se lança à la recherche d'une comédienne qui aurait de l'allure et de la prestance.
Elle s'était liée d'amitié avec Claude Gensac en 1952, sur le tournage de *La Vie d'un honnête homme* de Sacha Guitry. Mariée à Pierre Mondy, la jeune femme fut bien embarrassée lorsque Michel Simon, la vedette du film, se mit à la poursuivre de ses assiduités. Il tenta en vain de s'assurer la complicité de mes parents ; de son côté, elle leur demanda de

l'aide ! Ce manège donna lieu à des fous rires mémorables. Ma mère avait trouvé la perle rare :
« Ce sera elle, ta femme ! » annonça-t-elle à mon père.
Cela commença en 1967, pour l'adaptation d'*Oscar*, puis dans pratiquement tous les films qui suivirent. Ils formaient un couple idéal, tout en contrastes et fantaisie. Claude Gensac ne l'ennuyait jamais avec ses humeurs ou ses soucis privés. Elle était ce qu'on appelle familièrement une bonne copine. Jamais elle ne se serait prise pour madame de Funès en studio ni hors plateau. Sans chercher à briller inutilement, elle jouait avec naturel et légèreté. Comme avec Bourvil, mon père était détendu, et sa créativité s'en trouvait décuplée.

« J'avais neuf ans lorsque Michel Simon m'aperçut sur un plateau aux studios de La Victorine, se souvient Patrick. Me trouvant mignon, il me proposa de tourner une scène avec lui dans *L'Étrange Désir de monsieur Bard* (1953). Ce furent mes débuts à l'écran, mais ma carrière s'est arrêtée là ! »

3

Premières vacances au château de Clermont

Olivier

La route était longue pour nous rendre de Paris à Nantes, où nous passions souvent une partie de nos vacances. J'approchais alors de l'âge de raison, et mes souvenirs se sont suffisamment ancrés pour rester vivaces malgré les années. Nous étions reçus dans la propriété de ma tante Marie, qui avait élevé ma mère à la mort prématurée de mes grands-parents. Cette demeure style Louis XIII, arborant ses trois cent soixante-cinq fenêtres, nous apparaissait enfin, après six heures de route en traction 11 légère gris souris. La perspective d'y rester un bon mois nous rendait indulgents envers les erreurs de navigation de mon père, qui se répétaient chaque année aux mêmes endroits. Il nous quitterait sans doute quelques jours plus tard, pour rejoindre les studios. À son grand désespoir d'ailleurs : être avec nous comptait plus que son métier. Mais il fallait bien gagner sa croûte.

Le domaine de ma tante s'étendait sur une bourgade nommée Clermont-sur-Loire, simple rocher surplombant le fleuve, à l'est de la commune du Cellier. Le bâtiment principal du château, en brique rose et pierre de tuffeau, abritait sur son aile droite une ferme de granit, et sur son aile gauche, un verger-potager assorti d'une serre, qui allait devenir le sanctuaire floral de mon père. Une fois dans la cour d'honneur, traînant un nuage de poussière propre à trahir les visiteurs dès leur entrée sur la grande avenue centrale, nous apercevions la longue silhouette de ma tante sur le perron, aux côtés de quelques membres de la famille déjà sur place, dont tante Jeanne. Le rituel de bienvenue était immuable : thé et tartines à la confiture, servis côté façade, d'où nous dominions la Loire, près d'une orangerie aux senteurs d'écorce amère, et de nids de guêpes très prompts à nous envoyer leurs escadrilles…

Un petit compte-rendu du voyage s'imposait : entre les pannes et les erreurs d'itinéraires, notre arrivée tenait du miracle ! Mon père, sans s'épargner le moins du monde, prenait plaisir à décrire nos déboires avec recul et humour. À l'époque, l'autoroute n'existait pas, et nous nous perdions régulièrement dans la nature. Ma mère, les yeux rivés sur une carte, avait beau le guider consciencieusement, mon père, exaspéré par la complexité du parcours, préférait persévérer dans son erreur, dans une sorte de fatalisme destructeur :

- Louis ! Je crois que nous avons loupé l'embranchement !
- Oui, eh bien, je vais continuer tout droit, voilà !
- Tu devrais prendre à droite…
- Non, je continue !
- Mais enfin, Louis, on s'engage dans une forêt !…
- Je m'en fous ! On traversera la France et on reviendra !

Une vingtaine de kilomètres plus tard, il se décidait tout de même à demander sa route à un passant, et finissait par faire demi-tour. La nuit blanche qu'il venait de passer n'était pas étrangère à son entêtement : comme un enfant à la veille de Noël, il se faisait une telle joie de se rendre à Clermont qu'il en perdait le sommeil, et la fatigue avait raison de sa bonne humeur. Après avoir régalé tout le monde de ses aveux de mauvaise foi, il demandait des nouvelles des gens du coin. Par égard pour ma tante Marie, et aussi pour s'enquérir de la santé de ceux qu'il aimait bien : les fermiers, monsieur le curé, Alexandre, le régisseur… Il promettait de leur rendre visite dès le lendemain.

Il aimait s'entourer de personnes bienveillantes, le temps de ces quelques jours avec nous, loin des plateaux et du théâtre. Sensible à l'accueil chaleureux que lui avait réservé la famille de ma mère, en ces temps difficiles où il jouait du piano dans les bars de nuit, il exprimait sa reconnaissance en distrayant mes tantes et leurs hôtes du moment, et en s'inquiétant des moindres détails de leur vie.

Nous logions au premier étage, dans les mêmes chambres que les années précédentes, face à la Loire. Mon père partageait mon plaisir à retrouver ces endroits que j'avais quittés un an plus tôt. Ils avaient gardé la même odeur et le même charme : le grenier, garni d'animaux empaillés qui me terrorisaient, la salle de billard, la cuisine, équipée d'une glacière en bois verni et d'une cuisinière en fonte, la ferme mitoyenne et son étable, les écuries, où reposaient deux cabriolets que l'on attelait pour la kermesse du village… Nous nous offrions tous deux une petite ronde, pour nous assurer que tout était intact.

Tante Marie dans la cour du château de Clermont.

Seul le potager avait changé. Nous en faisions le tour, découvrant de nouveaux sillons rectilignes de haricots et de laitues. Mon père me montrait les plants de tomates, les melons, les framboisiers, et nous cueillions au passage quelques figues dont il admirait le galbe, les tendant vers le ciel comme un maître de chais qui contemple les couleurs de son vin.
« Alors, mon tout-petit ? Ton carnet de notes doit être excellent, tu vas me montrer ça, ce soir ? »
Comme je lui faisais comprendre que mon carnet n'était peut-être pas si brillant que ça, il ajoutait :
« Je suis bien content ! Je vais aller à la pêche tout seul demain matin, puisque tu seras puni !… »
Par jeu, je lui répondais que je l'accompagnerais tout de même, car tel était le souhait de ma mère.
« Demain matin, renchérissait-il, je vais être bien, tout seul ! Je vais pêcher des poissons énormes ! Mais toi, tu seras encore mieux dans ta petite chambrette, avec tes beaux petits livres… »
Je ne tardais pas à rire de son numéro très au point : il me mimait la prise d'un brochet de six livres, en commençant par le lancer de la ligne. Sa main tournoyant autour de son oreille décrivait le silence apaisant qui règne sur une barque. Ses yeux simulaient alors la surprise de la touche, puis le combat qui s'engage jusqu'à la capture du poisson.
Toute la soirée, je ne pensais qu'à ce moment tant attendu, au plaisir de me lever à cinq heures, comme mon père, et de parcourir le parc parmi les cèdres centenaires pour rejoindre cette Loire couleur ardoise, dont nous allions pouvoir taquiner les gardons et les perches.
Le craquement du parquet me réveillait toujours à l'heure prévue : lorsque s'ouvrait la porte de ma chambre, je découvrais un homme en pantalon de pêcheur et chaussettes hautes, équipé d'une veste en toile grise de professionnel du lancer. Il m'invitait à le suivre sur la pointe des pieds, adoptant cette fameuse démarche de funambule qu'on retrouvera dans ses films. Tandis que nous descendions le chemin sinueux qui menait au fleuve, il me mettait en garde contre les

vipères qui élisaient domicile sous de longues pierres plates, et les aspics pouvant surgir au pied de notre barque. Il m'alertait aussi du danger, au moment de traverser la voie de chemin de fer longeant la Loire. Ce souci de la sécurité ne le quittera jamais, et s'amplifiera encore au fil des années.

Chez Marie, petite auberge au bord de l'eau renommée pour servir le meilleur beurre blanc de la région, nous attendait un bon petit déjeuner : tartines grillées et grand bol de café. Marie Clément, un mètre quarante et le teint rouge, nous racontait les derniers ragots : friand des histoires du village, mon père l'encourageait. Il venait aussi s'enquérir des emplacements les plus poissonneux du moment. Mais l'essentiel était qu'à notre retour de la pêche, Sergent nous attende pour l'apéritif ! Il avait émigré du Portugal avant la guerre, et travaillait dans une usine, à quelques kilomètres de là. Pendant les bombardements, il avait pris ses quartiers à l'auberge, et en était devenu pensionnaire à vie.

Réjouis à l'idée de le retrouver plus tard, nous partions traverser la Loire, sur la barque qui nous était réservée : une plate vert bouteille d'environ six mètres de long pour trois cents kilos. Cette traversée s'avérait nécessaire, afin d'éviter les attroupements d'admirateurs déjà nombreux à l'époque, ou de promeneurs pétris de sollicitude :

« Alors ! Ça mord ? »

La manœuvre était périlleuse et, comme en voiture, mon père s'énervait assez vite. Il s'agissait d'embarquer le matériel tandis que le courant éloignait la barque du rivage. Comme je n'étais pas assez fort pour la retenir très longtemps par sa chaîne, il la tirait avec moi avant de sauter à bord juste à temps. Mais il fallait revenir à terre pour récupérer le reste !

« Eh ben voilà ! Elle repart, c'est foutu ! Tu sais quoi ? On va remonter à la maison, parce que là, j'en peux plus ! »

Tant bien que mal, nous finissions par maîtriser l'esquif et, à grands coups de rames, nous nous lancions au milieu des tourbillons. Pour rejoindre la rive sud, la technique consistait à prendre le bon cap tout en contrant les assauts d'un courant

capricieux. Si capricieux, que nous nous retrouvions rarement à l'endroit souhaité ! Le pire résidait dans l'évitement des péniches :
« On va se la payer, celle-là ! Quel con ! Il ne nous voit même pas ! »
Nos efforts nous faisaient encore dériver de cent mètres, mais nous menaient finalement vers un endroit calme et imprévu, où nous pouvions préparer nos lignes. Asticots, vers de terre, appâts, moulinets, cannes télescopiques, épuisettes, olives de plomb, plumes et bouchons : nous étions parés pour une pêche miraculeuse. Hélas, la stratégie de mon père laissait quelque peu à désirer : ses allers et retours du casier de l'avant à celui de l'arrière étaient suffisamment sonores pour alerter les poissons de nos intentions… Puis, sans dire un mot, nous attendions les touches pendant de longues minutes. Mon père profitait du calme et de l'espace : il était bien.
Lorsqu'une ligne cassait, il la réparait minutieusement. Avec une précision d'horloger, il humectait le bout de ses doigts afin de dompter le fil qui voulait suivre le vent. Le temps s'écoulait lentement, presque tendrement. Nos prises, parfois très belles, finissaient en fritures pour toute la famille. Le défi consistait à répartir équitablement le nombre de poissons par convive. Lorsque le compte n'y était pas, nous faisions cadeau de notre butin à Marie Clément, qui les préparait pour les quelques pensionnaires qu'elle hébergeait depuis la guerre.
Passionné par les trains, j'attendais le passage de l'express Paris-Nantes, dont le grondement s'annonçait sur des kilomètres. Tracté par une Pacifique 231, il sortait du tunnel à vive allure, enveloppant l'auberge d'une vapeur de suie qui diffusait son parfum de voyage jusqu'à notre barque.
- Eh bien ! Il fonce, celui-là ! C'est quelle machine ?
En m'interrogeant ainsi, mon père me donnait l'occasion de lui apprendre quelque chose.
- C'est une Pacifique 231, papa.
- T'es sûr ?
- Mais oui, il y a deux roues à l'avant, trois au centre, et une près du tandem.

- Ah oui, tu as raison ! Eh ben mon vieux, tu es calé !

Jouant ainsi les candides, il nous valorisait souvent, Patrick et moi. Cela nous a probablement aidés à ne jamais nous sentir écrasés par sa réussite, et à choisir plus tard la voie qui nous intéressait vraiment. Il était admiratif de l'un comme de l'autre : chauffeur de bus ou pilote de ligne, médecin ou éleveur, quelle importance ? Il trouvait tous les métiers formidables !

Pour me faire plaisir, il me lançait souvent des paris qu'il était sûr de perdre.

- L'avion qu'on a vu passer tout à l'heure était une Caravelle.
- Mais non, c'était un Boeing 707 !
- Pas du tout, c'était une Caravelle avec quatre moteurs !
- Il n'y a que deux réacteurs sur la Caravelle !
- Je te parie dix francs que c'était une Caravelle !

Il me suffisait alors d'ouvrir un de mes nombreux livres d'avions pour qu'il s'avoue vaincu.

- Tu avais raison, j'étais pourtant sûr de moi... Je vais te donner tes six francs.
- Dix francs !
- J'ai jamais dit dix, j'ai dit six ! Tu as confondu : six, dix, ça se dit pareil...

La plupart du temps, je repartais avec vingt francs...

Le retour vers la rive nord exigeait les mêmes efforts que l'aller. Il fallait compter un bon quart d'heure de rame pour rejoindre l'auberge, et un quart d'heure encore pour débarquer le matériel. Sergent et sa fillette de muscadet nous attendaient de pied ferme. Ce personnage plein d'humour, au visage grêlé, au nez volumineux, et dont le regard espiègle transperçait d'épais verres correcteurs, affichait un rictus prometteur. S'il n'avait pas été si humble et si discret, il aurait pu claironner partout qu'il faisait rire Louis de Funès comme personne. Leur jeu favori consistait à tourner en dérision les abus des patrons à l'égard de leurs ouvriers.

- Bonjour, M. de Funès ! La pêche a été bonne ? interrogeait-il de son fort accent portugais.

- Très bonne, Sergent ! Vous savez que je suis un bon pêcheur…
- Oui, oui, je sais, mais je ne vois pas beaucoup de poissons dans votre filet…
- Ils ne sont pas là, ils sont ailleurs, voilà !
- Bien, bien, je n'en doute pas, monsieur.
- Dites-moi, comment va votre patron ?
- Pas de problème, il est en vacances. Mais avant de partir, il m'a encore refusé l'augmentation que je lui demande depuis trois ans…
- Une augmentation ! Mais pour quoi faire ? Vous n'en avez pas besoin !
- Non, c'est sûr, mais lui s'en est accordé une belle !
- Lui, c'est normal : il a une grande propriété à entretenir, et puis une superbe voiture !
- Oui, oui. Je vais même peut-être lui prêter un peu de mon salaire, maintenant que vous m'éclairez !
- Dites-moi, Sergent, vous avez pris du poisson hier ?
- Oui, j'ai eu la chance d'attraper un magnifique brochet !
- Eh bien, vous allez me le donner, parce que nous sommes nombreux à midi, alors que vous, vous êtes seul…
- C'est-à-dire… je le réservais à mon patron pour son retour dans quatre jours : je l'ai laissé en plein soleil depuis ce matin !

Au gré de ces saynètes improvisées, mon père testait sur lui, sans même en avoir conscience, ses idées sur les gens de pouvoir. La longue maturation de son personnage fétiche commençait. Mais il ne travaillait pas : il s'amusait. Le charme des conversations auprès de gens qui ne se prennent pas au sérieux le ravissait. Il se sentait homme du peuple, et comptait bien le rester. En réalité, les rencontres avec « les grands de ce monde », comme il les appelait, l'ennuyaient profondément.

En rentrant, nous passions par le côté ouest du parc, pour nous arrêter devant la statue de la Vierge qui veillait depuis un siècle au creux de son rocher. Notre visite devait s'accompagner d'un vœu que nous étions sûrs de voir exaucé. Mon père regardait cette Vierge en porcelaine avec l'humilité d'un

Louis de Funès (ici avec Patrick) appréciait le calme d'une partie de pêche.

premier communiant. Il s'abandonnait alors à l'inconnu, comme lorsqu'il se rendait à la messe, le dimanche. Pas question de la rater, la messe : il tenait à s'y recueillir, sans être pourtant certain de croire à ce que lui dictait la religion, mais sentant qu'une puissance divine tenait les rênes d'un monde qu'aucun homme ne saurait rendre meilleur. Il était plutôt critique à l'égard des fidèles qui, absous de leurs péchés à l'issue de trois « Notre Père », ne pensaient déjà plus qu'à nuire à leur prochain.

« Tu as vu tous ces bons pratiquants qui sont allés prier pour eux-mêmes, et surtout pas pour les autres ? À peine sortis de l'église, ils s'engueulent déjà ! »

Ces rites religieux faisaient aussi partie de l'éducation assez stricte qu'il avait reçue de ses parents, et l'aidaient à suivre une ligne de conduite sans jamais succomber à la facilité. Il y avait aussi un calvaire, près de l'entrée du château, qui lui inspirait un respect instinctif du sacré. Une notion capitale, qui a sans doute fixé des limites à son jeu d'acteur : il a été capable d'interpréter les personnages les plus sordides sans se départir de son élégance. Était pour lui sacré, tout ce qui touchait à l'âme : les croyances, l'amour, la souffrance, le désespoir, mais aussi les grandes traditions. C'est pourquoi il admirait les rois de France, sans toutefois les ménager. Il trouvait également que Jésus était un homme formidable :

« Il devait être très costaud, il n'hésitait pas à se battre ! C'était un type courageux ! »

En remontant le parc, il cueillait toujours quelques fleurs pour ma mère.

« Tiens ma petite fille, c'est pour toi. »

Il attendrait le soir, pour se retrouver seul avec elle, l'inviter à une longue promenade jusqu'au bourg du Cellier, et ne rentrer qu'à la tombée de la nuit.

De retour au château, il recommençait à faire rire mes tantes, parodiant ceux qu'elles ne portaient pas dans leur cœur, ou évoquant des souvenirs de l'Occupation :

- Je me rappelle que cet officier allemand était charmant, très bien habillé. Un monsieur distingué, attentionné…

- Ah oui, Louis ! Tellement attentionné qu'il a nettoyé toute la cave : il ne restait plus une bouteille ! répondait Marie.
- D'accord, mais c'était tout de même un type bien. D'ailleurs, je le lui ai dit.
Les pleutres faisaient déjà partie de ses personnages préférés. Il s'intéressait à ceux qui, par peur ou par confort personnel, avaient flatté l'occupant. Mais il n'aurait jamais pu jouer un collaborateur convaincu.
Ces quelques jours auprès de nous étaient emplis de joie et de bonne humeur. Les voisins, les amis de Nantes, le médecin, monsieur l'abbé, tous nous rendaient visite, égayant ainsi leur vie provinciale un peu morne. Il les observait attentivement, les écoutait, les questionnait. Peu à peu, des caricatures s'esquissaient dans sa tête. Il trouvait très vite ce qui était drôle en eux, et nous en faisait profiter dès le lendemain, les imitant sans jamais les tourner en ridicule.

Cette demeure n'avait rien à voir avec les lieux plus modestes qu'il appréciait, mais la vie simple que mes tantes avaient adoptée lui faisait oublier la grandeur et la noblesse de ce site, qui deviendrait un jour le sien, par amour pour ma mère.
Puis, arrivait le matin où je voyais disparaître la traction gris souris dans son nuage de poussière. J'avais le cœur serré.

Patrick

En 1959, notre tante Marie de Maupassant se mit à se plaindre d'une petite douleur au petit orteil. Les médecins décidèrent de le lui enlever. Le jour de l'intervention, mon père n'était pas encore assez connu pour se permettre de téléphoner toutes les cinq minutes à la clinique. Il envoya ma mère y faire le pied de grue. Sortant du bloc opératoire, un éminent chirurgien la rassura d'une voix paternelle :
« Demain, elle pourra sortir comme si de rien n'était. »
De retour chez elle quelques jours plus tard, tante Marie avait un teint rose qui tranchait avec le blanc de ses oreillers en dentelle.

- Comment allez-vous, ma tante ? Vous avez bonne mine ! lui dit mon père.
- Mais très bien, mon cher Louis ! Vous, vous avez les traits tirés : vous travaillez trop !
Puis, se tournant vers ma mère, elle ajouta :
« Jeanne, cette dame dans le tableau, juste en face de moi, celle qui a la robe bleue décolletée, je l'ai surprise qui se penchait vers le monsieur à moustaches au-dessus de la commode, en écartant son corsage ! Je lui ai crié : "Madame, ici, c'est une maison convenable ! Si cela continue, je vous mettrai à la porte !" »
Ma mère pâlit. Mon père, bon acteur, resta de marbre. Le lendemain, le diagnostic du neurologue était sans appel : son cerveau avait été malmené par l'anesthésie. Ses hallucinations s'aggravèrent. Ce n'étaient ni la Sainte Vierge, ni le Christ qui lui apparaissaient, mais le visage grimaçant de son percepteur. Lorsqu'elle venait déjeuner le dimanche, elle lançait à mon père en guise de bonjour :
« Mon pauvre Louis, les impôts, les impôts ! Quel souci ! Si vous saviez ! »
Pour lui changer les idées, il lui mimait alors ce fonctionnaire insatiable. Sa main devenait la langue d'une vache qui happe l'herbe. Il la portait à sa bouche, avalait avec délices, puis posait ses deux mains sur son ventre, l'air repu. Ma tante éclatait alors de rire, comme le fera le public, des années plus tard, en voyant ses mains tournicoter au son de :
« Monseignor ! Il est l'or ! L'or de se réveiller ! »

Tante Marie finit par se retirer dans son charmant manoir de la Thibaudière, près de Saumur, et s'y éteignit en 1963. Elle fut inhumée à Allonnes, dans le caveau de la famille de Maupassant. Ce cimetière ressemble comme deux gouttes d'eau à celui d'*Hibernatus*. Mais lorsqu'il s'y rendait, mon père était bien moins agité que dans le film, et ne courait pas dans tous les sens ! Il n'appelait pas non plus sa femme « ma biche ! », et jamais il n'aurait porté une cravate ni une pochette aussi criardes.

Ces sépultures de granit gris ou rose, agrémentées de fleurs en céramique violette, ne l'emballaient pas. Il préférait de loin les cimetières militaires aux milliers de croix blanches identiques, comme ceux qu'il nous emmenait visiter quand nous étions gosses, à côté des plages du Débarquement.

Olivier

Le cimetière d'Arromanches l'impressionnait beaucoup : les croix alignées sur le gazon, le Débarquement, les jeunes soldats américains tués à leur sortie des bateaux… Il nous avait même demandé de lui réserver plus tard une tombe aussi sobre. La mort de son frère au combat n'était pas étrangère à son recueillement devant ces victimes de la guerre. Il ne nous parlait pourtant jamais de lui : les chagrins profonds, il les gardait secrètement, par pudeur sans doute. L'esthétique de ce cimetière le séduisait aussi : il donnait une image moderne de la dernière demeure, où le corps n'existe plus. C'était juste un repère, sans idolâtrie inutile : seul l'esprit se trouvait préservé, quelque part là-haut.
« Dès que je claque, il faut vite m'enterrer, nous disait-il. Je ne veux pas qu'on me voie, quelle horreur ! »

Patrick

« Que voulez-vous ! Au début de l'humanité, l'un possédait trois pierres : l'autre en a voulu quatre ! Et ainsi de suite. On veut toujours en avoir plus que son voisin : c'est pareil pour les tombes. »
Si mon père avait gardé un trait de caractère de ses origines ibériques, c'était bien celui de parler de sa mort : le « Quand je ne serai plus là… » revenait souvent dans les conversations. Je n'y prêtais plus guère attention. Ma mère réagissait plus vivement :
- Enfin, Louis ! Ne parle pas comme ça !
- Mais si, nous serons séparés un jour, c'est la vie !
- Écoute, laisse-nous manger notre dessert…

La galette des Rois en famille, en 1956. De gauche à droite : Jeanne, Louis, Olivier, un cousin et l'oncle Pierre, frère de Jeanne. (Photo prise par Patrick.)

Mon oncle Pierre goûtait peu ces allusions, surtout après l'infarctus de mon père en 1975. Lui-même avait été victime d'une attaque cardiaque. À cette époque, à la fin d'un déjeuner à Clermont égayé par un Chambolle-Musigny, il vit mon père lui faire de petits signes :
« Pierre ! Hep, Pierre ! »
Sa main dessinait dans l'air quelque chose qui allait d'une oreille à l'autre, en passant sous le menton. Lorsqu'il le vit fermer les paupières, mon oncle Pierre comprit qu'il lui mimait la mentonnière qu'on applique aux morts pour leur maintenir la bouche fermée ! Pour finir, mon père lui murmura :
« Profitons-en, nous serons bientôt dans la boîte. »
Mon pauvre oncle en avala sa tarte aux pommes de travers.
« J'aime bien me promener dans les cimetières, nous disait mon père. Au moins, on y rencontre des gens calmes, qui ne nous contredisent pas. »

Ça lui donnait même des idées de gags :
« Une pierre tombale où la veuve fait inscrire l'adresse et le numéro de téléphone du magasin de son mari. »
« N'oublie pas que nous serons voisins de cimetière ! », répétait-il à Jean Carmet, qui cultivait sa vigne tout près, à Saint-Nicolas-de-Bourgueil. Cela les faisait bien rire ! Finalement, ce n'est pas le cas : mon père repose au Cellier.
Les habitants d'Allonnes s'aperçurent que ce monsieur, qu'ils saluaient comme l'un des leurs, était en réalité une célébrité connue de toute la France. Ils se mirent en quatre pour l'accueillir : banquets, fêtes… même des défilés avec majorettes, suivis de tombolas ! On aurait pu penser que toutes ces festivités l'intimideraient. Mais elles n'étaient pas artificielles comme celles des Parisiens, qui suivent le sens du vent. Ici, c'étaient des cultivateurs aux mains calleuses, « des pognes, pas des gentilles mimines ». Ils ne le traitaient pas comme un singe de chez Medrano. Ils n'étaient pas non plus liquéfiés, paralysés ou au bord des larmes. La vénération, c'est casse-pieds à la longue ! Pas de familiarité pesante, ni de distance excessive. On parlait de haricots verts, grande spécialité du coin, de variétés anciennes de pommes ou de poires et, bien entendu, de la vendange. Mon père repartait toujours avec de nouvelles astuces. Et ma mère, dans tout ça, me direz-vous : elle le suivait, et elle y prenait autant de plaisir que lui. Jamais ils ne seraient restés mariés s'ils n'avaient pas eu la même façon de voir les choses. Elle n'était pas de ces femmes qu'on rencontre trop souvent dans les dîners en ville, donnant leur opinion sur leur travail, se répandant sur la scolarité de leurs enfants, leurs maladies et leur génie potentiel. Mes parents préféraient s'intéresser aux autres. Les relations comme celles qu'ils entretenaient avec les gens d'Allonnes ont duré des années, car elles n'étaient pas basées sur le devoir, mais sur un plaisir réciproque.

Olivier

Toute sa vie, mon père s'est préoccupé du confort d'autrui. Dans une de ces périodes des fêtes de fin d'année, où il aimait se montrer particulièrement généreux, est née la grande ère des bicyclettes. Ayant décrété un beau jour que le Père Noël se devait d'offrir un vélo à tous les enfants du monde, il s'inquiéta de savoir auprès des gens qui, à Clermont, travaillaient à ses côtés – jardinier, gardiens ou artisans du village –, si leur progéniture en possédait déjà un. Le 24 décembre au soir, des bicyclettes flambant neuves étaient livrées chez les heureux élus. Mais ses cadeaux ne produisaient pas toujours l'effet escompté : certains les interprétaient mal, les considérant comme une humiliation infligée par l'homme riche aux démunis.

La lubie des vélos lui dura quelques années, pour laisser la place à l'obsession des téléviseurs en couleurs… « Les autres » possédaient-il un écran polychrome ? Il fallait absolument que tous profitent de ce progrès : regarder une mer bleue, des arbres verts et des voitures rouges, lui semblait indispensable. Ma mère se vit contrainte de freiner les ardeurs de son mari, qui s'était doté d'un stock digne d'une boutique d'électroménager ! Des années plus tard, sa générosité sans bornes me permettra de changer souvent de moto. Passionné par ces bolides dès l'âge de dix-huit ans, je n'avais pas eu de mal à faire admettre à mes parents que j'étais assez sérieux pour les piloter sans risque. Mais j'ai su par la suite qu'ils tremblaient de la tête aux pieds, en m'imaginant rallier Nantes de Paris à près de 180 km/h ! Lorsque, couvert de poussière, je rentrais de mon périlleux voyage, mon père m'attendait dans la cour d'honneur depuis longtemps déjà. Soulagé de me retrouver entier, il m'interrogeait :

« Tu as été vite, dis-moi ? Il n'y avait pas trop de monde ? Elle marche bien, ta moto ? En tout cas, elle est racée : on dirait un requin. J'allais cueillir des asperges pour ce soir. Tu aimes bien les bonnes asperges, mon tout-petit ? »

C'était mon cadeau de bienvenue, que ma mère rehaussait d'une vinaigrette à l'estragon.

Pour amener mon père à m'offrir le dernier « requin » en date, j'en vantais la nouvelle technique de freinage, la tenue de route irréprochable et la puissance de dépassement :
- Ce qui est bien, c'est qu'ils ont ajouté des freins à disques !
- Ah oui ? Ça, c'est bien, les freins à disques ! Et la tenue de route ? Ils l'ont améliorée ?
- Tu penses ! Le cadre est bien mieux équilibré !
Très vite, notre discussion prenait des allures de sketch :
- Elle coûte beaucoup plus cher, évidemment ?
- Bien évidemment.
- Bien évidemment ! Hmmm… et Noël n'est pas loin ?
- Bien évidemment.
- Et il faut la commander très vite, je suppose ?
- Ce serait plus prudent de le faire demain : ils risquent de tomber en rupture de stock…
- Bien évidemment ! Dis-moi… tu n'es pas en train de te foutre de moi, par hasard ?
Il était alors pris d'une irrépressible envie de rire : je savais que c'était gagné. Il ne lui restait plus qu'à convaincre ma mère, en usant des mêmes arguments que moi. Mais je n'en ai jamais abusé, et je n'ai surtout pas recouru à la tactique qui aurait consisté à l'emmener avec moi chez un concessionnaire. Elle se serait pourtant avérée imparable : de peur de décevoir le vendeur, il aurait immanquablement conclu l'affaire.

4

Papa n'a qu'à jouer *Oscar* !

Patrick

Les frères Karsenty contactèrent mon père en 1959, pour l'engager dans l'une de leurs tournées théâtrales.

- Mon rêve est de jouer *L'Avare* ! leur confia-t-il.

- Harpagon est un personnage qui vous irait à merveille. Mais Molière est un peu difficile pour notre public… Avez-vous entendu parler d'*Oscar* ?

- Pas du tout.

- Cela ne m'étonne pas, car ça a été un four au théâtre de l'Athénée, avec Pierre Mondy et Jean-Paul Belmondo. Vous pourriez reprendre le rôle principal. Tenez, lisez-la et rappelez-moi.

« Ils ne sont pas emballés par *L'Avare*, raconta-t-il à ma mère, déçu. Ils veulent que je joue un truc qui s'appelle *Oscar*, un bide incroyable. »

Dès le lendemain, son moral remontait :

« Les enfants, *Oscar*, c'est comme un moteur de Ferrari : c'est une mécanique de précision ajustée au millimètre près ! »

J'entendais ma mère s'esclaffer, tandis qu'il lui racontait ce qu'il ferait sur scène.

Dès les premières représentations, la pièce reçut un superbe accueil. Dans toutes les villes de la tournée, les salles étaient combles. Les spectateurs s'étouffaient de rire. Élégante, Maria Pacôme y était irrésistible. Guy Bertil était jeune et plein de fantaisie.

Louis et Jeanne en 1957. C'est l'époque des premiers rôles importants au cinéma et au théâtre.

Aux vacances de Noël, Olivier et moi avons accompagné ma mère à Marseille. Après huit heures de trajet à bord de wagons argentés, mon père nous accueillit à la gare Saint-Charles :
« Vous avez fait bon voyage ? Quel beau train, ce Mistral ! Vous vous rendez compte, il va à 140 km/h ! La locomotive, c'est une CC ou une BB ? En tout cas, c'est la même que celle qui a battu le record du monde de vitesse. »
Il ne pouvait pas encore se permettre, comme il le fera plus tard, de demander au machiniste de le faire monter dans la cabine pour obtenir des explications techniques.

Le soir même, je fis la connaissance de Bertrand Barnier, empêtré dans ses valises, hurlant et gesticulant. Je riais, oubliant totalement que cet homme était mon père.
Olivier et moi devions reprendre le train pour Paris le lendemain du Jour de l'An. À mesure que notre départ approchait, mes parents étaient de plus en plus nerveux. Surtout mon père, paniqué à l'idée de son baptême de l'air. La prochaine

étape de la pièce était Tunis : un Bréguet Deux-Ponts allait leur faire traverser la Méditerranée. Ils nous embrassèrent comme si c'était la dernière fois. En fin de compte, cette expérience les enchanta : mon père avait vaincu sa peur. Il nous téléphona à l'arrivée, émerveillé par ce monstre à deux étages, qui s'était élevé dans les airs avec une facilité déconcertante…
La tournée se termina en Algérie et au Maroc, et c'est un Super Constellation qui ramena la troupe. Mon père fit signer son menu à tout l'équipage : lui aussi demandait des autographes !

Paris était resté sourd aux bons échos de la tournée. Une année de vaches maigres commença. Le téléphone sonnait peu… On ne lui proposait encore que des rôles secondaires (il apparaît furtivement dans *Le Capitaine Fracasse*). Puis, le producteur Jean-Jacques Vital eut l'idée de reprendre *Oscar* au théâtre de la Porte-Saint-Martin. Contrairement à ce que l'on pourrait penser, mes parents ne furent pas enchantés de cette proposition. Surtout ma mère :
- Tu sais, quand une pièce s'est ramassée à Paris à sa création, elle est condamnée.
- C'est vrai, mais j'ai tellement envie de jouer que je prendrais bien le risque.
- Louis, si tu essuies un échec, c'en est fini de ta carrière. Tu n'auras plus qu'à te contenter de troisièmes rôles. Et encore, si on veut bien de toi !
Ils en parlaient à midi, la nuit, au réveil… Quelques jours plus tard, dans la salle à manger, tandis que je suais sur une version latine, j'entendis mes parents débattre pour la énième fois du sujet :
- Et si je disais oui ?
- Chéri, non ! c'est trop dangereux !
- Mais enfin ! Puisque papa en a envie, il n'a qu'à jouer *Oscar* ! lançai-je comme une évidence. Elle me plaît, cette pièce !
Mon père ne répondit rien. Au dîner, seul mon cochon d'Inde, légèrement ballonné, alimenta la conversation.

« N'en parlons plus ! Si Patrick le dit, je reprends la pièce ! » annonça-t-il à ma mère en se couchant.
Les grandes décisions tiennent à peu de choses ! Les répétitions commencèrent dans la foulée. Le matin de la générale, mon père avait la mine d'un condamné avant son exécution. Dès le lendemain, le Tout-Paris ne parlait plus que de Louis de Funès. Des personnalités de tous horizons, ministres ou acteurs célèbres, défilaient dans sa loge. Médecins à nœuds papillons, messieurs à boutonnières décorées et salonnards parisiens s'entichèrent soudain de cet acteur qu'ils ne connaissaient pas la veille.

« Avant le lever du rideau, il ne faut jamais me dire si une personnalité ou quelqu'un que je connais est dans la salle, prévenait-il. Inconsciemment, je risquerais de jouer pour une seule personne. »
Ma mère s'entendait avec les amis dans le plus grand secret. À la fin, ils se retrouvaient tous dans sa loge.
Une fois, son habilleuse fit la gaffe de lui dire :
« Vous allez être content : Patrick est à l'orchestre avec des copains, au troisième rang ! »
Catastrophe ! À chaque sortie de scène, il disait à ma mère :
« Je joue mal, je suis mauvais ! »
Mes camarades et moi n'avions rien remarqué, bien au contraire. Un autre soir, le public était amorphe. Pas un éclat de rire. Exceptionnellement, mon père voulut en savoir davantage :
- Qu'est-ce qui se passe ? Il y a le président de la République dans la salle ou quoi ? demanda-t-il lors d'une sortie de scène.
- Pas du tout. Elle a été réservée à des marchands de slips !
Le lendemain, il nous confiait :
- J'ai fini par les posséder, mais il a fallu que je rame ! Ça me fait penser à ce qui est arrivé un jour à Robert (Dhéry) et Colette (Brosset). Comment s'appelle cette station thermale d'Auvergne qui est bonne pour les intestins, déjà ?
- Châtelguyon, pourquoi ?
- Je ne sais pas comment ils ont pu jouer là-bas : dans la salle,

Oscar, la tournée Karsenty en 1959.
Le début des grands succès de Louis de Funès au théâtre.

des spectateurs se levaient constamment pour courir aux toilettes, et quand ils revenaient s'asseoir, toute la rangée leur demandait tout bas comment cela s'était passé. On les applaudissait discrètement en cas de réussite…

Olivier

J'étais maintenant en âge d'accompagner ma mère au théâtre, le samedi, jour où mon père s'autorisait un dîner au restaurant après le spectacle. À 21 heures précises, le radio-taxi nous attendait au pied de l'immeuble. Nous sillonnions les rues de

Paris, assourdis par le bruit du moteur diesel de la 403 noire et les incessants appels de la radio : « 23, rue Scribe… 92, avenue de l'Opéra… Rouge 56 au 23 Scribe… » : je voulais devenir chauffeur de taxi !
Par l'entrée des artistes, en gravissant un escalier étroit jusqu'aux loges, nous percevions les vagues de rire qui submergeaient la salle. Elles semblaient surgir d'un monde irréel, qui n'existait que le temps d'une représentation. En ouvrant la petite porte verte sur laquelle était inscrit « Louis de Funès », nous étions éblouis par les puissantes ampoules auréolant un grand miroir, tapissé de nouveaux télégrammes de félicitations : « Merci de nous faire rire ! », « J'ai oublié tous mes soucis ! », « Louis, tu es formidable ! »…
Ma mère déposait une chemise propre sur le valet de bois verni qui, au retour du combat, allait accueillir un costume de scène trempé. Cette pièce minuscule semblait renfermer les secrets de tous les acteurs qui s'y étaient succédé. Aucun tableau, fût-il sublime, n'aurait pu enrichir aussi bien ces murs mal peints que l'ombre des artistes célèbres qui s'y projetait depuis des années. C'est là que mon père se concentrait studieusement, avant de rejoindre la scène. Il se maquillait tout en répétant son texte, puis s'allongeait une demi-heure, pour chasser les pensées parasites de la journée et vaincre le trac qui l'envahissait. Un trac nécessaire, disait-il, au surpassement de soi.

Nous rejoignions ensuite des coulisses exiguës, enchevêtrées de câbles et d'éléments de décor. En salle, l'ambiance atteignait son paroxysme : les valises se mélangeaient, l'amant n'était plus l'amant, le chauffeur avait pris sa place ; mon père jouait la démence, les spectateurs se déchaînaient. J'écoutais les sons mats et amplifiés provenant de la scène. Les répliques semblaient rebondir sur les tentures de velours rouge et rester un instant en suspens afin d'être mieux comprises ; côté jardin, à quatre mètres du sol, le pompier de service somnolait ; les acteurs quittaient la scène, puis resurgissaient aussitôt. Je découvrais le monde du théâtre.
Je riais chaque soir plus fort, découvrant les dernières

inventions de M. Barnier. Je connaissais le texte par cœur, et me laissais surprendre par des dialogues improvisés, ou les nouveaux silences qu'inspiraient à mon père les réactions du public. Lorsqu'il nous apercevait au gré d'une furtive sortie de scène, il repartait en découdre avec le final avec une fougue décuplée. Le plateau allait-il résister à ses sauts de cabri ? Les spectateurs n'allaient-ils pas s'étouffer de rire ? Tel un fils de boxeur en plein championnat du monde, je m'inquiétais, je l'admirais, prenant conscience du phénomène qu'il était. Et, enfin, le rideau tombait. Mon père était heureux, mais épuisé. Champion du monde, il l'était, parce qu'il avait tout donné. Le teint gris, il nous racontait ce qui avait été plus fort ou plus faible que les autres soirs, mais reprenait vite des couleurs, à l'idée de s'offrir avec nous ce qu'il se refusait en semaine : le restaurant. Après une copieuse séance d'autographes, nous nous engouffrions dans un taxi, direction gare Saint-Lazare.
« Au Roi de la Bière, s'il vous plaît ! »

À l'arrivée, un demi bien frais, aussitôt servi, aussitôt bu ; un second accompagnerait le repas. Au menu, choucroute ou escalope milanaise, suivies d'un parfait au café. La salle était comble, mais peu de gens le remarquaient. Il vivait alors ses derniers instants de tranquillité en public. Plus tard, il m'en a reparlé bien des fois :
« Tu te souviens, à la brasserie ? C'était bien ! »
Toujours assurés d'un bon pourboire, les serveurs étaient ravis. Mon père jugeait que sa notoriété, même naissante, l'obligeait aux plus grandes largesses. Il lui arrivait de commander des plats chers, alors qu'il se serait volontiers contenté de mets plus sobres :
« Je ne peux pas me permettre de demander une salade : je vais prendre un foie gras ! »
Ou bien :
« Je n'ai plus faim, mais il faut que je prenne un dessert. »

Le dimanche était un jour maudit : *Oscar* se jouant en matinée et en soirée, mon père ne disposait que de trois heures

pour récupérer de la première représentation. Un thé au miel préparé par ma mère l'aidait à recouvrer sa voix, bien malmenée par ses hurlements à la vue d'une valise dont les billets de banque faisaient soudain place à des soutiens-gorge ! Blafard, il ne disait pas un mot : j'avais toujours peur qu'il ne soit pas en mesure d'y retourner. Il me parlait alors de la magie du spectacle :
« Je n'ai vraiment pas envie d'y aller : je suis vidé, j'ai l'impression que je ne vais pas pouvoir jouer. Mais heureusement, une fois sur scène, je redeviendrai M. Barnier ! Je serai même peut-être meilleur qu'en matinée. »

Pour mon père, changer d'adresse n'a jamais été un prétexte pour mener grand train. Il ne s'en préoccupait que pour notre bien-être et le bon déroulement de nos études. Quand nous avons accédé plus tard au luxe que lui permettaient ses revenus, il regrettait presque la rue de Maubeuge ou la rue de Rome, s'employant toujours à ce que nous vivions sans faste et sans prétention. En dépit des nuisances sonores, il trouvait rue de Rome le repos nécessaire au marathon auquel il se livrait chaque soir.
Quatre des six fenêtres de notre appartement plongeaient sur les rails entrelacés menant les trains vers l'ouest à toute vapeur. Le ballet débutait à six heures du matin, pour s'achever à vingt-trois heures douze. La nuit, nous entendions les Pacific, qui dormaient au garage. Leurs ventres bouillants nous envoyaient leur râle, attendant la délivrance ; le sifflet strident de la soupape salvatrice nous réveillait en sursaut, puis les bêtes reprenaient leur plainte sourde et régulière. C'est au rythme des départs pour le Havre, Cherbourg ou Caen que nous savourions ce nouvel espace tant attendu. L'arrivée rue de Rome calma les inquiétudes de mon père au sujet de notre confort, malgré le vacarme des locomotives, auquel nous finissions par nous habituer. Toutes ces étapes, franchies pas à pas depuis la guerre, lui faisaient apprécier à sa juste valeur ce que nous possédions. Il en avait même presque honte, estimant jusqu'à la fin de sa vie qu'il bénéficiait d'une

grande chance, quand d'autres auraient mérité la même. Mais son anxiété se manifesta de nouveau à propos de nos études. Sur le conseil d'un ami de la famille, Patrick et moi nous sommes retrouvés au collège Sainte-Barbe, à douze stations de bus de chez nous. Ce parcours quotidien le tourmentait : il pensait à notre colonne vertébrale, lestée de cartables de dix kilos, et aussi aux risques d'enlèvements ou de mauvaises rencontres sur le trajet.
Nous sommes restés deux ans rue de Rome, jusqu'au bac de mon frère en 1962. J'eus dès lors moins de chemin à parcourir, car, renvoyé du collège pour indiscipline, j'avais dû rejoindre une autre institution, tout aussi ennuyeuse : Sainte-Marie de Monceau. Le choix de mes parents était moins religieux que pratique : elle se trouvait à deux pas de notre nouvel appartement.

Patrick

Rue de Rome, ma chambre devint rapidement un poulailler : j'y avais installé une couveuse électrique, où je plaçais les œufs des magnifiques poules Rhode-Island que j'élevais dans notre maison de campagne des Alluets. Il fallait les retourner un par un deux fois par jour, les humidifier et surtout surveiller ce fichu thermostat au mercure : une erreur d'un degré pouvait être fatale. Heureusement, mon père restait une bonne partie de la journée en pyjama, allongé sur son lit, pour se concentrer et « emmagasiner de l'énergie » avant d'aller jouer *Oscar*. Il pouvait facilement s'assurer que le thermomètre ne franchisse pas les trente-neuf degrés fatidiques, sans quoi il devait tourner au plus vite un bouton dans le sens inverse des aiguilles d'une montre. Puis, pendant une heure, il ne quittait plus des yeux le mercure. Le vingt et unième jour, à l'approche de l'éclosion, une tension palpable gagnait l'appartement. Mon père téléphonait du théâtre pour savoir où en était l'accouchement. Le samedi, les poussins étaient placés dans une boîte à chaussures, et ma mère nous emmenait aux Alluets dans sa 2 CV.

Photo prise par Patrick dans la maison de campagne des Alluets (Yvelines), en 1955.
« Mon père a toujours aimé bricoler et faire des aménagements. »

Olivier

La 2 CV était à l'époque notre voiture familiale. Il fallait placer une cale à la roue arrière lorsque la voiture était garée en montée, et à l'avant pour les stationnements en descente. Ma mère ayant oublié cette consigne, notre automobile finit un jour sa course dans une porte de garage, cinquante mètres plus bas :
« J'ai eu un mal fou à me procurer cette cale, lui dit mon père. Je vais devoir faire toutes les brocantes pour en trouver une autre ! »
Là était son élégance !

Patrick

Notre maison de campagne était isolée, à la lisière d'un bois, sur un immense terrain en pente. Comme nous avions été cambriolés plusieurs fois, nous nous enfermions soigneusement le soir venu. Mon père nous retrouvait dans la nuit, à

l'issue de la représentation. Il descendait l'allée, un revolver au poing, comme dans un film noir. Bien entendu, il avait pris soin de nous prévenir de ne jamais venir à sa rencontre. Il prenait un gros risque en transportant cette arme : c'était la guerre d'Algérie. Les attentats de l'OAS faisaient rage et la police dressait partout des barrages. Une nuit, il fut arrêté. Mais en improvisant un petit sketch, il parvint à détourner un instant l'attention du CRS, qui avait presque la main sur le revolver, caché sous un mouchoir au fond de la boîte à gants…
La maison était truffée de détonateurs : des petits canons chargés à blanc, reliés par un câble aux fenêtres. Mon père était le seul à savoir les désamorcer : en son absence, nous vivions volets fermés ! Il se débarrassa bien vite de ces engins au profit d'un système d'alarme dernier cri. La serrure qui l'actionnait était à l'extérieur, derrière des bouteilles vides, qu'il fallait écarter avant d'y introduire une clé. Une fois sur deux, mon père, encombré de paquets, oubliait de désactiver le système, et déclenchait un raffut digne d'une alerte aérienne ! Il ressortait aussitôt en se bouchant les oreilles, bousculait les bouteilles en les brisant au passage. Constatant qu'il avait laissé la clé dans la voiture, il était le dernier à rire de ce gag, et pestait à qui mieux mieux.
Un mois après la pose du système, ma mère vint à l'improviste lui chercher un costume de rechange : *Oscar* le faisait tellement transpirer que trois tenues n'étaient pas de trop pour la soirée. Heureuse du succès de la pièce, elle chantonnait en descendant la longue allée, lorsque l'alarme se déclencha. S'arrêtant net, elle remarqua qu'une partie du toit était éventrée ! Comme dans un thriller, elle s'enfuit à toutes jambes vers la voiture, qu'elle eut un mal fou à faire démarrer, avant de partir sur les chapeaux de roue. Quand les gendarmes entrèrent dans la maison, les voleurs, déjà en fuite, l'avaient à moitié vidée.
« Vous devez une fière chandelle à votre mari, lui dirent-ils. Sans l'alarme, vous vous seriez retrouvée nez à nez avec eux, et Dieu seul sait ce qui serait arrivé. »
Mon père mit la maison en vente sur-le-champ.

Olivier

Quand mes parents décidèrent d'acheter une résidence de vacances au bord de la mer, mon père arrêta son choix sur Deauville. Cela peut sembler surprenant de sa part : il fuyait les endroits à la mode, surtout ceux où sévissent les m'as-tu-vu. Mais je suis sûr qu'il n'avait pas vu là le moindre signe de snobisme. Mes parents acquirent en 1961 cette petite maison, qui donnait sur une rue proche du champ de courses. Ils la firent rénover, prévoyant un petit appentis au fond du jardin pour que mon frère puisse étudier au calme. La maison fut rebaptisée *Santa Maria de Ortiguera*, du nom du village natal de ma grand-mère. Notre rue s'appelant Ocquart-de-Turtot, l'adresse postale devenait assez compliquée : « Louis de Funès de Galarza, *Santa Maria de Ortiguera*, rue Ocquart-de-Turtot, Deauville ». C'était notre base de vacances : revenir chaque année au même endroit était rassurant, surtout pour mon père, qui n'était pas un grand voyageur : seuls les tournages parvenaient à l'entraîner sur de plus longues distances. New York, pour les extérieurs du deuxième *Gendarme*, sera sa destination la plus lointaine ; la traversée à bord du *France*, les gratte-ciel et le retour en Boeing 707 compteront parmi ses meilleurs souvenirs. Plus souvent, il offrait à ma mère un séjour à Venise : toute la beauté du monde à deux heures de Paris.

Malgré sa célébrité croissante, les promenades en ville lui étaient encore possibles. Coiffé d'un bob en toile grise, il nous accompagnait à la plage et partageait nos parties de pêche aux crevettes, poussant le filet le long du rivage devant quelques admirateurs, qui ne manquaient pas d'en rameuter d'autres pour obtenir des autographes.

C'est à cette époque que j'ai ressenti, pour la première fois, la fierté d'être le fils d'un homme connu. Mais mes parents ont toujours mis un point d'honneur à réfréner, chez Patrick et moi, ces petits accès de prétention. L'essentiel de notre éducation tient, je crois, en ce point : nous pouvions tout entreprendre, mais il ne fallait jamais sombrer dans la vani-

Louis, Jeanne et Olivier de Funès, avec leur chien Youki,
dans leur jardin de Deauville en 1961. (Photo prise par Patrick.)

té. Ils nous gâtaient, mais nous devions en être conscients et ne pas en faire état. J'ai tout de même souvent goûté le plaisir de porter un tel nom. Le tout était de ne pas le laisser paraître et de garder à l'esprit que mes propres qualités n'avaient rien à y voir. Il serait faux de prétendre qu'être le fils de Louis de Funès ne m'a pas tourné la tête de temps en temps : il est agréable de jouir des privilèges qu'un nom aussi célèbre octroie arbitrairement. Je me souviens du jour où j'ai compris l'avantage de cette notoriété : c'était dans les années 1960, lors d'un trajet en voiture. Lancé à vive allure sur une route nationale, mon père entreprit de doubler un camion en haut d'une côte, franchissant ainsi une ligne jaune pourtant bien visible. La malchance voulut qu'un motard soit en faction à cet endroit.

- Bonjour monsieur, gendarmerie nationale !

Courtois, mon père feignit de s'étonner de ce contrôle :

- Bonjour monsieur, j'ai fait quelque chose de mal ?

- Vous avez franchi la ligne jaune en doublant un véhicule…

- Ah non ! Pas du tout, ce n'est pas moi !

La réplique du gendarme, qui venait de reconnaître mon père, aurait été digne de figurer dans un de ses films :

- Vous avez raison ! C'est moi qui me trompe, j'ai mal vu ! Maintenant que vous me le dites, je dois confondre avec hier… Circulez, et excusez-moi encore !

La maréchaussée ne possède pas toujours l'humour de cet homme, mais par la suite, j'ai fréquemment bénéficié de l'indulgence des gendarmes :

« Je ne vais tout de même pas verbaliser le fils du maréchal des logis chef Cruchot ! »

À l'inverse, j'ai aussi connu des gens qui, se posant comme défenseurs de l'équité, affirmaient leur élan démocratique à mon détriment. Ainsi, pendant mes classes à la caserne de Montluçon, le sergent de compagnie avait mis d'emblée les points sur les i :

« Alors, de Funès ! On n'est pas au cinéma ! C'est pas un boulot de comique ici ! Vous commencerez par faire les chiottes pendant huit jours ! »

Ce charmant militaire fut ensuite sanctionné pour discrimination par le colonel, à qui je m'étais plaint dès le lendemain. Quelques semaines plus tard, il m'accorda même une permission exceptionnelle pour que je rencontre sa fille au bal du samedi soir…

Ses brefs congés en Normandie permettaient à mon père de profiter d'une vie de famille bien malmenée par les tournages. Nous choyer le reposait ; les restaurants et la pêche à la truite sur les bords de la Touques lui faisaient oublier le métier. Il aimait emmener ma mère chiner chez l'épouse de Fernand Ledoux, qui tenait une boutique d'antiquités à Villerville, entre Deauville et Honfleur. Puis, ils prenaient le thé tous ensemble. Sociétaire de la Comédie-Française depuis 1931, le grand comédien leur parlait de théâtre et des bons moments partagés avec mon père sur les tournages de *Papa, maman, la bonne et moi* et de sa suite, *Papa, maman, ma femme et moi.* Et aussi de Louis Jouvet, qu'ils avaient tous deux connu, et grandement apprécié.
De grandes balades nous menaient à Bayeux, où mon père avait déniché un petit artisan, à qui il avait commandé un service de table aux couleurs de la célèbre tapisserie.

Deauville était l'un des rares endroits où il entretenait des relations avec les gens du spectacle. Il faut dire que c'était presque inévitable, dans une si petite ville : quelques restaurants, le casino et le cinéma constituaient les seules distractions du soir. Nos rencontres avec Fernand Raynaud restent les plus mémorables. Comme dans un vrai match, les deux hommes rivalisaient d'un humour dont nous profitions allégrement. C'est là que je compris ce qu'était la puissance comique, et tout le talent qu'il faut pour bien l'exploiter. Je me rendais compte que les deux compères étaient des êtres d'exception. L'homme du music-hall nous rendait souvent visite, pour parler métier, mais surtout d'une préoccupation que partageait mon père : l'avenir de leur progéniture :
« Qu'est-ce qu'on va faire de nos mioches ? »

Fernand Raynaud, Louis et Jeanne de Funès se connurent à Deauville dans les années 1960. À chacune de leurs rencontres, les deux acteurs rivalisaient d'humour et de fantaisie.

Cette question nous amena, entre autres, à prendre des cours de maths et de latin deux fois par semaine, au lycée de Trouville, afin d'enrichir nos connaissances et nous assurer les diplômes nécessaires à une certaine réussite.
Fernand Raynaud arrivait dans de somptueuses voitures crème intérieur cuir rouge, ou noires intérieur cuir beige, qu'il garait à côté de notre Versailles blanche au toit vert, beaucoup plus commune. Mon père admirait ces bolides, mais n'envisageait pas d'en acquérir : faute de moyens d'abord, et parce qu'il les trouvait un peu voyants. Les voitures ne comptaient pas beaucoup pour lui. Il se décidait à en changer seulement sous la pression d'amis qui lui vantaient la sécurité, la tenue de route, le freinage, l'épaisseur de la tôle ou la fiabilité du moteur d'un nouveau modèle.

Mon père mettait ses vacances à profit pour chercher des idées, dont il nous faisait part. Il les trouvait en observant le monde : à la plage, au restaurant, au casino… Il ne s'ennuyait jamais, y compris dans les endroits qu'il n'aimait pas. Cette ville un peu sophistiquée lui offrait un éventail de

comportements prétentieux, qu'il notait soigneusement dans son calepin :
« L'homme qui entre dans la salle de restaurant sait qu'il est observé : il se dresse, bombe le torse et parle fort. Au casino, ils viennent tous pour se montrer. Ils s'assurent qu'on les regarde avant de faire leur entrée. »
Il se mit à étudier sérieusement l'attitude des puissants dans tous les lieux qu'il pouvait désormais fréquenter. Les endroits chic sont devenus pour lui des creusets de trouvailles, mais il n'aimait pas y rester trop longtemps… Lorsque nous allions au restaurant, il fallait que ce soit une brasserie discrète et populaire : plats simples, gens simples. Si par malheur il était invité dans un endroit guindé, ça le rendait malade dès le matin, et toute la journée, il nous rabâchait :
« Il va falloir que je m'habille en singe, ce soir ! Et en plus, ils comptent sur moi pour faire le gugusse ! »
Malgré tout, il aimait cette ville fleurie, où sa femme et ses enfants se plaisaient. Et puis, la campagne n'était pas loin.

Louis de Funès en garde suisse (1962), l'année de la création de *La Grosse Valse.*

5

La valse du succès

Patrick

Au seuil des vacances de l'été 1961, la location d'*Oscar* ne faiblissait pas. Le directeur de la Porte-Saint-Martin priait pour que mon père reprenne la pièce en octobre. Éreinté, celui-ci n'avait plus ni le temps ni la force d'entretenir son jardin. Le chiendent et les orties colonisaient les choux et les carottes. Il redoutait en outre que le personnage de Bertrand Barnier lui colle trop à la peau, et l'oblige à trimbaler des valises sur une scène toute sa vie. Sa décision était prise : il ne reprendrait pas *Oscar*. Il avait d'ailleurs signé en catimini *Le Gentleman d'Epsom* et *Carambolages* pour le cinéma.

Pendant ce temps, les Dhéry étaient coincés par la neige dans un aéroport américain. Pour tuer le temps, Robert observait les allées et venues des douaniers. Il s'amusait de leur arrogance et de leur acharnement à persécuter les voyageurs. C'était digne d'une composition de Louis de Funès ! Et s'il le coiffait du même képi, dans une revue au milieu de danseuses, au son de la musique de Gérard Calvi ?

Il courut au bureau postal de l'aéroport pour envoyer un télégramme au théâtre :

« Ai pièce pour toi. »

« Encore des félicitations ! » pensa le directeur de la salle où l'on jouait *Oscar* en apercevant l'enveloppe bleue. Il téléphona aussitôt à mon père dans sa loge.

« Lisez-le-moi, s'il vous plaît », lui répondit-il. Le pauvre

homme vit alors s'effondrer tous ses espoirs pour la rentrée…
La Grosse Valse était encore une histoire de valises, mais d'une seule cette fois : géante, occupant la quasi-totalité de la scène. Mon père avait déjà esquissé quelques pas de danse dans *Ah ! Les belles bacchantes.* Le paso doble de *Taxi, roulotte et corrida*, déjà élaboré et très réussi, n'avait rien à voir avec la redoutable sévillane qui l'attendait cette fois. Assistée de danseurs espagnols, Colette lui en fit répéter chaque pas tout l'été. Mais la véritable inquiétude résidait dans la machinerie : la valise s'ouvrait au moyen de filins actionnés par des cintres. Et ces câbles avaient une fâcheuse tendance à se gripper. Il fallait bien dire câbles ou filins, car le mot « corde » est proscrit au théâtre : comme le mot « vert », il porte malheur. Celui qui le prononce doit payer l'apéritif à la troupe. En fin de semaine, mon père s'amusait à jouer les distraits :
« Qu'est-ce que c'est que cette corde qui traîne ? Oh, elle est jolie, ta robe verte, Colette ! »
Ce jeu faisait la joie des machinistes et des électriciens, qui entendaient déjà sauter les bouchons de champagne !
L'action de *La Grosse Valse* se situant dans un aéroport, un ami de Robert, commandant de bord à Air France, venait parfois aux répétitions pour donner son avis. Encore sous le charme de son survol de la Méditerranée, mon père le bombarda de questions sur son Boeing 707.
Flatté, le commandant lui proposa gentiment de lui en faire visiter un, à l'abri d'un hangar d'Orly.
Aussitôt dit, aussitôt fait. Par une belle matinée d'octobre, mes parents, Olivier et moi sommes arrivés en avance au point de ralliement. Devant le champ de courses de Longchamp, notre DS 19 violette étincelait sous ce soleil d'automne. Mon père était surexcité :
« Les enfants, n'oubliez pas de l'appeler “mon commandant” ! Ne vous inquiétez pas : il est très simple. Jamais vous n'imagineriez que cet homme soulève des tonnes d'acier ! »
Plus détendue, ma mère contemplait le pourpre des arbres. Olivier et moi tentions de repérer les voitures les plus simples, susceptibles de coller aux dires de mon père, lorsqu'un rutilant

cabriolet Alfa Romeo rouge, capote baissée, se gara à nos côtés. Un homme aux faux airs de Dean Martin, tempes argentées et lunettes de soleil fluorescentes, nous salua d'un hochement de tête, et nous fit signe de le suivre. Mains crispées sur son volant jaune citron, mon père se mit dans son sillage.
« Tu as vu la voiture, papa ! C'est une six cylindres ! Ça vaut une fortune ! », remarquai-je.
À cette époque bénie, on ne craignait pas le terrorisme : un gardien ouvrit un petit portail et nous fit garer sous la queue de l'avion. Après les présentations d'usage, nous avons gravi la passerelle et sommes entrés dans la cabine par l'arrière. Rien n'avait encore été nettoyé : le sol était jonché de papiers et d'autres détritus. Des relents de vomi venaient nous chatouiller les narines, mêlés à l'odeur entêtante de patchouli du commandant.
« Oh la la ! Ça alors ! Dites donc ! commentait mon père en découvrant le poste de pilotage. Vous vous y retrouvez dans toutes ces manettes ? Moi, je serais complètement perdu ! »
Il était d'autant plus rassuré que tout se passait dans un hangar, et qu'il n'y avait pas de décollage prévu.
« Au revoir, mon capitaine ! » conclut ma mère au moment de se séparer.

Mon père préféra que je n'assiste pas à la générale de *La Grosse Valse* :
« Les spectateurs n'ont pas déboursé un centime. Ils viennent se montrer. Il faut attendre le vrai public, celui qui paie sa place. »
Son personnage du douanier Roussel fit pourtant l'unanimité. Tous ces gens du monde, dont il se méfiait, l'acclamèrent debout. Le lendemain, le critique Jean-Jacques Gautier était dithyrambique :
« Louis de Funès, c'est un cas. Un phénomène de rythme, d'activité, d'énergie, d'endurance, qui atteint au grandiose dans la cocasserie, la drôlerie, la bouffonnerie. Il a une puissance comique stupéfiante. »
Mais il en fallait davantage pour dissiper ses angoisses : il appelait la caissière des Variétés toutes les heures, s'inquiétant

de savoir où en était la location. Lorsqu'elle lui répondit d'un ton agacé qu'elle était débordée, il fut enfin rassuré. Son travail artistique avait atteint la maturité. Robert lui avait prédit qu'il deviendrait l'un des plus grands acteurs français : sa prophétie était en train de se réaliser.
Les expressions et attitudes entraperçues dans ses anciens rôles étaient stockées dans les méandres de son cerveau. Il pouvait les rappeler à tout moment, les entrelacer, les modeler à sa guise, pour donner une dimension universelle à ses personnages : douanier, gendarme, restaurateur… Dans notre vie de tous les jours, il avait acquis une sérénité qui lui donnait ce visage rayonnant qu'on lui voit dans certaines interviews.

Il n'oubliait pas sa promesse de rendre un jour à sa femme le cadre de vie auquel elle avait renoncé pour lui. Un lundi, jour de relâche de *La Grosse Valse*, ils partirent bras dessus bras dessous faire quelques pas dans le parc Monceau. Ils s'arrêtèrent devant la façade de l'hôtel particulier des Maupassant, transformé après la guerre en bâtiment de bureaux.

Préparatifs dans sa loge du théâtre des Variétés, en 1962. « On aperçoit son képi de douanier, que nous avons gardé, raconte Patrick. Il transpirait tellement que les traces y sont encore. »

- On est quand même bien, rue de Rome ! lança mon père.
- Je ne serai heureuse que lorsque j'aurai cette vue-là, lui rétorqua ma mère sur le ton de la plaisanterie, en lui montrant les arbres du parc.
L'air de rien, mon père lui fit remonter l'allée, et cinquante mètres plus loin, s'arrêta devant un immeuble cossu. Il pointa son doigt vers un grand balcon :
« Eh bien, tu l'as, ta vue ! Je t'offre cet appartement. »

Rue de Monceau, nos nouveaux voisins furent avertis de notre arrivée par les hurlements de l'alarme aussitôt installée. Le dépaysement était total : les occupants de l'immeuble étaient plutôt gracieux à notre égard – sauf lorsque notre bâtard Youki se jetait sur les Yorkshire, boules de poils hurlantes que des dames serraient dans leurs bras « envisonnés ». Dès 21 heures, un gardien de nuit, petit homme voûté aux cheveux blancs, nous ouvrait les lourds battants du portail pour entrer en voiture. Il nous racontait que ce travail nocturne lui permettait de s'occuper en journée de « sa mère impotente ». Gêné de le déranger en rentrant du théâtre, mon père lui glissait systématiquement de copieux pourboires. S'il apprenait que la vieille dame était grippée, il se délestait d'un billet de plus.
- Vous devez être épuisé ! s'inquiétait-il.
- Je tiens grâce au jus de céleri, M. de Funès. Vous devriez vous y mettre aussi, et en avaler un grand verre chaque matin.
Le conseil ne tomba pas dans l'oreille d'un sourd. Dès le lendemain, ma mère acheta une centrifugeuse, et les tubercules du légume magique arrivèrent par cageots entiers. Mon père avalait consciencieusement ce breuvage indigeste.
Et un beau jour, le gardien disparut sans crier gare. Nous avons alors appris que sa mère était morte depuis quarante ans ! Mon père en rit de bon cœur :
« Le cochon, il m'a bien eu ! Lui aussi, c'est un comédien ! »
Il appréciait quand même plus modérément d'avoir cru à cette mixture aussi infecte qu'inutile...
Tout allait pour le mieux, malgré la surcharge de travail qu'il

s'était imposée. *La Grosse Valse* battait son plein. Récompensé pour mon succès au bac par une Volkswagen Coccinelle noire, j'allais souvent chercher mes parents à la sortie du théâtre. J'embarquais aussi les Dhéry quand nous allions souper place Clichy. Coincé à l'arrière entre Colette et ma mère, mon père me faisait mille et une recommandations :
« Tu vas trop vite, ralentis ! Regarde à gauche ! Attention ! »
Robert, à la place du mort, mimait la frayeur, en se tassant sous le tableau de bord ! Il hurlait, puis fondait en larmes comme il savait si bien le faire. Nous arrivions au restaurant pliés de rire.
Mais pendant quelques semaines, je n'ai plus eu l'occasion de transporter tout ce petit monde : Robert avait pris la défense de l'acteur Michel Modo, que mon père avait houspillé un peu fort, et avait ajouté imprudemment :
« Louis, tu commences à prendre la grosse tête ! »
Dès le lendemain, sur scène, le douanier Roussel prit sa tête entre ses mains, et, les écartant peu à peu, fit comprendre à la salle qu'elle enflait, à la manière du nez qui s'allonge dans *Oscar*. Elle devenait tellement lourde qu'au fil des représentations, elle penchait de plus en plus vers le sol. Le gag remporta un succès fou, et dans un grand éclat de rire, tout le monde se réconcilia. Je pus alors réintégrer mes fonctions de chauffeur attitré.

Louis et Jeanne savourent le triomphe mérité de *La Grosse Valse.*

6

Mon père m'apprend le métier

Olivier

Au cours de sa carrière – et aujourd'hui encore, puisqu'il suscite toujours les mêmes passions –, j'ai entendu beaucoup de contrevérités sur le caractère de mon père et ses relations professionnelles. Coluche en fut témoin, lors de la préparation de *L'Aile ou la Cuisse.* Certains lui prédisaient des jours difficiles aux côtés de cet acteur détestable, qui prendrait soin de le placer toujours de dos :

« On m'avait dit : "Tu vas voir, c'est pas facile de tourner avec de Funès, il veut garder la vedette !" Je peux t'assurer que c'est un monsieur charmant, qui n'a cessé de me valoriser, et qui a exigé que je sois au même niveau que lui sur l'affiche, t'as qu'à voir ! »

Certaines inexactitudes sont le reflet de lieux communs, colportés par des chroniqueurs peu soucieux de la vérité. Les biographies sont truffées de clichés réducteurs, faute de témoignages crédibles. Comme il ne se confiait jamais sur sa vie ou sa technique, les rares interviews qu'il acceptait étaient consacrées à ses films, et seulement ses films. C'est pourquoi je voudrais parler de mon père, acteur, en rassemblant les souvenirs qui me l'ont fait mieux comprendre.

En 1965, il me proposa de tourner quelques petits rôles à ses côtés pendant les vacances d'été. Sans jamais rien m'imposer, il estimait que je ne devais pas passer à côté d'une telle opportunité : après tout, être le fils de Louis de Funès facilitait bien

les choses. Je n'avais pas à chercher de rôle, et je pouvais bénéficier de précieux conseils. On me dit souvent : « Il est difficile de se faire un prénom, être le fils de… est un obstacle au succès… ». Je ne le crois pas. Michael Douglas, Claude Brasseur, Vincent Cassel, Charlotte Gainsbourg et bien d'autres, ont fait la preuve du contraire. Leur nom les a aidés à obtenir leurs premiers contrats, et les conseils dont ils ont bénéficié leur ont épargné bien des maladresses. L'inévitable comparaison, agaçante bien sûr, n'a duré qu'un temps. Le talent était là, et le public cite maintenant leur nom sans plus penser à leur mère ou leur père. Certains enfants d'acteurs ont échoué car ils ont cru à l'hérédité du talent. Ils n'ont pas envisagé le moindre travail pour se donner les moyens de réussir. Personnellement, j'ai suffisamment douté de mes dons pour me diriger vers une autre carrière. Exercer le même métier que son père rend sans doute plus exigeant vis-à-vis de soi-même. Ce qu'il m'a enseigné, c'est de ne pas tricher, de donner du « cash », comme il disait, et de ne pas se prendre au sérieux :
« Les gens du métier t'attendent au virage, mais si tu es bien, tu plairas au public. C'est lui, le vrai juge ! »
Je discutais récemment avec un ami, pensionnaire de la Comédie-Française, de la difficulté qu'ont les jeunes acteurs à se faire connaître. Il ne suffit pas de s'inscrire à un cours de comédie, ni de s'engager dans une petite troupe théâtrale de province pour pouvoir être repéré un jour. N'ayant pas bénéficié de ma chance, lui a décidé de se présenter au concours du conservatoire de Paris, pour intégrer la prestigieuse maison de Molière : il s'agit de Bruno Putzulu.

À l'âge de quinze ans, je faisais mon premier essai dans *Fantômas se déchaîne*, pour mettre un terme à ma « carrière » au théâtre du Palais-Royal, dans *Oscar* : j'avais vingt-deux ans. Les six films que j'ai tournés durant cette période m'ont confronté à des difficultés que je ne soupçonnais pas. J'ai pris beaucoup de plaisir à jouer la comédie, mais je crois que cette expérience m'a apporté plus d'angoisses que de joies. J'ai pourtant eu la chance d'être chouchouté par les metteurs en scène, et surtout par mon père, qui n'a cessé de me soutenir. Je n'ai pas eu à subir le dédain des décideurs : ils mesuraient trop le prix d'une discorde avec l'homme qui leur assurait des millions d'entrées.

Premiers jours de tournage. Je suis confronté aux rudiments du métier. Louis – je l'appelle Louis, car c'est mon partenaire à ce moment-là – se contente, scène après scène, de m'aider à vaincre le trac en me racontant un tas d'histoires, et en m'encourageant, comme il le fait avec tous les acteurs :

En 1965, baptême du feu pour Olivier aux côtés de son père, dans *Fantômas se déchaîne* (titre de travail : *Fantômas revient*).

« Oui, voilà ! C'est mieux, tu as trouvé le truc, c'est beaucoup plus sincère comme tu viens de le jouer ! »
Il n'hésite pas, non plus, à tourner en dérision ceux qui se prennent trop au sérieux :
« Regarde le grand comédien que je suis ! On ne verra que moi ! Je vais couper tous tes gros plans pour qu'il ne reste que les miens ! Je suis le meilleur au monde ! »
L'essentiel de mon apprentissage vient surtout de ses confidences sur son métier. Ne considérant jamais son jeu comme acquis, il me parlait souvent des remises en question et du perfectionnisme qu'il s'imposait, afin d'obtenir cette fameuse sincérité qui déclenche le rire.
Pour mon baptême du feu dans le deuxième épisode de *Fantômas*, je pénètre dans les studios de Boulogne-Billancourt par l'entrée des artistes. J'ai une loge, on me maquille. Je déjeune au restaurant du studio : c'est l'un des meilleurs moments, car jusque-là, j'y étais seulement invité. Maintenant, j'y ai ma place réservée, comme les vrais acteurs, qui se croisent en échangeant quelques plaisanteries. Grâce à mon nom, j'accède au cercle des gens connus, et j'en récolte de grands « Bonjour ! » et beaucoup de respect. J'essaie alors d'afficher l'apparente décontraction des comédiens confirmés. Jouer avec Louis de Funès ne m'intimide pas trop. À l'inverse, donner la réplique à Jean Marais ou Mylène Demongeot me paralyse. Heureusement, leur patience étant à la mesure de leur gentillesse, ils m'aident à dissiper ce blocage. Lors de ma toute première scène, dans une cabine de wagons-lits, je dois ouvrir une porte et dire au couple qui s'embrasse tendrement qu'on ne vit pas que d'amour et d'eau fraîche, et qu'il est temps d'aller dîner.
« C'est ce qu'il y a de plus dur à jouer ! me dit Louis. Dire des répliques banales sans être en situation, c'est terrible ! Il faut que tu t'inventes une petite histoire avant d'ouvrir la porte. Tu vois, tu peux imaginer que tu regardes ta montre depuis une heure et que tu t'impatientes, ou tout simplement que tu es jaloux. Il faut trouver un état d'esprit, celui que tu veux ! Sinon, tu réciteras ! »

Il me parle alors des auditions qu'il a passées à ses débuts. Il y avait été confronté à ce qu'il y a de plus difficile à interpréter avec sincérité :
« "Madame est servie !" Voilà ce qu'on m'a demandé, c'est tout. Frapper, ouvrir et dire ça ! Tu parles d'un truc ! Il a fallu que j'invente quelque chose : j'ai imaginé que la porte grinçait, et j'ai cherché d'où venait ce bruit. Du coup, j'ai été surpris par le regard de mes partenaires, qui attendaient que je dise ma réplique. J'ai alors joué celui qui est pris en défaut, ça m'a donné un ton plus juste ! »
Les petits trucs que me donne Louis ne sont pas des cours de comédie, mais il me conseille tout de même de me familiariser avec les bases techniques, comme la diction ou la manière de se placer, bases qu'il ne néglige jamais. Je le surprends tous les jours à répéter son texte avec un crayon fiché à la commissure des lèvres : « Vous... vous... foutez... de moi… Phiiiiliiiippe ! »
Cette exigence lui vient du théâtre :
« Les gens paient leur place : tout le monde doit entendre, même ceux qui sont assis au poulailler ! »
Il prévoit d'ailleurs de m'inscrire au cours Simon après mon bac, pour apprendre la technique de la scène. Son respect du public est sans doute le fil conducteur de sa carrière :
« C'est lui qui me fait vivre, je dois lui donner ce qu'il attend ! »
Lorsque nous partons au studio, le matin, il est heureux. Il espère trouver le « plus » qui fera d'une simple scène un joyau du film. Il est sûr de s'amuser. La journée précédente est oubliée. Il se sent tout neuf, comme avant chaque représentation au théâtre.
Dès notre arrivée, le travail commence. Nous rejoignons nos loges respectives. Son souci obsessionnel de la perfection le fait s'assurer d'être à l'heure au maquillage :
« Pas de parlottes dans les couloirs, on va être en retard ! »
Il est toujours ponctuel, voire en avance. La séance de transformation est parfois pénible, comme lorsqu'il joue le sosie du commissaire. Il doit être Juve sans être lui-même : on lui ajoute des plis de chair au menton et au cou, on lui amidonne les

paupières… Il profite de ces longs moments pour s'enquérir des dernières nouvelles du film, et les commenter avec humour. Mais l'anxiété est déjà là.
Répétant son texte intérieurement, il imprime à ses sourcils des mouvements trahissant la bande dessinée qui défile dans sa tête. Il cherche à parfaire tout ce qui lui semble perfectible, repense les scènes pour trouver une idée forte, se soucie de la mise en valeur de ses partenaires : il est déjà en plein travail. Puis, il rejoint le plateau par les longs couloirs des studios, coiffé d'une casquette, emmitouflé dans un épais caban contre les courants d'air, et toujours équipé de lunettes de soleil, pour éviter des regards qui pourraient le distraire. Caban, casquette ou passe-montagne ont toujours fait partie de sa panoplie, en raison de la fragilité de ses cordes vocales : il était souvent aphone.

Tout en marchant, il me fait répéter mon texte :
« C'est bien, ne t'inquiète pas, tu vas y arriver. André (Hunebelle) va te diriger de main de maître. »
Une fois sur le plateau, il quitte ses lunettes. Son visage s'éclaire. Il est avec les siens : tous les techniciens, qu'il salue les uns après les autres, ne se privant pas de les amuser. Il se fie énormément à leurs réactions pour juger de l'efficacité de son jeu, et se rassure beaucoup en les entendant rire après une prise. Il lui faut un public. Ce n'est pas du cabotinage : il éprouve le besoin d'être conforté, considérant qu'il ne peut être inventif que dans une bonne ambiance :
« On s'amuse beaucoup avec l'équipe, c'est formidable pour les trouvailles ! »
Dans une interview, Édouard Molinaro évoque très gentiment les quelques tensions qui ont émaillé l'adaptation au cinéma d'*Oscar* en 1967. Il se préoccupait, avec talent, de diriger son film, sans se soucier de rassurer mon père sur son efficacité comique. Ni lui, ni son équipe ne riaient à la fin des prises. Ce manque de complicité gênait considérablement l'acteur qui avait construit au théâtre, soir après soir, les effets bien connus de la pièce. Il devint critique à l'égard de ce met-

teur en scène, qui pourtant, au final, a réalisé un superbe film. Mon père prenait ce manque d'enthousiasme comme un frein à sa créativité. Il n'aimait pas être limité dans ce processus et se montrait impitoyable avec lui-même, aussi bien aux répétitions qu'aux rushes, qu'il ne manquait jamais.

« Je veux voir ce que ça donne, surtout le rythme des scènes. C'est difficile parce que ce n'est pas monté et qu'il n'y a pas de musique, mais je détecte les lenteurs interminables. Elles peuvent foutre un film en l'air ! »

Et il soulignait parfois :

« Il faut refaire ce plan ! J'ai un regard inexpressif, c'est pas bon ! »

Une fois les relations établies avec l'équipe, place au sérieux, car le premier clap est proche. Mon père travaille alors avec les acteurs. Il organise de petites répétitions, à l'écart du brouhaha général, afin de trouver le ton juste de la scène, et propose quelques inventions :

« Ce qui pourrait être drôle, c'est qu'à ce moment-là, tu sois pris d'une douleur à la tête, et que tu n'écoutes plus du tout ce que je dis ! »

Ou bien :

« Là, tu pourrais peut-être te mettre à parler comme le général de Gaulle ! »

Ou encore :

« Oui, c'est ça ! Tu le joues très bien, c'est formidable ! »

Comme Jean Gabin, qui confiait au cours d'une interview : « J'aime les acteurs ! Ils sont bath, les acteurs ! », mon père montre à leur égard un réel élan, se souciant toujours de leur jeu, de leurs difficultés, de leur place sur l'affiche. Il fait parfois ajouter une scène afin d'étoffer un petit rôle. Il tient à ce que tous soient considérés comme des artistes de premier plan.

En regagnant le décor surchauffé par les projecteurs, il prend ses marques. Il règle ses déplacements comme un pilote de voltige révisant ses figures acrobatiques. Il répète son texte à voix basse tandis que la maquilleuse opère quelques retouches, puis suit attentivement les indications du metteur en scène. Sa tenue est toujours très soignée, il tient à être élégant :

« Pas besoin d'avoir un pantalon trop court ou un chapeau ridicule pour faire rire. Tout est dans le regard, dans l'intention ! »
Il porte un costume bien coupé, une cravate pas trop criarde, des cols de chemises ajustés, et s'assure que le tout soit impeccable :
« Si tu as la moindre poussière sur ta veste, les gens ne regarderont que ça. »
Il pense surtout au théâtre, où il n'y a pas de scripte aux yeux de lynx pour détecter ces détails. Par ailleurs, il ne veut pas d'un Juve déguisé : on doit le prendre au sérieux, le voir comme un vrai commissaire, afin d'être mieux surpris plus tard par ses maladresses.
Lorsque André Hunebelle s'adresse à lui, il l'écoute comme un écolier :
« C'est très important d'être bien dirigé. Le réalisateur a une vue globale du film, alors que nous, pauvres acteurs, on joue scène sur scène. Et puis, tu comprends, il nous met en confiance, il nous rassure. »
Dans ces mots, je mesure toute la fragilité du comédien, qui demande à être guidé de façon à canaliser ses inventions. Plus tard, il m'a beaucoup parlé de son projet avec Roman Polanski, avec qui il avait déjeuné au Plaza Athénée. Leur admiration réciproque aurait pu conduire à une fructueuse collaboration, si des affaires privées n'avaient pas éloigné si longtemps des studios ce grand metteur en scène.
« Avec lui, je ferais quelque chose de différent ! Tu te souviens de son travail d'orfèvre sur *Le Bal des Vampires* ? »
Lorsque le plateau est enfin prêt, la répétition commence. Louis ne joue pas réellement. Il mime plutôt la scène, en récitant son texte en demi-teinte ; il s'agit là d'une spécificité de l'acteur comique, qui craint toujours de mécaniser son jeu au détriment de la spontanéité, mais aussi d'être jugé trop vite sur un essai d'interprétation :
« Il faut toujours prévenir que tu ne vas pas faire rire, sinon les regards inquisiteurs ne tardent pas ! Je devrais avoir à ma disposition deux petits drapeaux : un vert pour les prévenir que c'est drôle, un rouge dans le cas contraire ! »

Louis et Jeanne, lors de la Nuit du Cinéma 1965 : grâce au *Gendarme* et au *Corniaud*, il venait d'accéder au statut de grande star.

Nuit du cinéma
— Nov-1965 —
nous étions aux côtés de
Audrey Hepburn - Mel Ferrer -
Prince de Monaco. Grace de Monaco
Lolbrigida - etc -

Lorsque surgit le fameux : « Moteur, action ! », je suis stupéfait du naturel des acteurs. Moi qui ai tellement de mal à dire deux mots à peu près justes ! Mais malgré tout, ils sont sensibles, ces monstres, dont on croit qu'ils peuvent tout interpréter sans effort. Mon père éprouve souvent certaines difficultés à trouver son jeu. Il lui faut quelquefois dix ou quinze prises avant qu'il dise enfin : « Là, je crois que c'est la bonne ! »
Cela exaspère Jean Marais, qui se trouve meilleur à la première prise. Le metteur en scène joue alors les arbitres :

« Jeannot ! Calme-toi ! Tu es très bien. On va en refaire une pour Louis ! »
Dans d'autres scènes, la première est la bonne pour Louis, mais pas pour Jean… Moi, je n'y comprends rien, car je les trouve toutes bonnes ! Ce qui me surprend le plus, au cours de cette première expérience, c'est l'attente que subissent les comédiens pendant le réglage des lumières. Louis s'installe alors dans son fauteuil de toile, remet ses lunettes de soleil, reste silencieux et concentré, demandant de temps en temps :
« C'est prêt ? On va pouvoir tourner ? »
Son calme m'impressionne. Sa doublure lumière se nomme Fabre. Je n'ai jamais su son prénom. On l'appelle Fabre, ce petit homme frêle au regard triste, qui reste des heures sous les projecteurs, se déplaçant de quelques centimètres toutes les minutes pour laisser l'opérateur ajuster ses lumières. Il sera le double de Louis de Funès pendant trente ans. Je découvre peu à peu toute cette machinerie qui fait un film. Je n'avais jamais imaginé mon père prenant part aux exigences techniques, et pourtant, il les connaît par cœur : lumière, son, contrechamps, travellings, voix off, il m'explique tout.
« Tu vois, si la lumière vient trop de profil, la moindre petite dent en retrait se transforme en trou noir ! »
Lorsque nous rentrons le soir, il me stimule, m'apaise. Je le sens heureux de me faire partager son travail.
« Je suis content de la projection, tu es très bien. On voit tes yeux bleus parce que tu les ouvres bien ! Tu ne joues plus la tête baissée ! »
Nous devons bientôt partir une semaine pour Naples, afin de tourner les extérieurs au sommet du Vésuve. Nous embarquons dans une Caravelle : c'est mon baptême de l'air. Mon père, subjugué par cet avion, m'explique ses vitesses de décollage, de croisière, d'atterrissage. Il me vante le courage et l'habileté des pilotes, puis s'accroche à son fauteuil, les bras vissés sur les accoudoirs. Il n'est guère rassuré, même s'il me répète :
« C'est formidable, tu as vu la puissance ! »
Mes parents sont passionnés par l'Italie, le pays du goût.

« D'un monument à la simple nappe qui recouvre la table, tout est beau ! »
À l'occasion de ce périple, je découvre les grands hôtels, auxquels je ne suis pas habitué, car nous passons toujours nos vacances à la campagne ou dans notre petite maison de Deauville. Je me familiarise aussi avec les tournages nocturnes, les horaires difficiles, les longues attentes. Nous en profitons pour goûter la gastronomie italienne. Louis de Funès peut enfin entrer dans un restaurant ou boire un demi pression à une terrasse sans être assailli par des admirateurs… Cette fête nous gratifiera de quelques kilos supplémentaires au retour !
Le tournage sur le Vésuve est assez rude. Il nous faut emprunter tous les jours un petit chemin baigné de fumerolles. L'odeur du soufre nous agresse, et l'acheminement du matériel au sommet nécessite un temps fou. Me voyant m'approcher de plus en plus du cratère pour faciliter le travail du cadreur, mes parents s'inquiètent d'une chute malheureuse. Malgré les difficultés, Louis joue la comédie avec la même fougue et la même sincérité qu'en studio. Afin de détendre l'atmosphère, il plaisante même volontiers :
« Dites-moi, Mylène, vous ne trouverez jamais de mari avec votre physique ! C'est terrible ! »
Celle-ci rit de bon cœur à ses réflexions taquines. Mais les journées sont longues et épuisantes, et nous sommes sans cesse à la merci des nuages et du vent. Pour quatre minutes à l'écran, André Hunebelle prévoit cinq jours de travail.
De retour à l'hôtel, nous nous préparons pour le dîner. Un grand moment : mon père ne trouve pas la cravate qui lui plaît !
« C'est pas celle-là ! C'est l'autre, la bleue, où est-elle ? Et voilà, je vais descendre en pyjama, tu vas voir ! »
Ma mère a beau s'efforcer de le convaincre que la beige lui va très bien, il s'énerve de plus belle : « C'est la bleue que je veux, voilà ! Là, j'ai l'air d'un gugusse ! »
Il ouvre tous les tiroirs, les vide, déplie les chemises, les pulls…
« Je vais bien la trouver si je sors tout ! » Peine perdue : « Le dîner est foutu, on va manger dans la chambre, comme ça, j'aurai pas besoin de cravate ! »

…lus tard, nous nous retrouvons au restau-
…ige… Ces petites crises passagères étaient
…s déboires matériels : vêtements, fonction-
…achine, embouteillages. Les tracas du quoti-
… Les plus belles scènes dont j'ai été témoin
surv… rsqu'il offrait à ma mère un couteau électrique
ou un robo… censé hacher, presser, couper et brasser. La lecture du mode d'emploi durait une heure, ponctuée d'insultes envers le fabricant :

« Quel con ! C'est incompréhensible ! Voilà ! Il faut que je relise tout ! »

Le passage à la pratique était pire encore. Il s'énervait, forçait l'une des pièces jusqu'à la casser… Une dizaine de robots terminèrent ainsi leur courte carrière à la cave.

Heureusement, le dîner lui redonne le sourire. Les repas doivent être une fête, surtout au restaurant, et surtout en Italie. L'énumération des plats par le serveur le met en joie, et il les répète volontiers après lui, d'un accent exagérément italien :

« Bistecca alla fiorentina ! Oooh ! »

Au cours du repas, nous évoquons notre prochaine promenade dans les rues de Naples ou notre visite de Capri. Il profite de ces instants de liberté pour être complètement à nous : pas un mot sur le travail.

Nous dînons souvent avec les Dynam. Jacques (Bertrand dans les *Fantômas*) est un homme qu'il estime, un homme simple, un copain. En fait, il y a peu de gens avec qui il accepte de dîner : le moindre calcul de leur part, la moindre allusion qu'il ne comprend pas ou tout discours prétentieux lui ôtent l'envie de partager ces bons moments.

Patrick

Jacques Dynam, Guy Grosso et Michel Modo formaient sa garde rapprochée : leur amitié indéfectible le rassurait. Ils étaient sa famille cinématographique. Entre deux prises de vue, Il pouvait plaisanter avec eux sans perdre sa concentration. Max Montavon était sa mascotte, et il lui aurait été incon-

cevable de ne pas lui donner un petit rôle dans un film : le surveillant de pensionnat de *Fantômas se déchaîne,* le maître d'hôtel de *Fantômas contre Scotland Yard,* le joueur de flûte du *Grand Restaurant,* un prof dans *Les Grandes Vacances,* jusqu'au pharmacien du *Gendarme et les Gendarmettes.* Max nous rendait visite quand il voulait, et n'oubliait jamais nos anniversaires. Il nous téléphonait presque tous les jours. Au courant de tout sur tout le monde, c'était la gazette du Tout-Paris, mais sans un brin de méchanceté, au grand plaisir de mon père. Quand ses histoires prenaient un tour trop leste, il entendait l'inévitable :
« Je te passe Patrick ! »
Il me savait friand de ces potins un tantinet scabreux, toujours contés sans vulgarité. Une crise d'asthme l'emporta, peu avant mon père. À son enterrement, mes parents rencontrèrent toute sa famille, qu'ils ne connaissaient pas. En se dirigeant vers la sortie, mon père aperçut un monsieur seul, à demi dissimulé par un pilier.
« Viens, nous allons le saluer ! Je suis sûr que c'est l'ami de Max ! » murmura-t-il à ma mère.
Il ne s'était pas trompé ! C'était tout lui. Des impulsions inattendues, quoique réfléchies : je suis certain qu'il avait cette idée en tête depuis le début de la messe. Il tenait à exprimer publiquement sa sympathie à celui qui avait partagé durant des années la vie de cet ami.

Louis de Funès, Max Montavon et Danielle Darrieux au théâtre dans *Faisons un rêve* de Sacha Guitry, en 1957. Max Montavon était un fidèle ami, à qui Louis de Funès réservera toujours un rôle dans ses films.

7

Après l'effort

Patrick

Si les fleurs de marronniers du parc Monceau faisaient éternuer ma mère, le bruissement de leurs feuilles et le roucoulement des pigeons ramiers berçaient mon père, allongé une bonne partie de la journée, dans le grand lit dessiné par Jacques Colombier. Sa table de nuit était un vrai capharnaüm ! La première chose qu'on y voyait était son livre de chevet : l'épais *Journal* de Jules Renard. Sa couverture jaunie était à moitié déchirée, froissée comme un vieux parchemin. Pour le saisir, il lui fallait déplacer les *Mémoires* de Saint-Simon et les *Caractères* de La Bruyère. Il ne lisait jamais les œuvres de bout en bout, se restreignant exprès :

« Je ne veux pas devenir trop cultivé : le public le sentirait. »

Je suis frappé par la justesse et la clairvoyance de ce choix. Beaucoup d'acteurs raisonnent et donnent leur opinion, bien souvent creuse d'ailleurs, sur la politique ou la misère dans le monde. À force, on finit par ne plus avoir envie d'aller les voir au cinéma.

Je lui faisais part de mes lectures, lui cochant les passages qui m'avaient intéressé. C'est ainsi que plus tard, je lui fis découvrir René Fallet et *La Soupe aux Choux*, qu'il décidera d'adapter en 1981.

Avant de se coucher, il plaçait trois réveils côte à côte, lui permettant d'évaluer l'heure exacte en en faisant la moyenne. Tout près, ses indispensables boules de gomme, réglisses et

guimauves, qu'il ne fallait pas confondre avec ces boulettes roses sorties de leur boîte, éparpillées comme des cerises sur un gâteau : les boules Quiès. Il les malaxait longuement entre ses doigts, avant de se les ficher dans les conduits auditifs. Ensuite, il s'occupait de ses narines. Y versant à l'aide d'un vieux compte-gouttes un liquide poisseux – de l'huile goménolée –, il émettait quelques reniflements sonores : un rituel nécessaire, selon lui, pour lubrifier une ancienne déviation de la cloison nasale !
À ces préparatifs au sommeil, ne manquait plus que la touche finale : le masque noir. Mais de désagréables picotements dans la gorge venaient parfois perturber ces instants de relaxation… Il lui fallait remonter son affreux bandeau noir sur le haut du crâne, et avaler une poignée de boules de gomme. Il ne restait jamais assoupi très longtemps : du casier de la table de nuit prévu pour le pot de chambre, il sortait un gros poste de radio portable noir, de quatre kilos minimum, capable, selon lui, de capter toutes les émissions du Globe ! Boules Quiès retirées, il se saisissait d'un casque muni de gros écouteurs pour ne pas réveiller ma mère, et commençait à tourner les gros boutons chromés de l'appareil, en quête d'informations : en anglais d'abord, pour progresser dans cette langue… Mais ne comprenant qu'un mot sur trois, il se rabattait sur les ondes espagnoles !

Toutes les nuits, je l'entendais quitter sa chambre à pas feutrés, pour aller vérifier le gaz et inspecter toutes les fenêtres. Au retour, il faisait systématiquement une pause devant ma chambre, afin de s'assurer que tout allait bien. À vingt ans, je ne risquais plus la mort subite du nourrisson ! Si la télévision par câble et satellite avait existé, je suis sûr qu'il serait resté rivé à son poste des nuits entières. Il trouvait son bonheur dans le meilleur comme dans le pire.
- Mais Loulou, pourquoi tu regardes toutes ces idioties ? se désolait ma mère.
- Parce que ça m'intéresse ! Je regarde ce qu'il ne faut pas faire.
J'ajoutais :

- En tout cas, tu vas finir diabétique, à force d'avaler toutes ces boules de gomme !

Les séries américaines l'ont toujours captivé. Des années plus tard, il regardait *Columbo, Kojak*, et particulièrement *Intrigues à la Maison Blanche*, avec Robert Vaughn et Jason Robards.

« Elles sont réalisées avec autant de soin qu'un grand film ! Et tous les acteurs sont bons. »

L'autre côté du petit écran l'attirait beaucoup moins :

« Si un journaliste m'invite à son émission, je ne serai qu'un faire-valoir pour lui. Il ne s'intéresse qu'à sa propre carrière : c'est lui qui voudra briller. Et au moment où je m'y attendrai le moins, il me fera glisser sur une peau de banane. Sauf Michel Drucker : lui, c'est quelqu'un de bien. »

Cette méfiance le conduisait, lors d'entretiens, à parler de la nature, des coccinelles ou des boutures, pour éloigner les journalistes de leurs questions favorites.

Notre voisin du dessus avait la fâcheuse manie de réveiller ma mère tous les matins à six heures en prenant son bain. Des « glou glou » bien sonores agitaient la tuyauterie.

De plus, mes parents commencèrent à être incommodés par ce qu'ils prenaient pour des odeurs d'éther. Mon père se lança dans l'inspection du balcon et de la fenêtre, où il remarqua des coulures jaunâtres dans la vigne vierge qui tapissait l'immeuble. Il se persuada que ces gens fabriquaient de la drogue clandestinement. Cela m'aurait surpris : ils avaient plus de quatre-vingts ans !

Un matin, me voilà tiré du sommeil par des hurlements. Mon père, qui pourtant mettait toujours un point d'honneur à ne pas se faire remarquer, faisait parfois preuve d'une extraordinaire inconscience. En pyjama sur son balcon, bien en vue de tous les promeneurs du parc Monceau, il proférait des horreurs en direction de la fenêtre du dessus ! Lui, qui d'ordinaire ne prononçait jamais un mot grossier, en lâcha cette fois quelques-uns bien sentis. Pendant que l'intéressé tremblait derrière ses rideaux, tous les voisins profitaient du spectacle. Et j'éclatai de rire, l'entendant conclure ses invectives par un tonitruant : « Grossier personnage ! »

8

Toujours surprendre le public

Olivier

Mes premières armes dans le métier m'avaient été si agréables que j'envisageai de passer mes prochaines vacances sous les projecteurs. On m'engage en 1966 pour jouer le rôle du commis de cuisine dans *Le Grand Restaurant*. Le film se tourne chez Ledoyen, en décors naturels, sous la direction de Jacques Besnard. Des caravanes, garées sur le terre-plein des Champs-Élysées, abritent les loges. Le restaurant est cerné par les camions de la technique, et nous prenons nos repas dans une roulotte, cantine très prisée par les acteurs : Gabin, Delon, Belmondo l'exigent dans leur contrat, mon père aussi. Le scénario n'est pas très construit. Pourtant, le producteur obtient la signature de Louis de Funès, comptant sur ses inventions pour étoffer l'histoire. Son expérience des bars de nuit pendant la guerre n'est pas étrangère à cette petite comédie humaine, que Louis élabore jour après jour. Il se remémore les relations difficiles entre patrons et employés, les roublardises, les maltraitances, les dénonciations, les bassesses… Bref, tout ce que les clients ne savent pas et qu'ils préfèrent ne pas savoir. Il se lève chaque matin avec de nouvelles idées.

« J'ai pensé qu'un des serveurs pourrait dire tout le temps : "Mon Dieu !!!" J'aime bien les gens offusqués, ils me font beaucoup rire ! Les cailles ont brûlé : mon Dieu ! Il fait trop chaud : mon Dieu ! Vous êtes viré : mon Dieu ! »

Le service d'une grande maison ressemble fort à un spectacle,

à du théâtre. C'est sans doute ce qui lui a insufflé cette fougue créatrice, comme lorsqu'il jouait *Oscar* sur les planches.
« C'est très riche en situations, un restaurant : il y a les serveurs, ce sont les petits ; le chef, le maître d'hôtel et le patron, ce sont les puissants, sans oublier les clients ! Il y a souvent un pianiste que l'on n'écoute jamais, et là, j'en connais un rayon ! »
Cette petite société opaque l'intéresse beaucoup. Les pressions s'y exercent sans entrave ni témoins ; le licenciement menace les contestataires, le patron a le pouvoir, les supérieurs martyrisent les subalternes, ceux-ci ne pensent qu'à dénoncer un autre subalterne, lequel attend son heure pour se venger, etc. Les coulisses de l'illusion le passionnent.

Dans *Le Grand Restaurant*, j'ai très peu de scènes à jouer. La principale dure deux minutes : elle m'empêchera de dormir quatre nuits ! Les autres sont plus proches de la figuration, mais j'assiste à tout le tournage pour apprendre le métier.

Olivier et Louis de Funès sur le tournage du *Grand Restaurant*, en 1966.
« Mon père mettait un point d'honneur à tourner dans une ambiance conviviale, et ne négligeait aucun détail, de l'éclairage à la position de la toque. » Olivier tourna six films avec son père et lui donna la réplique dans *Oscar* en 1972.

« Il faut beaucoup observer, c'est comme ça que tu apprendras ! me conseille Louis. Intéresse-toi à la technique aussi, à la lumière et au son, ça te servira. Tu sais, si je ne faisais pas attention à l'éclairage, on ne verrait jamais mes yeux, ou alors ils seraient bleu lavasse. Ils s'en foutent de tes yeux, les opérateurs ! »

J'attaque ma première scène, la plus longue. Elle se passe en cuisine, aux côtés du chef, mon parrain dans le film, interprété par Raoul Delfosse. Il est censé me défendre contre les invectives de Septime, que joue Louis. L'imposant physique du cuisinier doit le décourager de poursuivre ses jérémiades. Au bout de quatre ou cinq répétitions, Louis émet une idée : il faut grandir Raoul à l'aide d'un petit tabouret, afin de le rendre encore plus impressionnant.

« Là, tu vois, j'ai peur de prendre une grande beigne ! C'est très bien, j'ai l'air d'un insecte. »

L'image lui semble plus importante que le texte : il a toujours rêvé de tourner un film muet. Lors de nos séjours à Clermont, il nous projetait souvent Laurel et Hardy ou Charlot. Il avait acheté tous leurs films en 8 mm, et aimait nous les passer le soir après le dîner, dans la salle de billard qu'il avait aménagée en conséquence. L'installation du matériel, en particulier le montage des bobines sur le projecteur, donnait lieu, bien sûr, à quelques ratés... Nous l'entendions jurer pendant une demi-heure.

« Saleté de projecteur, ça casse à chaque fois ! Il est très intelligent, le con qui m'a vendu ça ! Et voilà ! Ça recasse ! »

Il ne fallait surtout pas tenter de l'aider, c'était pire :

« C'est ça, tu t'y connais très bien, tu es le grand spécialiste des projecteurs ! Hmmm, y'en a, là-dedans ! Je vais me débrouiller tout seul, ça ira beaucoup mieux ! »

Nous perdions souvent l'espoir d'assister au spectacle. Pourtant, après avoir extirpé quelques bourrages au tournevis, il frappait les trois coups, et le générique chiné de rayures finissait par éclairer la pièce. Il connaissait tellement ces chefs-d'œuvre par cœur qu'il nous était difficile de suivre l'intrigue : il nous annonçait toujours le prochain gag, qu'il trouvait formidable. Mais son analyse des mécanismes comiques, en particulier de ceux de Laurel et Hardy, était pleine d'enseignements pour l'acteur débutant que j'étais.

« Ils sont vraiment très forts ! Tu as vu ? Il ne leur arrive que des catastrophes épouvantables, qui ne prêteraient pas à rire si elles étaient mal jouées. Tu sais, le type qui prend un seau d'eau sur la tête ne fait rire personne, mais la façon dont ils le jouent est irrésistible. Ils vivent un événement tragique avec beaucoup de dignité. En ajoutant une touche insolite aux événements sans importance qui précèdent le drame, ils nous font présager le pire.

« En tombant, un type peut se faire très mal. La base est donc tragique. Mais ce qui est désopilant, c'est de voir la dignité humaine s'effondrer d'un coup. Lorsqu'on marche, on est quand même conscient de sa personne. Et badaboum ! plus aucune tenue, c'est l'abandon total. Par contre, on ne rit pas d'un enfant ou d'un vieillard à qui cela arrive ! Pour que la chute soit comique, il faut avoir vu l'homme marcher pendant un moment, dans la plénitude de son être. Si l'on se repasse cette scène en boucle, elle sera de plus en plus drôle, car on observera de mieux en mieux le moment qui précède la chute. Laurel nous fait deviner la catastrophe imminente, parce qu'il est sûr de ce qu'il entreprend. Il est calme, confiant, sincère ; Hardy, lui, tapote sur la table en attendant l'inévitable. Plus la situation est tragique, plus le jeu nécessite de la discrétion, presque de la distinction, pour ne pas sombrer dans la vulgarité. Je ne parle pas du langage, mais d'un manque de distance. Il y a toujours quelque chose de moche dans la réalité. »

Une des scènes les plus difficiles à tourner du *Grand Restaurant* se passe à la table des clients allemands. Dans le scénario initial, Septime doit simplement prendre l'accent germanique pour décrire des plats bien français. Or, cela ne suffit pas à Louis, qui trouve cela banal et sans effet comique. Il a pourtant participé à l'écriture du film, mais reproche à Jacques Besnard de s'en tenir là : il faut trouver autre chose.

« Non, ça ne va pas, ce n'est pas drôle ! »

Il se cale alors dans son fauteuil, au grand désespoir du metteur en scène, et le tournage s'interrompt. C'est en évoquant ces moments où il se fermait que certains l'ont traité d'emmerdeur. Cela aurait été tellement plus simple qu'il s'en tienne à jouer ce qui était écrit : les heures de studio coûtent cher !

« Vous savez, le film repose sur mes épaules. Si ça ne marche pas, c'est moi qui prendrai. Le public attend autre chose que de la petite bière ! Il vient pour rigoler ! »

Il recherche la perfection, ce qu'on accepte mal d'un acteur comique, d'un amuseur. Après tout, son nom suffit à faire des entrées… Ce jour-là, il est d'une humeur massacrante. Pas un mot. Les lunettes de soleil ont beau masquer ses yeux, je devine son regard anxieux : il en a marre !

Aucune pression ne le fera changer d'avis. Jacques n'arrive pas à le persuader de tourner la scène. Nous rentrons le soir comme si nous avions appris son échec à un concours. Son moral est au plus bas, et il me fait partager son défaitisme :

« On est foutus ! Le film sera un petit film. C'est terrible, ce manque de recherche ! »

Il se désespère vite, mais une soirée en famille et une bonne nuit effaceront ses angoisses. Le lendemain, il retrouve de la force.

« J'ai une idée. Je l'avais déjà hier, mais je n'avais pas envie de la leur donner. C'est trop facile : "Louis, tu as une idée ? C'est formidable !" Tu parles ! Ils n'ont qu'à travailler !… Alors voilà : et si une ombre me dessinait la moustache et la coupe d'Hitler pendant que je dévoile la recette en allemand ? »

Il faut moins d'une heure au chef opérateur pour mettre au point le trucage, et la scène est tournée en une prise. Louis reprend confiance, il se rend compte qu'il est peut-être un peu trop exigeant et que le metteur en scène n'est pas pour grand-chose dans cette crise de pessimisme.

« Tu sais, le film est bien ficelé finalement. Jacques le tourne comme il le sent, il a raison. Et si je peux apporter quelques idées en plus, ça marchera ! »

Je crois que c'est par panique qu'il se ferme à toute discussion. Et cette panique surgit lorsqu'il est épuisé. Certains réalisateurs parviennent à l'apaiser, comme Jean Girault, et surtout Gérard Oury, qui analysera si bien sa fragilité. Et par-dessus tout, il tient à la présence rassurante de ma mère sur chacun des tournages. Elle l'aide à se dépasser.

Il faut maintenant entamer les répétitions du ballet que Septime impose à son personnel, en guise de leçon de maintien. Colette Brosset se charge de la chorégraphie et fait travailler tout son petit monde d'arrache-pied. Après une longue journée de tournage, Louis n'hésite pas à travailler ses pas encore une heure, pour que le ballet soit parfaitement au point.
« Une, deux, trois, et une… Non, c'est pas ça, je recommence ! »
Il rentre à la maison éreinté mais satisfait :
« On fait du bon boulot avec Colette, ça ne rigole pas ! Il faut que ce soit aussi bien réglé que *West Side Story* ! »
La musique et la danse sont des arts qu'il connaît. Il les trouve indispensables :
« Le rythme d'un film est capital. À la moindre chute de tempo, le public décroche tout de suite, il repense à sa voiture mal garée ou aux impôts ! »
Au bout du troisième jour de répétitions, il entrevoit à peine le résultat final. C'est un peu mieux, mais il faut encore s'appliquer.
« Une, deux, trois, et une… Voilà, on le tient ! »

Des acteurs aux techniciens, le contact avec toute l'équipe d'un film lui était essentiel.

D'une scène qui n'est qu'un gag, il veut faire un spectacle. À l'écran, le naturel avec lequel il dirige ce ballet peut laisser penser que ses dons lui offrent un état de grâce passager. En réalité, il travaille sans relâche chaque pas et chaque geste, se soumettant à la rigueur de Colette. Plus tard, sur *Les Aventures de Rabbi Jacob*, il prendra des heures de cours pour une scène devenue légendaire :
« Il faut que je danse aussi bien que les danseurs juifs. L'effet comique ne vient surtout pas du ridicule, au contraire ! »
De même, pour *L'Homme-Orchestre*, tenant à ce que son interprétation soit crédible, il répétera avec un chorégraphe anglais particulièrement exigeant.

Ce vendredi soir, il nous faut deux bonnes heures pour regagner notre maison de campagne de Saint-Clair-sur-Epte, qui n'est pourtant qu'à soixante kilomètres de Paris. Louis s'énerve au volant de la DS 19.
« Regarde-le, ce jean-foutre, il veut gagner sa petite place, et voilà ! Une queue-de-poisson !... Ça n'avance pas, et bien sûr, je n'ai plus d'essence ! Tu vas voir, on va se payer une bonne petite panne ! C'est pas grave, on mettra huit heures ! »
Mais dès notre arrivée, il se sent bien, et ne pense plus aux chauffards. Comme la maison est humide, même en été, il nous prépare un bon feu de cheminée. Les bassinoires sont déjà prêtes à chauffer nos draps. Ma mère improvise un repas, agrémenté d'une salade du jardin, et mon père, muni d'une lampe électrique, sort aussitôt cueillir quelques fines herbes, puis sort de nouveau chercher une jolie rose qui ornera la table : le grand bouquet sera pour demain. Il s'assoit alors timidement, comme un enfant qui n'est pas sûr d'avoir fait tous ses devoirs.
« J'ai une idée pour le film, je vous en parlerai demain... Bon, je vous en parle très vite ! J'inspecte mon restaurant en me faisant passer pour un client. J'imagine bien un vieil emmerdeur, qui demande un radis en entrée. Pas une assiette de radis : juste un radis. »
Nous imaginons déjà la tête du maître d'hôtel. Il poursuit :

« En plus, s'il est efféminé, il risque de déclencher l'hilarité des serveurs. Et là, clac ! je les prends en flagrant délit ! »
Il envisage toutes les situations susceptibles d'exaspérer ses employés : un vin doux mais pas trop doux, demi-doux, des verres cassés par inadvertance… Il fait trop chaud, il y a des courants d'air, ça n'est pas assez cuit, il y a trop de sel, etc. Le lendemain, en cueillant les poires ou les framboises, il cherche encore. Se travestir en dame respectable ? Surprendre le pianiste à voler un billet tombé d'une soucoupe ? Sécateur en main, il soigne ses rosiers, mais ne cesse de réfléchir au film. « Lorsque je m'occupe de mes fleurs, je suis au calme, ça me repose, et je pense beaucoup à la bêtise humaine. »

Le lundi, tout est prêt pour tourner la scène. Lorsqu'il entre dans la salle de restaurant affublé d'une perruque blanche et d'une veste de dandy, il est méconnaissable. Toute l'équipe est prise d'un fou rire incontrôlable. Au lieu de profiter de son déguisement pour jouer le comique troupier, il garde un ton très sérieux : c'est pire ! Pierre Tornade est incapable de dire son texte et Jacques Besnard ne maîtrise plus rien. Au bout de quinze prises, il n'y a pas une image dans la boîte. Les choses sérieuses reprendront demain. Voilà l'ambiance de plateau qu'il aimait : plaisanter avec des gens qui ne retiennent pas leurs rires.
« Je retrouve les Branquignols, on s'amuse bien ! C'est comme ça que j'aime travailler. »
Ses scènes avec Bernard Blier l'enchantent. Les deux hommes s'entendent bien. Ils se racontent un tas d'histoires, comme des écoliers dans une cour de récréation. « Quel mec charmant ! Il en connaît un rayon dans la rigolade ! C'est un bon vivant, les bons jarrets, les bons vins… Et quand il évoque le théâtre ! Alors là, il sait de quoi il parle ! »

On me demande souvent si mon père travaillait ses mimiques, s'il s'agissait d'une mécanique rodée devant une glace. Cette précision de jeu n'était pas le fruit d'un réglage minutieux : elle naissait plutôt d'une rigueur naturelle d'interprétation. Il

Louis de Funès a toujours considéré le déguisement comme un support comique efficace.

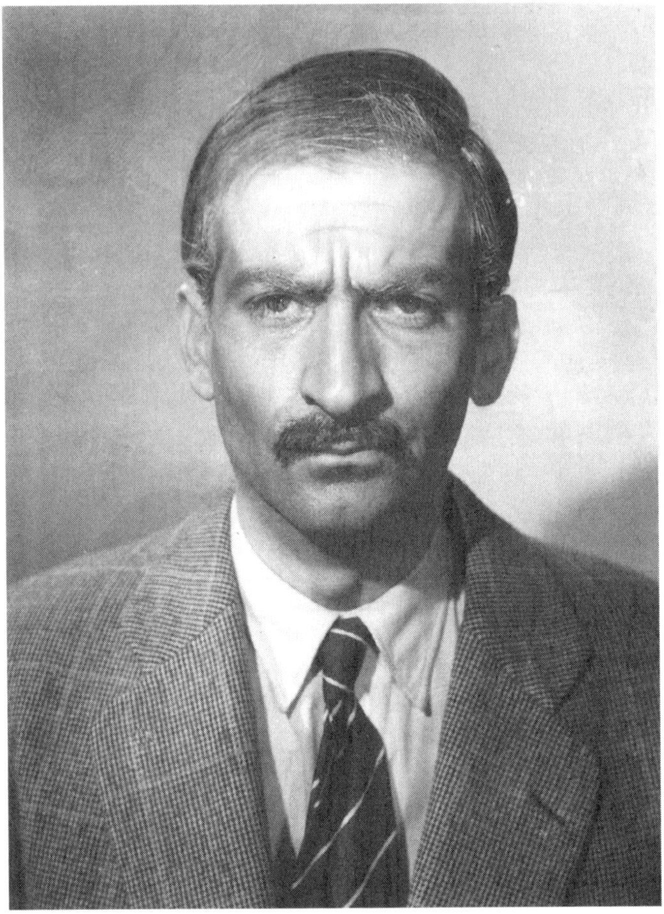

Essai maquillage pour *Escalier de service* (1954).

observait tellement le comportement des hommes et des animaux, que sa gestuelle finissait par le reproduire fidèlement. Son travail se rapprochait davantage de celui d'un caricaturiste que de celui d'un horloger. Il a ainsi, au cours de sa carrière, fréquemment corrigé son jeu, de peur de le rendre mécanique. Ma mère l'a considérablement aidé, n'hésitant pas à le mettre en garde contre les écueils du comique répétitif. Très tôt, il supprima les clignements d'yeux de ses débuts. Après *Carambolages*, il abandonna le prognathisme qui lui donnait une physionomie particulière. Sur *Le Gendarme se marie*, il cessa de taper sur ses partenaires, comme il le faisait dans *Oscar* et dans bien d'autres films. Ces changements s'opéraient souvent contre l'avis des metteurs en scène, qui comptaient bien exploiter jusqu'à la corde ses trouvailles antérieures.

« Tu vois, le grand danger, c'est d'écouter ceux qui veulent te faire reproduire ce qui a marché. Tu risques alors de te mécaniser, d'user ton jeu. Le public aimerait que je refasse : "Regardez-moi là ! Non, pas là ! Là !" Il ne se doute pas une seconde que je le lasserais ! »
Il ajoutait :
« La télévision use les acteurs. Fernand Raynaud a eu tort d'accepter autant d'émissions. On le voyait trop souvent, c'est dommage ! »
Il était surpris que ce comédien se soit fait « embobiner », comme il disait, par des producteurs qui lui faisaient jouer ses sketches sans public. Dans le fameux « 22 à Asnières », il reprenait son rôle habituel, mais jouait aussi la standardiste.
« Quand il est sur scène, c'est hilarant, parce qu'on l'imagine, la standardiste ! Là, c'est foutu : on la voit. En plus, il y a une rupture de rythme terrible entre les répliques. Si on veut plaire à son public, il faut le surprendre. Par contre, il ne doit pas se rendre compte des changements qu'on apporte. Demain, je ne vais pas me mettre à jouer comme Alain Cuny, par exemple… »
Il me parlait souvent de cet acteur pour me faire rire, car il le trouvait sinistre.
« Le voir deux heures et demie au théâtre, ça ne doit pas être folichon. Il a une tête très ennuyeuse. Pour aller ouvrir une porte, il met cinq minutes. Pour revenir, c'est pareil ! Tu te rends compte ! »

9

Sauvons le château !

Patrick

Pour mon père, le comble de l'optimisme était d'écrire sur son testament : « Si je meurs un jour… » Sur le sien, tante Marie avait voulu faire plaisir à tout le monde. Ma mère héritait de la moitié du château de Clermont, d'une ou deux fermes et de quelques bijoux. Six autres héritiers se partageaient le reste. Abandonné depuis six ans, le château se délabrait chaque jour un peu plus.

« Et si tu le leur rachetais ? » suggéra mon père.

Ma mère proposa alors aux autres héritiers ses fermes et ses bijoux en échange de l'autre moitié. Après de longues négociations, nous avons pu acquérir le château en 1967.

Mon père ne s'inquiétait pas le moins du monde de la démesure du projet : de toute façon, il aurait bien été obligé d'investir dans une demeure cernée par de hauts murs infranchissables. *La Grande Vadrouille* venait de sortir, et l'isolement, voire la réclusion, étaient devenus nécessaires, afin d'éviter les curieux et les photographes du dimanche prêts à tout pour l'apercevoir. Passer ses moments de détente dans des lotissements pour gens riches, comme ceux de Saint-Tropez, ne le tentait pas. Brigitte Bardot avait la vie empoisonnée à la Madrague, assiégée par les bateaux de plaisance. Sa moindre trempette était filmée au téléobjectif.

Le côté bande de copains assis autour d'un apéro, tapant le carton dans une villa du Luberon, n'était pas pour lui non

Au château de Clermont-sur-Loire, acquis en 1967, Louis, Jeanne et leurs enfants trouvaient calme et sérénité.

plus. D'autres vedettes avaient choisi des résidences à l'étranger afin d'être tranquilles, mais lui préférait la France.

Nous sommes partis admirer notre nouvelle demeure dans une Jaguar flambant neuve. Comment mon père s'était-il retrouvé dans cet engin luxueux, à l'opposé de son goût pour la discrétion ? Tout simplement par la combinaison de deux facteurs étrangers l'un à l'autre : son genou gauche et Robert Dhéry.

En 1955, après *Ah ! Les belles bacchantes*, mon père avait décroché le rôle principal pour la première fois, dans une pièce de Georges Sonnier, *Poppi*. Elle se jouait au theâtre des Arts, petite salle de la rue de Rochechouard qui n'existe plus. Il y incarnait un père napolitain qui ferme les yeux sur les activités de sa fille, vivant de ses charmes avec des soldats allemands d'abord, puis des Américains. Lors de la première, une violente douleur au genou gauche le pétrifia. Il en tomba par terre. Impossible de se relever ! Il fallut baisser le rideau et annuler les représentations suivantes. Un radiologue injecta de l'air dans l'articulation et la tordit dans tous les sens. Le supplice terminé, on lui annonça la rupture d'un ménisque. Il fallait le lui enlever au plus vite. Mon père, qui connaissait Molière, se méfia de ces promesses d'amélioration spectaculaire.

Madame Roubejansky, la directrice de la salle, venait tous les jours aux nouvelles, nous inondant, Olivier et moi, de bonbons et de chocolats. Ne pouvant laisser choir une personne aussi gentille, mon père fit installer un lit sur scène, et décida de jouer couché. Les critiques jugèrent la pièce immorale, mais louèrent le talent de Louis de Funès, et l'ingéniosité du metteur en scène.
Il se douchait le genou à l'eau glacée pendant une heure, comme on le fait aux chevaux, puis s'appliquait un bandage. Il s'aperçut que c'était surtout après avoir conduit qu'il souffrait le plus :
« Mes enfants, si je veux continuer à jouer, il ne faut plus que je débraie. »
La DS 19 violette fut échangée contre une DS noire semi-automatique, comme celle de *Rabbi Jacob*. Son genou se remit peu à peu, malgré une rechute pendant *La Grosse Valse*, alors qu'il dansait la sévillane.

Pour son rôle d'aubergiste dans *La Grande Vadrouille*, Colette Brosset ne devait tourner que trois jours, avant de partir en vacances dans le Sud-Ouest. Mais les prises de vue s'éternisant, Robert Dhéry avait dû partir avant elle, afin de s'installer dans leur maison de location. Un drame : ils étaient aussi « inséparables » que les oiseaux du même nom ! Il était hors de question qu'elle le laisse tomber pour le week-end. Elle avait donc retenu sa place dans un avion pour Biarritz le vendredi soir. Après avoir répété tout l'après-midi « Je suis très à cheval sur la literie ! », elle était très en retard en quittant les studios de Boulogne : plus que quelques minutes pour rejoindre l'aérogare des Invalides ! Mon père sortait au même moment, énervé d'être en retard lui aussi, quand, la main sur la portière de sa DS, il l'aperçut qui cherchait désespérément un taxi.
« Arrive ! Je te dépose, mais dépêche-toi, j'ai pas le temps ! »
Colette ne se le fit pas dire deux fois. Une fois à ses côtés, elle s'imaginait qu'ils allaient démarrer sur les chapeaux de roue, mais la DS resta rivée au sol. Pas un coup d'accélérateur. Imperturbable, mon père regardait au loin.

- Mais enfin Louis, qu'est-ce que tu fais ? Vas-y, on est pressés !
- J'attends qu'elle ait fini de monter.
- Quoi donc ?
- La voiture !
Ces véhicules, comme l'annonçait pompeusement le prospectus, étaient équipés d'une suspension hydropneumatique. Ils s'élevaient lorsqu'on mettait le moteur en route, puis redescendaient avant de se stabiliser. Impressionné par cette technologie, mon père n'aurait jamais roulé sans que ce cycle soit terminé, alors que cela n'avait pas la moindre importance.
Colette attrapa quand même son avion *in extremis.*
« C'est pas possible ! s'écria Robert en écoutant l'histoire. Il ne va pas continuer à rouler là-dedans ! »
Il commença à le tanner :
- Louis, achète donc une Jaguar ! Tu verras, tu n'auras plus de soucis de montée et de descente. Et tu n'auras même plus à passer les vitesses !
- Pas celle du film, quand même ! On ne peut pas mettre de bagages. (Ils tournaient alors *Le Petit Baigneur.*)
- Mais non, une berline.
- Je vais avoir l'air de quoi là-dedans ? C'est trop luxueux, je n'aime pas ça.
- Tu seras en sécurité : la tôle est épaisse. Et puis, c'est le même tableau de bord que celui de la type E que tu conduis dans le film.
- Ça m'ennuie quand même de rouler dans une voiture étrangère ! Enfin bon, si tu le dis…
Voilà pourquoi, ce matin-là, nous étions tous dans cette nouvelle auto, en direction de Clermont. Mais Robert avait passé sous silence la quantité effarante de carburant qu'elle consommait ! Comme dans la voiture de M. Fourchaume, le patron du *Petit Baigneur*, le tableau de bord affichait deux jauges de carburant, correspondant chacune à un réservoir distinct.
- Ça y est, on voit le toit de la cathédrale de Chartres ! s'exclama mon père en quittant un virage. Mince, c'est pas possible ! Le réservoir de gauche est déjà vide. C'est un gouffre, cette voiture ! Il faut que je passe sur le droit ! C'est quel bouton ?

- Le droit, papa !
- Mais le droit où ? Il y en a plein sur ce truc !
- Sous le cadran de droite, au milieu.
- Je le lève ou je le baisse ?
- Tu le baisses !
- Oh la la ! Il faut être ingénieur pour conduire ce bazar-là ! C'est trop compliqué. Et puis, elle tient moins bien la route que la traction ! Elle flotte ! On ne va pas attendre que l'autre soit vide, on va faire un plein !

Les arrêts aux stations-service étaient deux fois plus fréquents qu'avec la DS. Les pompistes reconnaissaient mon père à chaque fois : il lui fallait signer dix autographes au moins, qu'il ne refusait jamais.

« Jeanne, prends le volant ! Tu demanderas toi-même le plein. Comme ça, je passerai inaperçu ! »

Il se tassait dans son siège, mais c'était encore pire ! On aurait cru Saroyan, son personnage du *Corniaud,* recroquevillé dans sa Jaguar, et téléphonant à Bourvil, juste à côté dans la Cadillac !

« Enfin, mes enfants, il vaut mieux ça que d'avoir mon genou bloqué à vie, et ma carrière terminée ! »

Puis, la route nous menait à Sceaux-sur-Huisne et l'Auberge du Panier Fleuri, incontournable arrêt buffet depuis toujours.

Avec Colette Brosset, fidèle complice de la famille.

- Vous ratez de peu Charles Trenet ! Il vient de partir, et il a griffonné un poème sur la nappe, nous informa la patronne ce jour-là, qui commençait à la rouler en boule.
- Vous n'allez quand même pas le jeter, faites-le encadrer ! protesta mon père.
- Ah bon, vous croyez ? On va le garder alors !
C'était surtout ma mère qui adorait le « fou chantant », comme on l'appelait. En dehors de Maurice Chevalier, mon père n'était pas fasciné par la chanson française. Il préférait Louis Armstrong, Nat King Cole et Frank Sinatra.
Après avoir dégusté des cuisses de grenouilles bien aillées et un ris de veau arrosé d'un petit vin de Loire, nous reprenions

Maurice Chevalier, en 1963, avec Louis et Jeanne, qui lui vouaient respect et admiration.

la route. À l'époque, il n'y avait pas d'alcootest. Ma mère prenait alors le volant : il n'avait pas trop peur avec elle. Mais moi, c'était hors de question. Quand je conduisais, il ne quittait pas le compteur de vitesse des yeux et freinait dans le vide à chaque croisement, en criant : « Attention ! » De toute façon, cette boîte automatique me cassait les pieds…
À Champtocé-sur-Loire, nous dépassions le château de Barbe-Bleue, puis Ancenis, avant d'atteindre enfin le sommet de la colline de Houdon.

Le château de Clermont, délabré, était sinistre sous ce crachin de fin d'après-midi. On aurait pu imaginer Christopher Lee en comte Dracula, en train de nous attendre sur le perron ! Il était plus sage de remettre l'exploration des lieux au lendemain…
En nous frayant un chemin parmi les débris de toutes sortes qui jonchaient la cour d'honneur, nous nous sommes dirigés vers la ferme. Joséphine, qui venait de prendre sa retraite, nous attendait avec impatience. Sa fille Mimi et son gendre Joseph dirigeaient maintenant l'exploitation. Ils avaient revêtu leurs habits du dimanche.
- Dame ! Patrick et Olivier, y z'ont bien grandi ! Madame de Funès, vous êtes toujours aussi jolie ! Vous, M. de Funès, vous avez un peu grossi !
- C'est depuis que j'ai arrêté de fumer, Joséphine.
Gosse, j'avais passé là toutes mes vacances. J'allais porter la pâtée à d'énormes cochons, qui auraient pu m'avaler en une bouchée. Une sacrée chance pour un enfant, de découvrir ainsi la nature. Dieu merci, mes parents n'étaient jamais tombés dans le ridicule d'explications alambiquées sur la procréation.

Un mois plus tard, les alarmes, que mon père avait fait installer à la hâte, se mirent à hurler au milieu de la nuit. Réveillés en sursaut, gens de la ferme et voisins accoururent, armés de fusils de chasse. Ils découvrirent à l'arrière une porte de cuisine grande ouverte, qui n'avait pas été forcée : le voleur venait de s'enfuir.

La salle à manger avait été visitée aussi, mais ouf ! les tapisseries étaient toujours là. Une quantité impressionnante de mégots parsemait le parquet du grand salon. Le malfrat s'était sans doute, à l'insu des ouvriers, introduit dans la journée, puis laissé enfermer. Et, à son troisième paquet de Gitanes, au douzième coup de minuit, comme dans les polars, il avait entrouvert la porte, piégée par les soins de mon père. Encore heureux qu'il n'ait pas fait une crise cardiaque : un cadavre chez Louis de Funès, ça aurait été le bouquet !

Olivier

Les innombrables recoins d'une telle bâtisse lui inspiraient une peur panique du cambriolage. Persuadé de ne pas avoir fermé un volet ou coupé un radiateur, il revisitait toutes les pièces deux ou trois fois. Sa notoriété grandissante le faisait craindre la malveillance des cambrioleurs. Cave, garage, chapelle, chambres inoccupées, secrétaires, armoires… tout était consciencieusement verrouillé le soir et rouvert le matin. Muni d'un trousseau de trente clés minimum, il cadenassait scrupuleusement tous les placards, qui, pourtant, ne contenaient rien de précieux. Ma mère devait attendre de longues minutes qu'il trouve la bonne clé, afin de récupérer une simple couverture ou un ustensile de cuisine !

À table, il fallait patienter un bon moment pour avoir du vin. Après avoir débloqué les trois verrous de la porte de la cave, il se trompait de bouteille une fois sur deux :

« Voilà, j'ai pris un bon petit blanc moelleux, ça va être parfait avec l'entrecôte… J'y retourne, mais vous allez voir : je vais revenir avec du champagne ! »

Le vin était important : il fallait avoir une réserve de bons crus. Commandant chaque année des dizaines de caisses de grand bourgogne millésimé au même négociant, il ne buvait au final que du vin de Loire.

Patrick

Avec Olivier, nous étions convenus de ne pas évoquer la mort de notre père dans ce livre, afin d'éviter l'émotion facile, très à la mode de nos jours. Mais comment passer sous silence la seconde fois où l'alarme s'est déclenchée ? Le jour de ses obsèques ! Tandis que le fourgon noir qui l'emmenait à l'église franchissait les grilles de la cour d'honneur, elle se mit à hurler. Le convoi s'arrêta net : que se passait-il donc ? Certains crurent à une plaisanterie d'un goût douteux. Les gendarmes découvrirent alors un de nos cousins, resté enfermé par mégarde : il avait activé le système en essayant de sortir. Prenant son mal en patience, il était tranquillement installé devant un verre de cognac !

Patrick et Louis de Funès devant le château de Clermont, en 1970. « Nous avons toujours gardé la Renault Viva Grand Sport 1937, que mon père aimait bien. » (Photo prise par Olivier.)

10

Fernandel, Gabin, Bourvil

Patrick

Beaucoup sont persuadés, à tort, que la célébrité de mon père a soudain explosé à la sortie du *Corniaud*. Après une interminable période d'obscurité, « Fufu », celui que l'on remarquait à peine, se serait soudain muté en taureau de combat, un Miura agressif terrorisant les plateaux de cinéma, renversant les péons au passage, avant de charger comme un possédé le matador-metteur en scène. Tout cela est risible. Son ascension a été progressive et continue.

Mon père envisageait sa carrière comme un immeuble, dont il fallait gravir les escaliers, en faisant une pause à chaque palier pour souffler. Après avoir occupé la cave et l'entresol un bon bout de temps, avec des figurations et des rôles fugaces, il accéda au premier. Ceux qui occupaient les niveaux supérieurs se montraient aimables et protecteurs à l'égard de ce jeune acteur lorsqu'ils le croisaient. Comme Fernandel, rencontré au détour d'une ruelle à Rome après *Le Mouton à cinq pattes* :

- Louis ! Que faites-vous là ? s'écria-t-il.

- Je tourne un film avec Totò en vedette. Ça va être médiocre, je suis bien embêté…

- Mais moi aussi, je tourne en ce moment un truc sans intérêt ! C'est purement alimentaire : il faut bien payer ses impôts et nourrir sa famille ! le rassura-t-il de son accent marseillais et de son sourire inimitable.

- Et puis, vous savez, le tournage traîne en longueur ! ajouta ma mère. Totò est malade en permanence, il ne vient qu'un jour sur deux ! Rome, c'est magnifique, mais nous avons hâte de rentrer à Paris et de retrouver les enfants.
- Venez donc ce soir à mon hôtel ! Je vais vous faire préparer un bon pot-au-feu, proposa immédiatement Fernandel. Cela vous rappellera la France.
Hélas, le chef, soucieux de traiter Don Camillo comme un vrai prince de l'Église, avait cru bon de remplacer tous les bas morceaux de bœuf (le gîte, la macreuse) par du filet : le bouillon n'avait plus le moindre goût. Fernandel ne s'aperçut de rien, et la soirée s'écoula dans la bonne humeur.

Quelque temps après *La Traversée de Paris* et *Le Gentleman d'Epsom,* Jean Gabin nous invita chez lui en Normandie. Entassés dans notre traction 11 légère, nous sommes arrivés un peu en avance dans la cour ensoleillée de sa propriété de L'Aigle : pas âme qui vive à l'horizon. Nous étions-nous trompé de jour ? Charmante, madame Gabin se montra enfin, et nous servit l'apéritif. Jean ne se montrant toujours pas, nous sommes tous partis à sa recherche. Nous avons fini par le dénicher dans le garage : confortablement assis dans sa voiture, il écoutait la radio !
- Mais enfin, Jean ! On te cherche partout ! Qu'est-ce que tu fais ?
- J'm'emmerde !
Nous voyant interloqués, il se décida à sortir de son trou. Après un copieux déjeuner, il nous emmena visiter son domaine. Il prenait plaisir à nous montrer ses chevaux, et surtout ses vaches. Déjà passionné par les animaux, j'étais aux anges. Un fragment de bouse, expédié par la queue d'une vache, vint soudain s'écraser sur son magnifique polo gris… Il se décrotta sans un juron, et, flegmatique, poursuivit la visite.

En 1968, au moment du *Tatoué,* Jean Gabin, vieillissant, était moins affable. Pour se distraire, il avait décidé d'enquiquiner son partenaire. Roué comme un paysan, il s'était dressé un petit inventaire de ce qu'il pouvait faire pour l'agacer. Mon père mangeait très peu avant de tourner, convaincu qu'on jouait moins bien l'estomac rempli. Après un repas frugal, il était assis, face au décor, et se concentrait, lorsque Gabin passa devant lui, tenant des deux mains son ventre rebondi, et lui lança entre deux éructations :

« Je viens de me taper un boudin purée ! J'en ai repris trois fois ! »

C'était la première fois, depuis Bourvil dans *La Grande Vadrouille*, que mon père partageait l'affiche avec une autre grande vedette. Mais cette fois, quittant le raffinement des palais baroques pour la grosse bouffe, il retombait sur terre.

Le pire était à venir : un journaliste vint les interviewer sur le tournage. Il commença par mon père, et lui demanda quels films de Jean Gabin il préférait :

« Je les aime tous ! » répondit-il.

Quand vint son tour, Gabin prétendit n'avoir jamais vu un seul film de Louis de Funès. Mon père, qui pardonnait rarement les fautes d'éducation, prit ses distances. Cela ne l'empêcha pas, plus tard, d'engager sa fille Florence comme scripte, notamment sur *L'Avare,* et son épouse Dominique est restée une amie. Alors que j'évoquais avec elle les films de son mari, dont je raffole, elle me confia plus tard regretter cet incident :

« Mais c'est vrai, reconnaissait-elle, Jean n'était pas facile… »

Olivier

L'échec de sa relation avec Jean Gabin dans *Le Tatoué* a bien failli détourner définitivement mon père des acteurs avec lesquels il n'avait pas l'habitude de travailler. Il en a beaucoup souffert, au point d'en parler dans une interview télévisée :

« Vous savez, c'est très difficile de tourner avec un monsieur qui n'est pas drôle. Et lui n'est pas drôle du tout ! »

L'histoire fut en partie alimentée par quelques personnes de l'équipe, ravies de voir la situation s'envenimer. Mon père craignait les conséquences possibles sur la qualité du film. L'admiration qu'ils se vouaient était pourtant très forte, mais les

commérages avaient attisé un début de feu qui eut raison de leurs nerfs pendant une bonne partie du tournage. Mon père me citait souvent Jean Gabin lorsqu'il pensait aux grands :
« Quand il entre dans une pièce, ça ne rigole plus du tout. C'est le patron. Il est impressionnant mais rassurant, on se sent protégé. C'est ça, la présence ! »
Il n'hésitait pas à l'imiter :
« Tu vois, quand il marche, ses avant-bras lui servent de balanciers comme aux militaires qui défilent. »
Il avait décelé le détail qui lui donnait cette démarche tranquille et déterminée d'homme fort.
Plus tard, aux studios de Boulogne, nous l'avons rencontré sur le tournage du *Chat.* Tout était oublié. La connivence était de nouveau de mise. Retrouvant son panache de grand acteur et la gentillesse qu'il savait si bien cacher, il dit à mon père :
« Tu comprends, Louis, il y a plein de mômes qui ont du talent. Mais ils ont toujours eu à bouffer, alors ils veulent rien foutre ! Dis, on a p't'être ben eu de la chance d'en baver ! »

Patrick

Oscar et *La Grosse Valse* avaient entraîné Louis de Funès vers les beaux étages ; *Le Gendarme de Saint-Tropez* lui offrit l'accès à la terrasse panoramique. Certains, voyant d'un œil méfiant ce nouveau venu sur leur palier, en ressentirent une légère aigreur, et réagirent à la manière de Bertrand Barnier, dans *Oscar*, apprenant que sa bonne devient baronne de La Butinière.
Ce fut probablement le cas de Jean Marais, qui a dit et écrit des choses désagréables sur lui vers la fin de sa vie. Ma mère en est tombée des nues : jamais une ombre n'avait effleuré leur collaboration. Et pourtant, c'est l'humeur de mon père qui aurait pu s'altérer, surtout sur le premier *Fantômas*, en 1964, où il fut victime d'un accident qui lui a laissé des séquelles à vie. Dans la scène où Fantômas s'enfuit en hélicoptère, mon père est suspendu par les bras à une grue au-dessus de Paris. En réalité, il ne se trouvait qu'à un mètre du

À bord du *France*, avec l'équipe du *Gendarme à New York* en 1965. « Pendant la traversée, Louis était fasciné par l'architecture du paquebot, se souvient Jeanne de Funès. En découvrant les innombrables coursives du bâtiment, il eut l'idée du gag où tous les gendarmes se perdent et errent indéfiniment d'un étage à l'autre. »

sol, mais d'innombrables prises de vues l'avaient contraint à se balancer comme un quartier de viande plusieurs heures durant. Le lendemain matin, il renversa sa tasse de café au moment de la porter à ses lèvres. Incapable de lever les bras, il ne pouvait même plus s'habiller. Certains troncs nerveux, étirés par cette longue suspension, avaient provoqué une paralysie des muscles de l'épaule. Tout en suivant une rééducation, il continua à tourner, à demi privé de l'usage de ses membres supérieurs. Plusieurs années lui furent nécessaires pour venir à bout, en partie seulement, de ce handicap.

Le tournage de *Fantômas* fut ponctué de multiples péripéties. André Hunebelle interrompait immanquablement les scènes d'action où Jean Marais devait courir, lui criant :

« Jeannot, tu te dandines ! »

Loin de prendre ombrage de ces contretemps, au contraire, mon père nous mimait à la maison la démarche unique de Jean Marais, plus proche de celle de Marilyn Monroe que de celle de Clark Gable…

Le Gendarme de Saint-Tropez sortit en 1964, pendant le tournage du *Corniaud*. Son triomphe inattendu hissa mon père au sommet du box-office. Plus connu que Louis de Funès à la signature du contrat, Bourvil toucha un cachet plus élevé. Mon père s'en moquait et je ne l'ai moi-même appris que récemment : nous n'abordions pas ces sujets-là en famille. Mais il n'avait pas échappé à ma mère que le scénario favorisait Bourvil. Tout à son plaisir de jouer, mon père ne s'en souciait guère. Quant à Bourvil, contrairement à certains dires, il ne fut aucunement gêné par cette affaire. Il n'y fut d'ailleurs même pas mêlé. Il était ravi de retrouver le petit acteur avec lequel il avait échangé quelques répliques dans *Poisson d'avril*, en 1954, et une scène mémorable dans *La Traversée de Paris,* en 1956. Jamais une once de rivalité entre eux, bien au contraire : une complicité sans faille les unissait. Gérard Oury, Michèle Morgan et Bourvil s'étaient connus sur *Le Miroir à deux faces*, d'André Cayatte, en 1958. Il est cocasse de noter qu'au début de ce film dramatique, Bourvil, au volant d'une 2 CV flambant neuve, est percuté par une grosse voiture américaine conduite par Gérard Oury, qui la réduit en miettes !

Gérard s'efforça d'arrondir les angles. Mais c'était compter sans l'obstination de ma mère, qui ne lâchait pas prise aussi facilement. Elle sermonna fermement son mari, afin qu'il redescende sur terre. Ils invitèrent Gérard à prendre le petit déjeuner à leur hôtel. Le pauvre ignorait ce qui l'attendait... Olivier et moi, nous les connaissions, les orages du matin, quand ils s'étaient tous deux montés la tête une partie de la nuit :

« Ta mère et moi, nous n'avons pas fermé l'œil ! »

Après avoir essuyé une volée de bois vert, le pauvre Gérard capitula. Il ajouta donc au script du *Corniaud* la célèbre scène de la douche, avec le catcheur Duranton. Et tout le monde y a gagné ! J'ai lu plus tard que mon père, un temps, se serait livré à une sorte de grève sur le tournage, refusant de jouer et se contentant d'une figuration passive. C'est inexact : il avait bien trop de conscience professionnelle pour cela. Le connaissant, il est impensable qu'il ait pu décider de se montrer médiocre. Gérard l'a bien expliqué : en réalité, durant

cette très courte période de froid, il ne joua plus que ce qui était écrit, se cantonnant strictement à son rôle d'acteur, sans plus chercher à inventer ni improviser.
Un acteur n'est pas un scénariste, mais Bourvil et lui étaient des exceptions. C'étaient deux instinctifs, qui, au fur et à mesure des prises, trouvaient de nouveaux dialogues et des gags inédits, sans pour autant revendiquer de droits d'auteur. Dès la première prise, l'un enrichissait la réplique initiale d'un mot ou une attitude, et l'autre éclatait de rire, obligeant Gérard à couper ! Des scènes entières se sont bâties ainsi. C'est mon père, par exemple, qui imagina la réparation de la voiture en musique.
Ils avaient tous deux en commun le goût de la terre, la passion de la nature. Bourvil avait reçu une éducation paysanne et surtout, il était drôle, irrésistiblement drôle. Entre les prises de vues, tous deux s'installaient souvent à l'écart, pour discuter de choses et d'autres, de ces banalités qui forgent l'amitié. Leurs rires s'entendaient de loin !

L'équipe d'un film doit souvent partir pour de longs voyages. Les extérieurs du *Corniaud* furent l'occasion d'un inoubliable périple à travers l'Italie. On cohabite alors dans les mêmes hôtels, on prend ses repas tous ensemble, on vit les uns sur les autres, comme à bord d'un voilier de quinze mètres. Des sympathies et des amitiés se nouent alors. De retour au port d'attache, tous se promettent de se revoir au plus vite, dans des étreintes à n'en plus finir. Mais le quotidien prend vite le pas sur ces belles promesses, et il faut attendre le soir de la première du film pour s'embrasser de nouveau. C'est ainsi que les nouvelles de Bourvil se sont faites rares. Comme mon père, il arrachait le chiendent qui, en son absence, avait colonisé son jardin.
Deux ans plus tard, tous deux se retrouvaient pour *La Grande Vadrouille*. Une seule journée de tournage était prévue pour la fameuse scène de l'auberge, dans le lit de la chambre 6 : au final, il en a fallu dix ! Bourvil et lui passaient leur temps à ajouter des répliques. Et la grande qualité de Gérard Oury

était de les laisser faire, riant avec eux, les encourageant, sans se soucier du temps qui filait à toute allure, de la consommation de pellicule ni des frais qui s'accumulaient.

Olivier

Bourvil rendait mon père confiant. Sûr de son talent, il n'éprouvait pas le besoin de lui expliquer ce qui était drôle ou pas :

« C'est reposant de jouer avec André. Et en plus, il est charmant, toujours de bonne humeur. Quelle chance d'avoir ce caractère ! J'aimerais bien qu'il m'en cède une partie, je serais plus aimable. »

Cette quiétude changeait radicalement son comportement. Il supportait les aléas du tournage sans se plaindre une seconde. Au contraire, il chassait les angoisses des autres en les faisant rire :

« L'orage devrait s'arrêter dans une heure ? Eh bien, j'espère que le bon Dieu ne me l'a pas envoyé pour me punir de mes péchés ! Parce que là, on en a pour quatre jours ! À moins que ce ne soit pour les tiens, André ? C'est pas grave, on reviendra dans un bon mois ! »

Je n'ai connu Bourvil qu'au détour d'un plateau. Cette distance était due à leur pudeur respective : chacun désirait préserver la vie privée de l'autre. Pourtant, je suis sûr que mon père aurait aimé inviter les Bourvil à passer quelques jours à Clermont. Mais il pensait qu'André aurait préféré nous recevoir en Normandie. Celui-ci étant persuadé de l'inverse, nous n'étions pas près de nous rencontrer !

Patrick

« Le public perdit un homme illustre par son esprit, par son style et par la connaissance des hommes (...). C'était d'ailleurs un fort honnête homme, de très bonne compagnie, simple, sans rien de pédant, et fort désintéressé. Je l'avais assez connu pour le regretter. » Cet hommage de Saint-Simon à La Bruyère traduit bien la pensée de mon père à la disparition de Bourvil. Le départ de celui-ci ne fut, hélas, pas une surprise. Les premiers symptômes de sa maladie s'étaient manifestés sur *La Grande Vadrouille.* Sa mort marqua la fin d'un duo extraordinaire.

La Grande Vadrouille donna l'occasion à Louis de Funès et Bourvil de découvrir et déguster ensemble de grands crus de bourgogne.

En bas : en 1968, visite à Bourvil sur le tournage de *La Grande Lessive,* de Jean-Pierre Mocky. Chaque fois qu'ils se retrouvaient, le rire était au rendez-vous.

11

Les temps changent

Olivier

En juin 1967, commence le tournage des *Grandes Vacances*, de Jean Girault, l'homme qui a réalisé avec talent la série des *Gendarme*, et avec qui mon père a toujours adoré travailler :
« Je suis ravi de retrouver Jean, on s'amuse bien ensemble. Et puis, je lui dois le vrai démarrage de ma carrière au cinéma, avec *Pouic-Pouic* ! »
Les premiers tours de manivelle me ramènent aux studios de Boulogne-Billancourt. La pléiade de jeunes comédiens qui participent au film m'ouvre d'autres horizons. Je vais pouvoir partager leurs préoccupations, entretenir avec eux une connivence qui conduit souvent à une nouvelle forme d'humour. Bref, travailler entre copains.
Le script de Jacques Vilfrid a tout de suite séduit mon père :
« Faire un film avec de jeunes acteurs pour un jeune public, c'est formidable ! »
Les scènes prévues en Angleterre lui plaisent aussi : il est très attaché à la langue britannique.
« Parler anglais avec un bon accent français, ça c'est ridicule ! »
Le rôle du faux jeton que j'interprète a été proposé par mon père. Nous parlions souvent de ces insupportables premiers de la classe, qui dénoncent leurs petits camarades. Je lui avais raconté qu'un élève de mon lycée montrait, chaque semaine, son herbier au professeur de sciences naturelles : il a retenu cette idée afin de rendre mon personnage encore plus détes-

table. Ma première scène, où je dois rejoindre mon père à la table d'un vaste salon, me pose un problème de déplacement. Aveuglé par les projecteurs, je n'arrive pas à marcher naturellement. Les six mètres qui me séparent de lui me semblent infranchissables.

« Là, tu vois, tu marches en crabe ! »

Ou bien :

« Tu baisses trop la tête ! »

Au bout de dix prises infructueuses, Louis demande à l'opérateur d'éteindre les lumières.

« Viens avec moi ! On va se promener dans le décor. Regarde, on va par là, on revient, puis maintenant on fait un grand tour. Tu vois, tu te déplaces très bien ! »

Les projecteurs se rallument, et il m'emmène encore faire quatre fois le tour de la pièce :

« Et voilà ! Tu vas bientôt pouvoir danser le rigodon ! »

Petit à petit, mon agoraphobie disparaît. Mais il faudra encore dix prises avant que s'installe une ébauche de naturel.

Il apaise mes inquiétudes :

« Tu sais, dans leurs premiers films, Delon ou Belmondo étaient gauches, ils ont dû beaucoup travailler pour acquérir de la prestance. »

Lorsque je répète mon texte, il me mime l'attitude du parfait faux jeton afin que je m'imprègne du caractère. Je n'ai pas plus d'allure qu'un portemanteau.

« Tu n'as qu'à te répéter dans ta tête : "Qu'est-ce qu'il est en train de me raconter, cet imbécile ?" Ça te facilitera les choses. »

Il s'agit de petits trucs qui m'aident à m'en sortir, mais je mesure le travail qui me reste à faire.

« C'est beaucoup de boulot. Tu dois penser à ton jeu toute la journée, même dans le métro. Tu peux t'inventer de petites situations, et essayer de saisir une ou deux expressions que tu maîtrises bien. »

L'ambiance du tournage est agréable. Louis s'entend bien avec Jean Girault, et les jeunes comédiens, François Leccia, Maurice Risch ou Martine Kelly, l'enchantent.

« Ils ont déjà du métier, ils en veulent et ils s'amusent en travaillant. Il y a tellement de vieux professionnels du spectacle qui s'emmerdent, ça change un peu ! C'est comme dans un orchestre symphonique : certains ont une tête ennuyeuse au possible. On a l'impression qu'ils viennent cachetonner et qu'ils se foutent pas mal de l'œuvre qu'ils interprètent. Tiens ! Ça me rappelle le fameux gag de *La Grande Vadrouille* que j'avais noté, bien avant le film, sur mon calepin : "Orchestre, le chef dirige une œuvre majeure. Les instrumentistes s'en foutent, ils discutent : une véritable classe de sixième !" »
Les extérieurs m'amènent sur les bords de Seine, aux Mureaux, afin de tourner le départ du voilier. Louis ne participe pas à cette séquence. Sans mon père pour me guider, j'éprouve une décontraction qui m'est bénéfique. Je me sens pousser des ailes : j'ai l'impression que l'on m'a choisi dans ce film comme un comédien à part entière. Mon jeu devient plus

Les Grandes Vacances restera l'un des films préférés de Louis de Funès.

Sipou à Deauville
Tournage des Gdes Vacances

naturel, et je trouve un ton plus approprié, sans toutefois oublier les précieux conseils des jours précédents. Dans la première séquence, je dois être jeté brutalement à l'eau par Martine Kelly. Le pont du bateau étant haut de quatre mètres, un cascadeur est prêt à prendre ma relève dans un plan de coupe. Mais, fort de mes nouvelles ailes, je certifie à Jean Girault que je peux faire ce saut arrière moi-même – ce qui arrange le cadreur.
Moteur ! Action ! Martine m'attrape par le col et me précipite contre la rambarde du voilier. Je tombe violemment à la renverse dans la Seine. Ce plongeon me propulse par près de cinq mètres de fond, où mon épaule heurte l'ancre d'une embarcation voisine. Une fois hissé à bord, je ne déplore heureusement que quelques hématomes sans gravité.
Fier de ma performance, je la raconte le soir même à mon père.
- Je suis content d'avoir fait une cascade ! Ça les a bien arrangés : ils n'ont fait qu'un seul plan.
- Tu parles que ça les a arrangés ! Je vais téléphoner tout de suite à Jean pour l'engueuler.
- Mais ce n'était pas très dangereux ! J'ai juste un bleu !
- Jamais il ne faut accepter de prendre un tel risque, ce n'est pas ton métier ! Les cascadeurs sont des professionnels, mais ils se tuent généralement en faisant des petits trucs de ce genre. Je t'interdis de te faire avoir. Tu vas voir ce qu'il va prendre ! Allô ! Jean ? Dis-moi, il n'est pas question qu'Olivier fasse des cascades ! Il aurait pu se fracasser le crâne sur cette saloperie d'ancre. Quoi ?... Mais je m'en fous qu'il ait voulu le faire ! Il n'y en a pas un qui a émis l'idée que cela pouvait être dangereux ? Vous n'aviez qu'à vous démerder autrement !

Ces accès de colère, qui lui ont valu une réputation de soupe au lait, étaient extrêmement rares. Ils survenaient en général lorsque ma mère, mon frère ou moi étions concernés par un événement qui lui déplaisait. Lorsqu'il manifestait son exaspération à n'être pas compris ou à faire face à un manque de professionnalisme, il devenait muet comme une carpe et se fermait à toute justification. Seul, son regard laissait deviner les reproches qu'il n'osait pas dire clairement, ce qui était sans doute pire qu'une bonne engueulade passagère. Je me souviens d'une scène assez cocasse, sans pouvoir la situer exactement dans le temps. Au cours d'un tournage aux studios de Boulogne, il interrompit subitement une prise pour s'enfermer dans sa loge pendant plus d'une heure.

- Louis ? Quelque chose ne va pas ?

- Eh bien, puisque vous ne trouvez pas ce qui me dérange, je m'en vais !

De retour sur le plateau, il mit les choses au clair :

« Tant que la grande asperge en imperméable sera là, je ne tournerai pas ! »

Il s'agissait d'un intrus, invité par un technicien sans l'assentiment de mon père, et qui, cigare aux lèvres, affichait une moue dédaigneuse. Acceptant volontiers de ne pas plaire à tous les publics, il souffrait énormément du manque de respect de ceux qui venaient le voir par curiosité.

« Ils viennent voir un gugusse pour rire une petite heure, avant de retourner à leurs occupations très sérieuses ! »

Le manque de respect l'insupportait aussi dans la vie courante. Il n'était pas tendre envers ceux qui, croyant tout savoir, réduisent le talent des autres à une simple somme de travail, qu'ils s'estiment capables de produire eux-mêmes s'ils en avaient l'occasion.

« Ce sont des gens très ordinaires, avec un regard d'une jalousie terrible. »

Dans *Les Grandes Vacances*, les scènes censées se passer en Angleterre se tournent à La Bourboule, dans le Massif Central, ainsi qu'en studio. Parler anglais sans faire le moindre effort pour prendre l'accent l'amuse beaucoup, surtout lorsqu'il interprète un personnage hors de lui, dont la sincérité du discours lui fait oublier tout complexe à maltraiter cette langue. En revanche, entre les prises, il met un point d'honneur à prononcer chaque mot avec un accent british presque impeccable, et demande à l'acteur Ferdy Mayne de l'aider à le parfaire. Plus tard, au cours d'un séjour à Londres, il louera les services d'un coach.

Les relations amicales qui se nouent sur un tournage sont fragiles, et seuls les Dhéry, amis de toujours, venaient à la maison. Beaucoup de complicité et de respect mutuel l'unissaient à Michel Galabru ou Claude Gensac. Un petit coup de fil de temps en temps : ils se reverraient au prochain film. Il les citait pourtant sans cesse lorsqu'il parlait de son métier :
« Galabru a un talent fou. C'est un grand du théâtre. Je signe les yeux fermés lorsqu'il fait partie de la distribution. En plus, c'est un vrai camarade, je peux compter sur lui. »
Ou bien :
« On s'amuse beaucoup avec Claude, elle pige très vite. Je n'ai pas besoin de lui expliquer dix fois ce qui fera rire. »
L'admiration qu'il vouait à ces grands comédiens le rendait presque timide. Il n'aurait jamais osé les distraire de leur vie privée pour partager de bons moments.
À la fin d'un tournage, il continuait à travailler, à observer les comportements humains et la nature, qui l'inspiraient beaucoup. Tout était consigné dans son calepin : personnages, situations, caractères, répliques… Il conservait précieusement ces notes pour écrire un scénario qui n'a jamais vu le jour. Transformant toutes les situations de la vie courante en bandes dessinées ou en dessins animés, il trouvait un aspect comique à tout événement.

De retour à Paris, Louis participe activement au montage. Il s'assure qu'il n'y a aucune rupture de rythme :
« Le spectateur ne doit pas décrocher une seconde, sinon il faut dix minutes pour le récupérer ! »
Jean Girault accepte de bon cœur cette collaboration. D'autres ne l'ont pas toujours appréciée, jugeant qu'il appartient au metteur en scène de construire son film.
« S'ils comprenaient bien le mécanisme du rire, je n'aurais pas besoin de surveiller le montage. Mais quand ils se permettent

d'accélérer un passage ou de placer une petite musique comique sur un plan, ce n'est plus drôle du tout. »

Les avant-premières ne reflétaient pas à ses yeux l'accueil que les Français pouvaient réserver au film. Il ne tenait pas à y assister, jugeant que les invités de ces projections particulières se prenaient trop au sérieux.

« Ce sont des grands de ce monde : ils ne rient jamais complètement. Ils doivent garder leur dignité. Moi, je veux voir le vrai public, celui qui paie sa place et qui vient s'amuser ! »

Ma mère et moi avions donc pour mission d'organiser les expéditions secrètes qui devaient nous conduire dans un cinéma des Champs-Élysées à l'insu des spectateurs, afin d'assister avec lui, debout au fond de la salle, à l'une des premières projections publiques.

Un taxi, commandé la veille, nous conduisait dans une petite rue perpendiculaire à l'avenue. Une fois sur place, je devais descendre prévenir le plus discrètement possible la caissière de l'arrivée de M. Louis de Funès, ce qui ne manquait pas d'affoler tout le personnel. Un conciliabule s'engageait entre les ouvreuses et le directeur sur la manière dont nous allions pénétrer dans l'arène, sans nous faire repérer par le public. Or, cette agitation suspecte risquait, au contraire, de nous faire découvrir et de tout compromettre !

Une fois les tractations terminées et les trois billets achetés par mes soins (car mon père tenait à payer ses places), j'attendais que tous les spectateurs soient entrés avant de retourner au taxi et donner le feu vert du débarquement.

Mon père se coiffait alors d'une casquette en été, d'un passe-montagne en hiver, et se cachait derrière des lunettes de soleil. Ma mère et moi l'entourions comme des gardes du corps, pour le conduire à l'entrée du cinéma et le présenter au directeur. Celui-ci sentait une lourde responsabilité lui tomber sur les épaules : la réussite du plan dépendait désormais de lui. L'attente du début du film avait généralement lieu dans un couloir désert. Nous en profitions pour élaborer notre plan de fuite à la fin de la séance.

Guidés par une ouvreuse, nous entrions enfin dans la salle en rasant le mur. D'emblée, nous ressentions l'enthousiasme naissant du public, qui riait dès le générique. Il nous fallait pourtant attendre les véritables éclats de rire, ceux qui surgissent comme un raz de marée, pour que mon père se rassure. Son visage s'éclairait alors, tel celui du nouveau bachelier qui lit son nom sur la liste des reçus.

Pendant les événements de 1968, je suis en terminale dans un cours privé – une boîte à bac. Trois ans plus tôt, mes parents m'avaient fait quitter l'institution Sainte-Marie de Monceau où je devais redoubler ma troisième : les tentatives de tractations pour que je passe en seconde ne s'étaient pas bien passées. Rebelle de nature, je n'acceptais pas les remarques tendancieuses de certains prêtres ouvriers qui me considéraient comme un « fils à papa ». L'un d'entre eux m'avait congédié de son cours en me lançant :
« Allez tâter vos billets ailleurs ! »
Mon père s'était juré d'en découdre avec le directeur, un père marianiste excessivement mondain. Rendez-vous pris à son bureau, il attendait désespérément d'être enfin reçu. Au bout d'une heure, il est intervenu auprès de la secrétaire :
« Madame, si le directeur ne me reçoit pas immédiatement, je casse les chaises une par une. Et ensuite, je m'attaque à votre bibliothèque ! »
Prenant peur, l'homme d'Église est sorti aussitôt de son bureau. Il n'a pas eu le temps de dire un mot :
« Mon père, je suis bien déçu par vos méthodes d'éducation. De plus, vous êtes extrêmement grossier. Je fréquente des prêtres de campagne qui sont des gens formidables. Vous, par contre, vous ne me plaisez pas du tout ! »
Il n'avait pas admis que je souffre de sa notoriété alors que je n'en faisais jamais état.

Lors du mois de mai, mon père ne s'intéresse que de très loin à cette agitation sociale. Il trouve plutôt sympathique que des jeunes manifestent leurs griefs à l'égard des hommes politiques. Comme eux, il méprise leur obstination à ne rien changer :

« Ce sont des poignées de flotte ! Ils déclament leur texte comme de très mauvais comédiens, en se foutant pas mal de leur devoir ! »
La seule chose qui le gêne est la chasse aux sorcières qui se profile. Il n'admet pas que des professeurs d'université, des journalistes ou même des patrons d'entreprise paient les pots cassés, et nous rappelle souvent les affres de la Terreur :
« La Révolution était nécessaire, mais pas à ce prix ! La belle nature humaine s'est bien exprimée, ça y allait, le couperet ! Clac ! Vive la Révolution ! Clac ! Encore un, nom de Dieu ! Clac ! Les gens du peuple ont pourtant du bon sens, mais ils deviennent des monstres lorsqu'ils sont entraînés par des fous. »
Il ne rate pas certains tribuns soixante-huitards, les soupçonnant de n'être pas aussi honnêtes qu'ils l'affirment :
« Il ne se prend pas pour de la gnognotte, celui-là. Mais au moins, c'est un bon comédien. Il vend bien sa salade. Tu penses bien qu'il se ménage une place d'homme important pour la suite ! »

Moment de détente avec Jeanne sur le tournage du *Petit Baigneur* (1967).

12

Destination Tunisie

Patrick

« Les hommes se battent, c'est devenu une habitude, disait mon père. Soudain, les guerres éclatent : pan ! paf ! paf ! Et c'est parti. Jusqu'où ? On ne sait pas. Ils sont tous d'accord : les imbéciles disent qu'il faut se battre, des voyous le disent, des enfants, des vieillards, des vieilles dames aussi. Et enfin, très calmement, le communiqué du conseil des ministres annonce des choses monstrueuses. On envoie un missile sur un pays pauvre ! »

Il avait peu d'estime pour les militaires, et approuva mon idée de partir en coopération technique à la fin de mon sursis, en 1970. Des médecins, des pilotes, des professeurs étaient envoyés dans des pays « en voie de développement ». La Tunisie et le Maroc étaient les destinations les plus convoitées, et sans un petit coup de pouce, j'avais peu de chances de m'y retrouver. J'ai pensé à ce médecin tunisien, le docteur Somia, patron d'un service de pneumologie à Bobigny. En 1944, il avait rassuré mon père, qui se croyait tuberculeux depuis qu'il avait été réformé.

- Patrick, faites vos bagages ! Considérez que vous y êtes déjà ! me dit-il sans hésiter. Rassurez-moi, votre père n'a pas repris la cigarette ?

- Soyez tranquille, il a gardé un tel souvenir de ses quintes de toux matinales, et il lui a fallu de tels efforts pour arrêter, il y a dix ans, qu'il ne risque pas de rechuter.

Un mois plus tard, j'étais à Tunis. En sortant du port de La Goulette au crépuscule, j'eus l'impression d'arriver dans un pays déserté par ses habitants : pas âme qui vive. J'ignorais que c'était l'heure de l'iftar (la rupture du jeûne pendant le ramadan). Le lendemain, rassuré, je roulais dans des rues grouillantes. Il me fallut une bonne heure pour trouver l'hôpital Charles-Nicolle : je tournais en rond, malgré la sollicitude des passants. Mais je ne savais pas que les Tunisiens, en cas d'ignorance, répondent n'importe quoi, de peur de décevoir. Les grilles de l'hôpital s'ouvrirent enfin sur une myriade de pavillons blancs dissimulés par des orangers. Le patron arriva au pas de course, en criant à la cantonade : « C'est Patrick ! » Des infirmières accoururent, s'exclamant : « Wuld Louis d'Funès ! » (le fils de Louis de Funès). On m'embrassait, on me palpait, en me répétant : « Le papa et la maman, ça va ? »

« Reposez-vous quelques jours, me suggéra le charmant patron. Profitez de la mer et de notre beau pays. Attendez donc la fin du ramadan pour revenir. »

Mes parents décidèrent de me rejoindre pour les fêtes de fin d'année. Deux jours avant leur arrivée, le directeur de l'hôpital me transmit une invitation du ministre de la Santé à venir prendre le thé chez lui à Hammamet.

- Cher monsieur, je ne pourrai pas les accompagner, répondis-je. Je travaille ! (Il fallait bien que j'aie l'air de faire quelque chose…)

- Votre papa et votre maman font tout ce chemin pour vous voir ! Prenez une bonne semaine de congé.

Une de plus !…

Ils reçurent un accueil digne d'un chef d'État. Quand je pus enfin les approcher au pied de l'avion, ils étaient en train de disparaître sous des colliers de jasmin. Flatté et ravi, mon père n'en revenait pas de ces démonstrations chaleureuses et spontanées. Le lendemain, ce voyage à Hammamet fut l'occasion de découvrir la campagne tunisienne. En quittant Tunis, on longe l'immense cimetière de Bab el Aoua :

- Tu as vu comme c'est beau, Jeanne, toutes ces tombes blanches identiques !

- Et ces femmes devant la grille d'entrée, avec ces petits baluchons, qu'attendent-elles ? me demanda ma mère.
- Ce sont leurs bébés morts qu'elles portent ainsi avant de les enterrer. Elles les placent dans les bras de défunts inconnus pour leur tenir compagnie.
- Ces gens sont pleins de bon sens, fit remarquer mon père.
Cette coutume perdure encore aujourd'hui.
Plus loin, un motard de la garde nationale casqué de blanc me fit signe de m'arrêter.
- Oh la la ! C'est la police qui t'arrête. Tu vois, tu conduis trop vite ! me dit mon père.
- Pas du tout, je le connais. Il veut simplement nous dire bonjour.
Il m'avait arrêté un mois plus tôt pour avoir franchi une ligne jaune. En guise d'amende, il m'avait demandé de l'emmener faire un tour dans la Mercedes, qu'il trouvait splendide.
- Mongi, peux-tu nous escorter un petit bout ?
Ravi de nous rendre service, il enfourcha son énorme Moto Guzzi, et toutes sirènes hurlantes, nous ouvrit la route sur neuf kilomètres jusqu'à l'extrême limite de sa juridiction. Mon père se cramponnait comme dans un grand huit de fête foraine.
Les cinquante kilomètres restants furent ponctués d'exclamations face à la beauté de la végétation.
- Jeanne, tu as vu ces agaves !
- Oui, nous avons les mêmes à Clermont, autour de la cour d'honneur.
- Mais ceux-là sont majestueux ! Et au moins, l'hiver, on ne les rentre pas dans une serre.
Il s'émerveillait de ces plantes à l'état sauvage, qu'il avait tant de mal à cultiver.
- C'est la radio tunisienne qu'on entend ? Elle est bien. Au moins, il n'y a pas de mauvaises nouvelles.
- Ça ne risque pas : tout est passé au crible avant diffusion, tu sais.
- Tant mieux, ça me repose. En France, tu allumes le poste, c'est 95 personnes pendues ou décapitées, et 225 morts dans

À partir de 1970, Louis et Jeanne sont souvent venus rendre visite à Patrick en Tunisie, dans une ambiance et un climat agréables.

un tremblement de terre ! Les suicides, les noyés ! Et les politiques, c'est insupportable. Dis-moi, le combattant suprême dont ils parlent tout le temps, c'est Bourguiba ?
- Bien vu.
- Ils ont raison de respecter leur chef de l'État. Nous, on exagère à traîner les nôtres systématiquement dans la boue.

Depuis son arrivée, il était plus détendu, moins à l'affût de quelque danger imprévu. Et pourtant, des gens étaient accroupis au milieu de la route, admirant les voitures cabossées qui passaient ; des dizaines de moutons, suivis par leur berger, traversaient soudain ; des 404 bâchées nous doublaient dans les virages.
À l'entrée d'Hammamet, une Mercedes bleu ciel nous attendait : nous n'avions plus qu'à la suivre.

« J'espère qu'il est sympathique, ce ministre, parce que les "hauts personnages", c'est pas pour moi. »
Après quelques détours dans des chemins sablonneux, apparut une maison blanche chaulée dans le pur style local, enfouie sous des bougainvilliers. Driss Guiga et sa femme Shasha nous mirent tout de suite à l'aise. Ils n'avaient rien des « grandes personnes » que mon père redoutait.
Les Tunisiens sont d'un abord facile. Mon père put engager une conversation à bâtons rompus, comme il les aimait :
- Vos hibiscus ! Quelles merveilles !
- Du soleil, du soleil et de l'eau ! C'est le secret, M. de Funès.
- Elle est d'un beau bleu, votre Mercedes.
- Oui, mais pour faire la route tous les jours, la suspension est trop dure. Je vais bientôt avoir une DS.
- Attention : la tôle, c'est du papier à cigarette ! J'en ai une, mais je préférais ma traction. Vous n'habitez pas à Tunis ?
- Non. Nous avons déménagé, car lorsque le président Bourguiba part en voyage, il exige que tous les ministres soient au pied de l'avion pour le saluer. Hammamet est loin de l'aéroport : c'est une bonne excuse ! Oh, c'est un grand comédien ! Il répète ses discours devant une glace.
- Ah, il a bien raison ! Je suis effaré par ces hommes politiques en France, qui lisent des bouts de papier. Ils pourraient au moins faire l'effort de les apprendre par cœur. De Gaulle, pour ça, était formidable.
- Appelez-nous par nos prénoms, Shasha et Driss. En Tunisie, ce n'est pas la coutume d'employer le grand nom.
- Shasha, comme le shah d'Iran, nota mon père.
- Oui ! D'ailleurs, à l'occasion d'un voyage officiel en Iran, Bourguiba m'a prise à part et m'a dit : "- Si ça ne vous dérange pas, Shasha, je vous présenterai sous un autre prénom, Rachida, Latifa, ou même Simone, si vous préférez. Parce que Shasha, ça veut dire « le roi des rois » en persan ! Il pourrait mal le prendre. - Mais, M. le président, je tiens à mon prénom ! Je ne changerai pas.". Vous vous rendez compte Louis, si on vous appelait Robert ? Je n'en menais pas large quand le shah, un peu étonné, m'a dit : "- Shasha ! Vous vous

appellez Shasha ? - Oui, majesté, c'était le prénom de ma mère. Vous, vous êtes shah, et moi je suis deux fois shah !" Ça l'a bien fait rire !
- Figurez-vous que je l'ai rencontré, lui répondit mon père en riant. Il est venu voir *Oscar* plusieurs fois. Il était fort aimable.

Fiers de nous montrer les dernières réalisations de ce pays, nos hôtes nous emmenèrent visiter un hôtel.
- Elle est belle, cette volière ! s'exclama mon père en apercevant, sur un piédestal de marbre, une immense cage à oiseaux d'au moins deux mètres de haut.
- C'est une cage qui vient de Sidi Bou Saïd. Elle est à vous, lui répondit le directeur du tac au tac.
- Mais non, nous disions cela en l'air, intervint gentiment ma mère, qui se demandait ce qu'ils pourraient bien en faire. À leur retour, le paquet cadeau les attendait.
Shasha et Driss Guiga sont devenus de grands amis.
« Quand je pense que ton père a accepté leur hospitalité tout un week-end ! se souvient ma mère. Jamais d'habitude, il n'acceptait de coucher chez qui que ce soit. »

Les jours suivants, nous n'avions plus une minute à nous : les invitations pleuvaient. Et au bout de trois jours, notre tube digestif était à bout : on nous gavait comme des oies. Après un ragoût, arrivaient un couscous, puis du poisson. On voulait nous faire honneur, et c'était touchant. Mais nous vivions un véritable supplice. Impossible de leur faire comprendre que nous n'en pouvions plus : ils se seraient vexés. Au dessert, mon père se forçait à ingurgiter des bouillies trop sucrées, saupoudrées d'une substance verdâtre. Un peu comme dans *Les Grandes Vacances*, à l'interminable dîner chez les Anglais, il prenait un air ravi, et assurait :
- Hmmm ! C'est délicieux ! Vraiment !
- Tant mieux ! Alors encore une cuillère !
Il ne lui manquait plus que le bavoir d'un bébé que l'on bourre de Blédine. Ces repas ressemblaient à des incendies de forêt : on les croit éteints, et ils repartent soudain de plus belle.

En 1974, sur une plage de Bizerte. En bas : Patrick et ses parents, à Nefta, lors de leur premier voyage en Tunisie. « Mon père fut tout de suite séduit par la beauté de Nefta. Il décida d'y tourner la dernière séquence de *L'Avare.* »

Louis de Funès, *alias* Harpagon, traîne dans le désert une cassette de 34 kilos, soit le poids de dix mille écus.

Des pâtisseries orientales bien compactes surgissaient alors. « C'est fait avec des dattes et du miel, servez-vous, c'est léger ! »
Gonflés comme des baudruches, nous nous sommes enfuis un matin vers le Sud.

En arrivant le soir à Nefta, nous avions l'impression d'être au fin fond du désert. Mais ce n'en est que le début. Il n'y a que le bruit du vent, c'est un décor lunaire. Le Sahara Palace, tout en briques rougeâtres, ressemblait au pavillon d'un hôpital parisien : il ne manquait plus qu'une ambulance devant l'entrée ! Au balcon de nos chambres, mon père était ébahi par la beauté de la palmeraie. Le lendemain matin, son enthousiasme était au zénith :

- Avec ta mère, nous avons assisté au lever du soleil. C'était quelque chose, cette lumière argentée, avec en fond un concert d'aboiements de chiens. Tu as remarqué, les coqs chantent toute la nuit !

La corbeille de palmiers, les dunes de sable, ces étendues de pierres à perte de vue, mon père ne les oubliera jamais. Quelques années plus tard, alors qu'il travaillait le scénario de *L'Avare*, il lancera à ma mère en pleine nuit :

« Écoute, j'ai une idée pour la fin du film ! Je vais traîner la cassette dans le désert ! Nous allons tourner la scène à Nefta. »

Le soir du réveillon de la Saint-Sylvestre, en apercevant la salle à manger de l'hôtel ornée de guirlandes et une horde de touristes sur leur trente et un, mon père paniqua :

« Ils vont tous vouloir m'embrasser ! »

Pour finir, nous avons réveillonné dans la chambre.

13

Nouveaux défis d'acteur

Olivier

En 1970, le cinéaste Serge Korber se lance dans l'aventure de *L'Homme-Orchestre*. Il vient de réaliser *Un Idiot à Paris*, un très bon film. Il n'a aucun mal à convaincre mon père. Cette nouvelle expérience peut ajouter un soupçon de tendresse à son jeu habituel et assouvir un désir qu'il nourrit depuis longtemps : participer à une comédie musicale. De longues séances de travail précèdent le tournage. Serge construit le scénario en collaboration avec Louis ainsi qu'avec le compositeur François de Roubaix, déjà célèbre pour sa mélodie du film *Les Aventuriers* de Robert Enrico.

L'ambiance est excellente. Les idées fusent, les ballets se dessinent. Un nouveau voyage en Italie se prépare et la troupe de danseuses se met en place. J'obtiendrai le rôle d'un batteur. Les premières notes de musique sont superbes, les chants sont écrits. Louis imagine les premières images qui le montrent avide de pouvoir, engageant une course automobile en plein centre de Nice pour vaincre les prétentions d'un jeune conducteur au volant d'une puissante voiture. Cette mécanique compliquée, qui associe danses et chansons au jeu d'acteur, nous semble concevable grâce à l'humour sans limites du metteur en scène. Son optimisme nous dope, si bien que nous n'avons pas l'impression de travailler à un projet difficile. Friand de toute invention, il retient tout ce que Louis imagine : il séparera plus tard le grain de l'ivraie.

Mon rôle est plus consistant que dans les films précédents. Louis me fait travailler les scènes les plus difficiles à interpréter et me conseille surtout sur la manière dont on doit recevoir une réplique :
« Le plus important pour un acteur, c'est de savoir écouter. Tous les grands ont cette capacité. Regarde Michel Bouquet, par exemple : c'est bien là l'essentiel de son jeu. C'est une règle d'or, souviens-toi de ça ! »
Lorsque nous travaillons une scène à deux, je joue sa partie et lui la mienne. Il m'explique comment trouver la vérité d'une expression :
« Tu vois, j'ai joué l'étonnement avec sincérité parce que je ne me suis surtout pas préparé à le jouer. Au contraire, je suivais intensément ce que tu me disais avant de réagir. »
Il me met aussi en garde contre la tentation de jouer comique :
« C'est le grand piège. Il ne faut surtout pas vouloir être drôle. Ce qui fait rire les amis dans une soirée ne fait pas du tout rire le public. Tu ne progresseras qu'en travaillant ta sincérité. Le plus important, pour trouver cette fameuse sincérité, c'est de ne pas se regarder jouer, ne pas s'écouter et surtout de ne pas vouloir reproduire des jeux stéréotypés. Si tu dois jouer un timide, par exemple, tu seras tenté de le faire comme beaucoup d'autres : de manière conventionnelle. Et tu ne feras que reproduire l'image que des milliers d'acteurs ont véhiculée en se copiant à tour de rôle. Ça n'aura plus rien avoir avec un timide : tu joueras l'acteur qui joue un timide. Et cette interprétation reposera uniquement sur une attitude physique construite de toutes pièces, qui ne correspond pas à la réalité. On peut très bien imaginer que la timidité se traduise, non pas par une gestuelle étriquée ou par un bégaiement, mais par une fausse assurance, par de la violence ou par toute autre chose. C'est cela que tu dois sentir. On n'apprend pas à jouer tel ou tel caractère : il doit être en toi. »
Les premières scènes où un bébé fait son apparition inquiètent toute l'équipe. Il est très difficile d'obtenir ce que l'on souhaite d'un acteur âgé de trois mois. Lorsque nous sommes tous

prêts à tourner, les parents du chérubin s'affairent à le changer ou à lui donner le biberon. Après un bon repas, il faut attendre le rot et une petite sieste d'une heure. Serge demande un second bébé ressemblant au premier pour accélérer les prises. Nous partageons maintenant les sourires tant attendus et les pleurs tant redoutés d'un petit garçon et de son double : une petite fille en grenouillère bleue. La puissance des projecteurs ne facilite pas leur mise en condition. Il faut attendre que les cris cessent et tourner dans la foulée avant qu'ils ne recommencent. Louis emploie une technique imparable : il prend les enfants dans ses bras et leur fait visiter le plateau. Il leur parle calmement, comme à des personnes très respectables :
« Bonjour, monsieur le Baron (ou madame la Baronne), nous allons faire un petit tour dans la maison… »
L'efficacité de ce subterfuge l'oblige à être présent sur le tournage de nombreux plans dont il ne fait pas partie, à titre de nounou !
Les ballets font l'objet de nombreuses répétitions. Nous travaillons avec Chris, danseur anglais et professionnel exemplaire, à qui Evan Evans, le personnage que joue mon père, demande de faire « les petits oiseaux » pour l'apaiser tout au long du film.
Comme dans *Le Grand Restaurant* ou *Rabbi Jacob*, il met un point d'honneur à travailler ses pas et sa prestance :
« C'est à 4 que je dois avoir les bras levés, pas à 3. Voilà, 3, 4… Et si je tournais dans l'autre sens ? Ce serait peut-être plus amusant, non ? »

La musique de François de Roubaix lui plaît beaucoup :
« La mélodie est formidable, elle me donne la chair de poule. C'est plus facile d'être élégant sur une bonne musique. »
Ses dons musicaux ont joué un rôle prépondérant dans sa carrière. Ils l'ont aidé à l'élaboration de son personnage, et en particulier à ajuster les fameux temps de réflexion qu'il prenait avant de répliquer. Ceux-ci dépendaient de la gravité de ce qu'il venait d'entendre ou d'apprendre ; comme le

soliste qui répond à l'orchestre, il savait placer la note attendue avec le petit décalage qui lui donne son importance. Lorsque l'intensité dramatique atteignait son paroxysme, il allait jusqu'à devancer le texte pour soutenir le tempo de la scène par des agacements prémonitoires de l'explosion finale. Il s'agit, par exemple, du fameux : « Regardez-moi là ! Non, pas là ! Là ! »

Je me souviens qu'il avait été très impressionné par *Les Dents de la mer*, de Spielberg, et en particulier par l'annonce musicale de l'approche du requin : une plainte de violoncelles à l'unisson, qui semble venir du fond de l'océan.

« La musique laisse présager le pire. On est attentif aux moindres détails : un enfant qui joue sur le sable ou un pêcheur qui remonte son filet, tout devient angoissant. Et ce suspense vient uniquement de la musique ! »

Sur *La Grande Vadrouille*, il prit des cours auprès de Georges Auric, le compositeur du film, pour diriger réellement les musiciens, qui furent stupéfaits de sa compétence aux commandes de *La Damnation de Faust*, d'Hector Berlioz. Dans *Rabbi Jacob*, la danse des rabbins lui demanda des heures de répétitions, mais lui donna la joie d'être reconnu par ses professeurs comme un excellent danseur. Au théâtre, ce don fut une arme redoutable pour honorer le difficile pari de faire rire crescendo et pendant plus de deux heures un public chaque soir différent.

Ma connivence avec François de Roubaix m'octroie une indépendance salutaire. Tous les samedis, je vais chez lui pour participer au bœuf qu'il organise avec les meilleurs musiciens de jazz de Paris.

Nous travaillons aussi sur les chansons du film. Une des compositions de mon petit groupe de rock est retenue pour la scène du yacht. Les paroles sont en faux anglais : pourquoi pas ? Je ressens un soulagement à ne pas être, en l'occurrence, « le fils de Louis de Funès » : la musique est un domaine que j'ai approché seul. La ferveur de ce grand compositeur à s'intéresser à mes modestes talents de percussionniste me

donne une confiance que le travail d'acteur me vole chaque jour. Est-ce la difficulté à travailler avec un père qui excelle dans le domaine que l'on veut investir ?
Je suis entouré d'artistes qui ne pensent qu'à faire de la bonne musique et à s'amuser, ne se préoccupant pas de mon nom, et m'encourageant à être des leurs. Je profiterai de ces beaux après-midi pendant quelques années encore, jusqu'au jour où François me jouera son dernier opus sur le vieil harmonium de son salon. Il me demande ce que j'en pense : je trouve sa mélodie superbe. Ce sera le thème du *Vieux Fusil*, son ultime chef-d'œuvre.

Nous voici de nouveau en Italie pour un mois. Les extérieurs se tournent à Rome, où notre hôtel, planté sur le Monte Mario, domine toute la ville. Depuis sa fenêtre, Louis repère la basilique Saint-Pierre. C'est l'essentiel, elle le rassure :
« J'aime bien savoir où se trouve le Pape. J'ai une petite pensée pour lui chaque jour, je veux être sûr qu'il absolve mes péchés. »
La production met un chauffeur à notre disposition tous les matins, afin de nous faire visiter la cité. Nous ne travaillons que l'après-midi, une fois les techniciens en place et les rues bouclées par le service d'ordre. La conduite de notre guide est typiquement romaine : il s'approche des voitures à vive allure pour les esquiver au dernier moment, les dépasse à droite ou à gauche, en mordant souvent les trottoirs. Terrifié, mon père lui suggère timidement de lever le pied :
« Vous savez Vittorio, nous ne sommes pas pressés. J'aime bien admirer les monuments, les églises ou les boutiques sur notre passage ! »
Cela ne suffit pas à calmer les ardeurs de Vittorio. Le ton se durcit :
« Je vous demande d'aller moins vite, maintenant. Je n'ai pas du tout envie de rejoindre saint Pierre là-haut ! Je veux juste voir sa modeste demeure. Et puis, j'ai peur, voilà ! Vous avez compris ? »
Nous roulons maintenant à dix à l'heure.

« Eh bien, vous voyez ? C'est beaucoup mieux comme ça ! »
Il a toujours souffert de la conduite des autres. Ne comptant que sur ses propres réflexes, il ne comprenait pas les leurs, surtout lorsqu'ils reflétaient une prétention manifeste.
« Quelle conduite imbécile ! Il ne se prend pas pour de la merde ! Regarde-le : il est très sûr de lui, mais tu vas voir ! Il va gagner le bouquet final, badaboum ! »
La basilique l'impressionne beaucoup.
« C'est gigantesque, quelle élégance ! Les colonnes sont placées d'une manière très subtile. La première qu'on voit cache toutes les autres. Tu sais, ce que l'on construit maintenant n'a pas cette ingéniosité. »
La *Pietà* de Michel-Ange l'émeut particulièrement :
« Regarde la finesse du visage de cette femme, son regard bienveillant. Il y a un contraste saisissant avec la solidité de ses jambes : elle est assise comme une fermière, bien ancrée au sol, comme si elle protégeait son bébé d'une chute vers notre pauvre monde. »
En parcourant le musée du Vatican, il est saisi par une toile, une sculpture, un triptyque, où il découvre une harmonie de lignes, de couleurs ou bien un regard qui le touche. Il en revient toujours au talent de l'artiste :
« Quel mec formidable ! Il avait de vraies pognes, très puissantes, avec lesquelles il soulignait quand même des détails d'une exceptionnelle finesse ! »
Dans la chapelle Sixtine, il reste longtemps, sans dire un mot, la tête levée vers le Jugement Dernier. Le côté culturel de la visite l'indiffère : il s'imprègne des chefs-d'œuvre avec une grande humilité.
« Ce sont ces grands peintres qui devraient diriger les affaires du monde, ce serait moins moche ! »
Chaque matin, nous parcourons les rues de Rome, et flânons parfois dans des boutiques aux noms prestigieux : Gucci, Cerruti, Prada, Valentino… Mon père est déçu par la Via Veneto, que les Italiens comparent volontiers aux Champs-Élysées. Mais il apprécie ses bars, où l'on déguste de délicieuses glaces accompagnées de tuiles à l'orange.

Toutes les splendeurs des musées et des églises lui rappellent la vanité des conflits humains. Elles lui inspirent encore plus de répliques ou d'attitudes, dont il se servira un jour pour camper des personnages ridicules :
« Lorsqu'on voit toutes ces œuvres, on se dit que l'on perd un temps fou à s'engueuler. Et les démonstrations de force des gens prétentieux paraissent encore plus insoutenables ! »

Nous rejoignons une vieille ruelle transformée pour la journée en plateau de cinéma. Elle ne semble plus authentique : les puissants projecteurs et le vacarme des groupes électrogènes la font ressembler au décor d'un studio. La scène que nous y tournons, Louis et moi, fait intervenir des carabiniers soupçonneux du contenu des deux grosses caisses que nous transportons à bout de bras. Ils sont à la recherche des fameux bébés.
Pour la première fois depuis mes débuts, j'ajoute une expression improvisée à mon jeu. Je regarde Evan Evans un court instant,

Louis de Funès aux côtés de Patrick et Olivier, à Rome, pendant le tournage de *L'Homme-Orchestre* en 1970.

d'un air interrogatif, avant de décider de fuir. Un détail bien anodin pour un acteur confirmé, mais qui ravit mon père :
« Tu as très bien joué, c'est ça que tu dois sentir ! Il y a le rail, l'écriture, et tu dois faire du slalom autour. Même si tu t'en éloignes trop, comme je le fais souvent, le metteur en scène te remettra dessus. Mais au moins, tu auras cherché. »
Mes journées de travail sont ponctuées de ces recommandations et pourtant, je me décourage vite en analysant la puissance créatrice de Louis. Il s'agit bien d'un don.

De retour à Paris, j'assiste au tournage de la scène où il récite la fable *Le Loup et l'Agneau* à ses jeunes danseuses, pour les distraire et les aider à trouver le sommeil. Il avait déjà enregistré les *Fables* de La Fontaine pour une maison de disques. Tous les parents s'étaient empressés d'offrir ce recueil à leurs enfants : grâce à cette interprétation imagée et vivante, le message de l'auteur, souvent subtil, semblait imprégner les esprits des jeunes auditeurs. Certaines voix hostiles parlent d'élucubrations d'acteur. Elles dénoncent une liberté incompatible avec un texte classique. Or, ces mêmes voix se taisent lorsqu'un metteur en scène monte *Le Malade imaginaire* en costumes contemporains, avec une chaise et une table pour seul décor. Car il s'agit alors d'une « création intellectuelle ». Louis ne tient pas compte de ces critiques, même si elles le touchent. Il se rassure en pensant au public qu'il veut à tout prix séduire : les enfants.
« Je veux garder ce public très exigeant. Eux au moins, ils aiment s'amuser, sans se demander si c'est de bon ton ou suffisamment intelligent ! Faire rire un enfant est très difficile. Bien sûr, il s'amuse beaucoup d'un gag de dessin animé, où le méchant tombe du dixième étage, le loup prend un seau d'eau sur la tête, etc. Mais pour lui raconter une histoire drôle, il faut savoir la jouer. Comme il n'a aucune idée préconçue sur le monde, il n'analyse pas ce qu'on lui raconte. Seule la sincérité lui montrera les défauts d'un personnage ou sa bêtise. Et en plus, il faut amplifier l'expression de tous les sentiments, pour que ce ne soit pas dramatique. Surtout

celle des sentiments les plus cruels : les enfants aiment bien la cruauté, mais pas la vraie, bien sûr. »

Les enfants ont toujours été séduits par mon père, et le sont encore, plus de vingt ans après sa disparition. Cela reste un mystère pour beaucoup. Je crois qu'outre l'intérêt qu'il a porté toute sa vie à la jeunesse, ce succès résulte aussi de ce souci d'élégance dont on parle rarement, et qui lui a permis d'aborder les sujets les plus audacieux sans jamais céder à la vulgarité ni recourir à des recettes racoleuses qui l'auraient privé de ce jeune public. Cette démarche lui a permis non seulement de toucher toutes les couches sociales, mais aussi de perdurer. Son choix de s'intéresser aux défauts universels de l'homme prouve qu'il n'était pas impressionné par ses congénères, loin s'en faut. Il les jugeait en mauvaise posture de par leur obstination à rester mauvais. Les adultes seront toujours méchants ! Voilà une prophétie qui enchante les enfants et les conforte dans leur incompréhension du monde. L'adulte raciste de *Rabbi Jacob* assoit l'idée qu'ils se font des xénophobes, l'homme avide de pouvoir et d'argent. *La Folie des Grandeurs* leur montre que l'évolution de l'espèce humaine se fait attendre. Toutes ces vérités les touchent, parce qu'ils les ressentent et qu'ils n'ont pas souvent l'occasion d'en parler ni, surtout, d'être écoutés. Le rire devient leur arme et leur remède.

Afin de rester proche des préoccupations du jeune public, mon père restait enfant. Et pour y parvenir, il ne ménageait pas ses efforts. Il révisait sans cesse son jugement sur les choses de la vie, adoptant un comportement différent de celui auquel il aurait cédé instinctivement. Il lui fallait donc l'accepter, et c'est par son courage à se remettre en question qu'il était admirable. Il allait jusqu'à se persuader d'avoir eu de mauvaises pensées dans le passé, afin d'être sûr d'être à même d'éradiquer tous ses travers.

« Je suis ravi d'avoir tourné *Rabbi Jacob*. Ça m'a décrassé l'âme… »

Voici une phrase issue d'une interview télévisée, qui en a troublé certains. Je les rassure : le racisme lui semblait telle-

ment abject qu'il était convaincu que ce mal était propre à la nature humaine, et qu'il devait donc en avoir sa part comme tout le monde. Je crois surtout que, refusant de livrer publiquement les idées qu'il avait de notre monde, cette occasion de s'en prendre à la bêtise lui a procuré un immense plaisir. Il en a profité pour avertir ceux qui s'excluent un peu facilement du clan des racistes, qu'ils le sont peut-être un peu… Il procédait de la même manière pour exorciser tout sentiment de jalousie :
« Sa voiture est magnifique, elle vaut au moins un million de francs ! Il faut savoir conduire si l'on veut maîtriser un tel monstre. C'est sans doute un conducteur remarquable ! »
Parmi ses rares colères, jugées endémiques par les journalistes, il y en a une qui résume parfaitement ce qui le rendait inquiet et irritable. Ce matin-là, nous tournons *Sur un arbre perché*, aux studios de Boulogne-Billancourt. À son arrivée sur le plateau, Louis est plutôt de bonne humeur, confiant, prêt à apporter un tas d'inventions au film. Serge Korber l'accueille alors en lui demandant :
« Alors Louis, qu'est-ce qu'on tourne aujourd'hui ? »
Cette question, surprenante de la part d'un metteur en scène, entraîne chez mon père une réaction un peu irréfléchie :
« Dites-moi, Serge… Je ne suis pas là pour faire votre boulot. Puisqu'il n'y a rien de prêt, je retourne dans ma loge. Vous me préviendrez quand vous aurez écrit ce qui devrait l'être depuis longtemps ! Et si vous ne trouvez rien, je fous le camp ! »
Je demande aussitôt à Serge ce qui se passe. Il m'explique que, sous la pression de Louis qui modifiait le script à chaque plan, il a cru bon de lui demander – un peu maladroitement, reconnaît-il – s'il avait une idée nouvelle à lui soumettre. L'imagination débordante de Louis a souvent gêné les metteurs en scène pour réaliser ce qu'ils avaient imaginé pendant des mois. Mais au bout du compte, ils ont bénéficié de ses créations improvisées, contributions majeures au succès des films. Afin de trouver une idée, il lui est arrivé aussi de quitter subitement le plateau. On pensait alors que sa mauvaise

humeur en était la cause, et les interrogations sur ce qui avait pu le froisser allaient bon train :
« Louis n'est pas là, que se passe-t-il ? Il n'est peut-être pas satisfait : quelque chose doit le gêner, il vous a dit quoi ? Où est-il ? On va arrêter de tourner et envoyer l'habilleuse de M. de Funès aux nouvelles ! »
Ces escapades n'étaient pas des caprices de star. Juste un besoin de recouvrer son esprit qui, avec la fatigue, menaçait de faiblir et de le conduire à ne plus jouer comme il le souhaitait :
« Je n'ai plus de jus. Ce que je fais n'est pas bon du tout. Je joue, mais le regard n'y est pas. C'est comme les gens à qui tu parles et qui pensent à autre chose, ou les serveurs qui prennent la commande en regardant passer les voitures. Il faut que je m'allonge un peu. J'aurais pu les prévenir mais je n'avais pas envie de m'expliquer, c'est encore plus épuisant : “Mais non, Louis ! Tu es très bien, on peut la refaire si tu veux !” Je ne voulais pas m'engager dans des conversations interminables. »
Il aurait très bien pu se contenter d'interpréter correctement une scène sans y ajouter la touche qui en faisait un petit chef-d'œuvre. Cela n'aurait pas mis le film en péril. Rien à faire : il ne voulait pas sacrifier une minute de pellicule à la facilité ni à la banalité.

Patrick

Après la disparition de Bourvil en 1970, *La Folie des Grandeurs* restait dans les cartons. Gérard Oury dut se mettre en quête d'un nouveau partenaire pour Louis de Funès. Surtout pas un acteur persuadé d'être drôle, qui « joue comique ». Yves Montand, pourquoi pas ? Mon père aimait les bosseurs. Montand était loin d'être désagréable, mais il était obnubilé par une rhétorique socialo-communiste hermétique au commun des mortels.
« Le pire, c'est qu'il est sincère, il y croit, à ces histoires, disait mon père. C'est vraiment casse-bonbons ! »
Leurs relations furent courtoises, teintées d'une distance qui

faisait barrage à l'amitié. Avec Montand, ce n'était pas la fête à Neu-Neu. Il semblait programmé par un algorithme. Au dîner, après avoir avalé trois feuilles de salade, il se levait d'un bond et courait vers sa chambre, en marmonnant : « Il faut que je téléphone à Simone ! Il faut que je téléphone à Simone (Signoret) ! » Elle lui dictait sans doute son jeu pour les scènes du lendemain.

Olivier

Paniqué à l'idée d'endosser le rôle de Blaze à la place de Bourvil, Yves Montand s'enferma des jours et des nuits dans son atelier pour trouver le personnage et être sûr de donner le meilleur de lui-même, comme lorsqu'il répétait ses tours de chant. Admirant beaucoup Louis, il se sentait démuni pour l'affronter sur un plateau. De son côté, mon père ne s'en faisait pas trop :

« Il connaît le boulot sur le bout des ongles. Ça ne sera pas aussi bien qu'avec André (Bourvil), mais ça me permettra peut-être de jouer différemment. »

Montand ne cessa de perfectionner les moindres détails de son jeu. Même s'ils n'appréhendaient ni la vie, ni leur métier de la même manière, je ne me souviens pas avoir vu mon

Comme d'autres films célèbres, *La Folie des Grandeurs* a été tourné à Almeria, en Andalousie. Gérard Oury savait laisser à Louis de Funès la liberté de se concentrer et de peaufiner ses personnages.

père souffrir une minute de leur différence. Un respect mutuel s'était instauré. Si le couple de Funès/Bourvil avait disparu, cette nouvelle alliance était réussie, sans pour autant donner naissance à une union sacrée.
Ma mère, Patrick et moi avons toujours poussé mon père à tenter de nouvelles expériences et à exprimer son talent aux côtés d'acteurs ou de metteurs en scène différents. Nous avions du mal à le convaincre car il n'aimait pas trop l'inconnu. Il préférait de loin retrouver les partenaires qu'il connaissait bien.

Patrick

Tous projecteurs éteints, Alice Sapritch se croyait encore camarera-mayor de la reine d'Espagne. Elle n'avait pourtant rien de commun avec la célèbre princesse des Ursins décrite par Saint-Simon, qui disait d'elle : « Une grande attention à ne s'avancer qu'avec dignité et discrétion. »
Elle boudait, estimant que son rôle la ridiculisait. Mes parents l'invitèrent une ou deux fois à leur table pour la distraire. Les soirs suivants, elle s'y installait d'office. Un jeune homme la rejoignait alors. Le lendemain, c'en était un nouveau… Gêné, mon père mit un terme à ces invitations forcées. Il se fit ainsi une ennemie de plus, qui colportera plus tard qu'il était odieux et radin…
Sur le tournage, mes parents s'étaient liés d'amitié avec don Jaime de Mora, Grand d'Espagne dans le film, mais aussi dans la vie : il était le frère de la reine Fabiola, épouse de Baudouin, roi des Belges. Il incitait mon père à faire des recherches généalogiques, persuadé que son nom appartenait à la grande noblesse. Celui-ci s'en moquait éperdument et ne lui avouait pas, par obligeance, qu'il se sentait étranger au pays de ses ancêtres. S'il connaissait à la perfection l'histoire familiale de ma mère, il n'a jamais eu la moindre curiosité à l'égard de la sienne.
À ce stade, il ne voulait plus être un acteur avec un grand A. Conscient que la célébrité isole, il préférait la compagnie de ceux qui lui parlaient de leur vie de tous les jours.

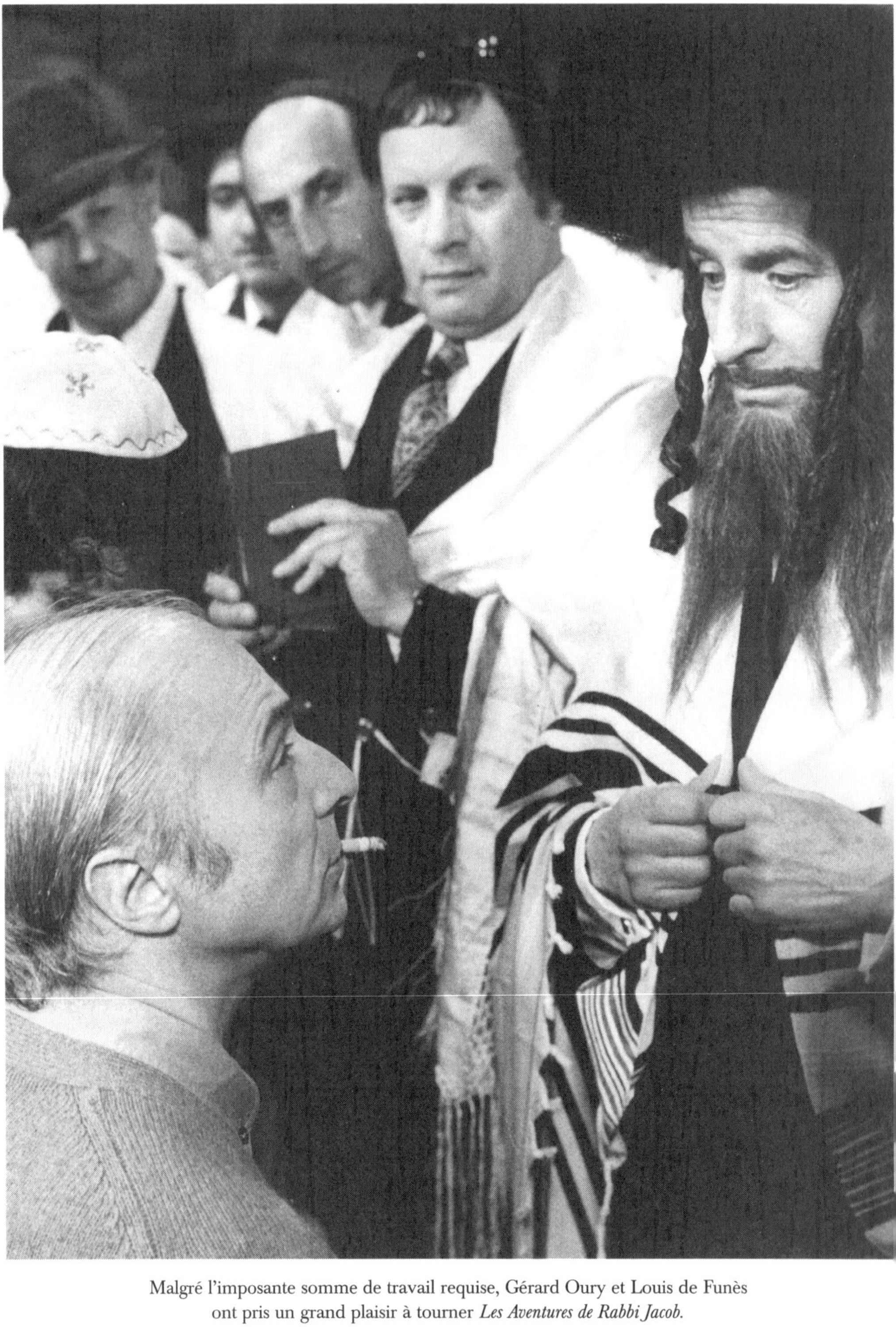

Malgré l'imposante somme de travail requise, Gérard Oury et Louis de Funès ont pris un grand plaisir à tourner *Les Aventures de Rabbi Jacob.*

14

Gérard Oury

Patrick

À Paris, Gérard Oury était notre voisin. Sa mère Marcelle et lui habitaient de l'autre côté du parc Monceau : il suffisait à mes parents de le traverser pour le retrouver dans une brasserie de la place des Ternes. Michèle Morgan apparaissait plutôt aux dîners. Elle n'habitait pas avec Gérard, et tenait à son indépendance. Elle ne voulait plus entendre prononcer le mot « mariage », après avoir enduré mille tourments avec Henri Vidal, entraîné tout jeune dans l'enfer de la drogue par une femme mûre qui voulait le garder pour elle à n'importe quel prix. Il y avait laissé sa vie. Charmante, Michèle avait grande allure, sans rien d'apprêté.
Je me joignais souvent à ces déjeuners, dont la conversation était toujours détendue et pleine d'esprit.

Depuis *Le Corniaud*, mon père avait pris conscience qu'il était devenu un homme public. Il savait que sa liberté d'aller et venir allait se réduire comme peau de chagrin. « Quelle bêtise de ne pas avoir pris un pseudonyme comme Bourvil ou Gabin ! » maugréait-il.
Les journalistes l'assaillaient et ses propos étaient ensuite souvent déformés. Des troisièmes plumes rivalisaient de malveillance et par une réaction en chaîne, d'autres s'en inspiraient. Ainsi sont nées des légendes absurdes. Des relations, évanouies dans la nature depuis des lustres, réapparaissaient subitement.

« Si mon prochain film se ramasse ou si demain, je me casse une jambe et que je suis dans l'impossibilité de tourner, tous ces gens ne me parleront plus ! Ils me tourneront le dos », nous annonçait-il avec une lucidité implacable.
Le courrier regorgeait de lettres de solliciteurs en tout genre. Elles étaient rangées avec soin dans une chemise rouge :
« On ne sait jamais ce qui peut arriver ! »
L'une d'elles l'avait laissé pantois par son impudence :
« Monsieur, vous avez offert un château à votre femme. Je désire aussi faire un cadeau à la mienne : envoyez-moi deux cent mille francs, s'il vous plaît ! »
Le rideau s'était levé sur la comédie humaine.

Gérard Oury évoluait dans ce monde avec aisance. Doté d'un esprit libre de toute méchanceté, il cultivait un art de vivre raffiné, sans ostentation. Le portrait du Régent par Saint-Simon, le résume à merveille : « À l'entendre, on lui aurait cru une vaste lecture. Rien moins : il parcourait légèrement ; mais sa mémoire était si singulière qu'il n'oubliait ni choses, ni noms, ni dates, qu'il rendait avec précision. Il excellait à parler sur-le-champ, et en justesse et en vivacité, soit de bons mots, soit de reparties. Rien de contraignant ni d'imposant dans la société, il mettait tout le monde à l'aise, et lui-même comme au niveau des autres. »
Gérard allait devenir le conseiller idéal pour nous guider dans ce monde de requins.

Au saut du lit, mon père l'appelait, le réveillant sans doute une fois sur deux. Il souhaitait savoir avec qui il avait dîné la veille, dans quel restaurant, connaître les plats qui leur avaient été servis… y compris le montant de l'addition ! De ma chambre, j'entendais ses éclats de rire, ponctués de : « Eh ben dis donc ! Eh ben dis donc ! »
« Mes enfants, Gérard, il sait vivre ! nous disait-il. S'il va quelque part, c'est que c'est bien, soyez tranquilles. »
Gérard avait compris que mon père n'aimait pas « parler métier ». Les cancans du cinéma ne l'intéressaient pas. Il ne

l'invitait donc que rarement avec des acteurs ou des metteurs en scène, dont les conversations stéréotypées l'auraient ennuyé. Mais pour André Malraux, il n'avait pas hésité une seconde.
Alors en Tunisie, je n'ai malheureusement pas pu assister à ce dîner, qui s'était tenu chez Gérard en toute intimité. Mon père se fit un plaisir de me le raconter. Malraux arrivait tout juste de Colombey-les-deux-Églises, où il était allé se recueillir devant la dépouille du général de Gaulle. Le grand écrivain s'était lancé dans un des interminables monologues dont il avait le secret : d'après ses dires, madame de Gaulle avait fait visser le couvercle du cercueil avant l'arrivée du président Pompidou, déclarant : "Ah ça, il ne le verra pas mort, celui-là !" »
Mon père me montrait en ondulant du bras comment il leur avait mimé le chat du Général, passant et repassant sous le catafalque. Si, passionné par cette histoire, il en avait oublié de manger, André Malraux lui, n'avait perdu de vue ni son assiette, ni son verre, qu'il vidait entre chaque phrase. Son nez avait commencé à piquer dangereusement vers la table, jusqu'à frôler les restes de son pigeon… Prises d'un fou rire, Michèle Morgan et ma mère étaient parties se refaire une beauté en catastrophe.

Olivier

« Dans les films américains, le moindre plan est très construit, me faisait remarquer mon père. Les figurants sont de vrais acteurs, scrupuleusement choisis pour le tableau. Ce sont les minutes de tournage mises bout à bout qui font un spectacle. Lorsque je regarde le show télévisé de Danny Kaye, je me rends compte du travail d'écriture colossal qu'ils fournissent. Et ce n'est pourtant que de la télé ! »
Très impressionné par le professionnalisme américain, il regrettait que les productions françaises soient souvent bâclées. C'est sur *Le Corniaud* que son rêve se réalisa pour la première fois. La mise en scène de Gérard Oury est précise, tout est travaillé : le son, les éclairages, les repérages, le décou-

page du scénario, le choix des comédiens et surtout l'histoire. Ce le sera encore davantage avec *La Grande Vadrouille.*
« Le générique est fabuleux, se réjouissait mon père. Un vrai film de guerre ! On s'attend presque à voir Burt Lancaster aux commandes d'un bombardier ! »
Il trouvait facile de jouer dans un film bien conçu :
« C'est l'enfance de l'art avec Gérard ! Tout est prêt. Je ne me fais pas de souci, je ne devrais même pas être payé pour tourner avec lui. Par contre, je devrais toucher beaucoup plus avec les autres ! »
Sur les quatre grands films qu'ils ont faits ensemble, je n'ai jamais vu mon père aussi heureux de travailler.

Patrick

D'une grande générosité, Gérard nous inondait de fleurs et de chocolats. Ses fournisseurs, comme la maison Fouquet, devenaient instantanément ceux de mon père, qui leur passait des commandes, afin de les faire découvrir aux amis et à la famille, mais seulement à ceux qui étaient capables de les apprécier.
Il appelait lui-même les boutiques, ne laissant rien au hasard. Sur *La Grande Vadrouille*, les scènes tournées aux hospices de Beaune lui permirent de rencontrer des négociants en vin de Bourgogne. Il fut même fait chevalier d'un tastevin local. Que le lecteur me pardonne cette approximation : je n'ai jamais rien compris à ces ordres obscurs. Notre cave était garnie de cartons de Chambolle-Musigny, Nuits-Saint-Georges, Meursault… Mais il ne passait pas son temps à cajoler ses bouteilles comme il a été écrit : il n'était pas de ceux qui hument le nectar pendant un temps infini, avant de le porter à leurs lèvres, pour annoncer, après cinq minutes de réflexion et quelques grimaces, qu'il dégage une saveur de banane ou de cassis ! Il n'y a rien de plus casse-pieds : toutes les conversations doivent soudain s'interrompre, en attendant le verdict sentencieux du maître de maison.

Au fil du temps, il devenait impossible d'entreprendre quoi

que ce soit sans l'aval de Gérard. Celui-ci devait être le premier embarrassé, accablé au téléphone de questions dépassant largement sa compétence : un nouveau lave-linge, mes études de médecine… Au point qu'un jour, j'avais glissé d'un air entendu :
« Dis donc, papa, je trouve que notre papier toilette n'est pas de très bonne qualité. Tu devrais peut-être demander à Gérard sa marque préférée… »
À peine avaient-ils raccroché que Marcelle, la mère de Gérard, appelait à son tour. La même conversation reprenait alors, mon père lui récapitulant tout ce qu'ils venaient de se dire.

En dépit d'une célébrité croissante, mon père essayait de garder ses habitudes de promenade. Surtout, ses visites aux magasins d'horticulture du quai de la Mégisserie. Il connaissait le prénom de chaque vendeur et vendeuse, qui lui mettaient de côté des variétés anciennes de plants, de graines, de légumes, d'arbres fruitiers… Un jour, en le voyant descendre d'un taxi, une dame hurla :
« Mais c'est Louis de Funès ! Regardez, c'est Louis de Funès ! »
Alors qu'elle se ruait vers la portière, elle glissa sur des détritus de plantes, et s'effondra au beau milieu des pots de fleurs qui encombraient le trottoir. Mon père ne put même pas lui venir en aide, car des badauds agglutinés et ricanants se tapaient sur le ventre en se donnant des coups de coude. Il remonta dans son taxi et prit la fuite.
Cet incident sonna le glas de ses balades tranquilles en public. Gérard lui suggéra alors de prendre un chauffeur-garde du corps et lui présenta Georges. Ce colosse au nez écrasé aurait fait merveille en tueur de la mafia dans une série B américaine. À l'époque, il sortait de prison, et Gérard et Michèle voulaient lui donner une chance de se réinsérer. Lorsque, peu avant sa mort, Henri Vidal, aux prises avec des crises de manque épouvantables, se tordait de douleur, Michèle appelait Georges, qui avait des relations et pouvait lui apporter un peu de poudre salvatrice. Ce genre d'activités avait fini par le conduire derrière les barreaux.

Mon père ne fit aucune difficulté, nullement impressionné par le sulfureux passé de celui qui allait le conduire. À l'époque, les chauffeurs de production louaient leurs services avec leur propre voiture. Georges arriva donc un matin, au volant d'une vieille voiture noire aux amortisseurs déglingués. C'était un sacré balaise, à la voix éraillée, balafré comme un lion qui aurait combattu de nombreux rivaux pour garder son territoire. Il était bon comme la romaine, d'une gratitude sans limites, et répétait inlassablement que, sans mon père, il aurait recommencé à traficoter dans la « blanche ». Ray Charles donna peu après un concert exceptionnel à l'Olympia :
« Vous voyez, m'sieur Patrick ! Ses hommes m'ont contacté, eh bien, devinez quoi ? J'ai refusé ! Mais si j'avais pas connu m'sieur de Funès, j'aurais replongé, sûr ! »
Les balades quai de la Mégisserie purent reprendre : quand Georges descendait de voiture, les badauds reculaient comme des gnous à l'approche d'un fauve. Il y avait pourtant un problème : Georges conduisait très mal. Mon père était mort de peur à chaque croisement : « Attention ! »
Sa façon de rouler, très particulière, engendrait des altercations avec d'autres automobilistes, qui finissaient parfois en bagarres. Bien évidemment, mon père lui interdisait de tels débordements. Seuls avec Georges, Olivier ou moi faisions souvent un petit crochet vers un hôpital, où il prenait des nouvelles d'un patient envoyé aux urgences par ses soins : « Ne le répétez surtout pas à m'sieur de Funès ! »
Mon père exigea que Georges soit engagé sur chaque film. Pourtant, pour les *Gendarme*, il se voyait mal ballotté avec ma mère dans les redoutables virages de la région : tout cela aurait fini comme dans le film, quand la bonne sœur est au volant ! Soucieux de lui éviter le chômage, il trouva une solution : il engagea Maurice, un autre chauffeur, et Georges fut affecté au transport des bagages et des bobines de rushes à l'aéroport de Hyères, d'où elles étaient expédiées à Paris.

Olivier

Mon père resta fidèle à Georges pendant des années, et le fit participer à une dizaine de tournages. Il trouvait sécurisant d'avoir un homme musclé à notre disposition. Cet ancien catcheur nous a souvent servi à intimider des profiteurs patentés : je me souviens d'avoir échappé moi-même à une escroquerie, grâce à son pouvoir dissuasif. J'étais alors batteur dans un petit groupe de rock. Nous avions investi tous nos gains dans un amplificateur très sophistiqué pour guitare qui, une fois livré, ne fonctionnait pas : certaines pièces avaient été remplacées artisanalement. Malgré mes réclamations auprès du vendeur, je compris tout de suite que je n'aurais pas gain de cause. J'allais m'engager dans d'interminables réparations. Mis dans la confidence par mon père, l'ami Georges piqua un coup de sang et m'accompagna chez le commerçant dès le lendemain.

« J'voudrais un amplificateur neuf pour m'sieur Olivier ! »

Je repartis aussitôt avec le plus beau modèle, et les excuses du patron.

Une sécurité plutôt cher payée, car nous avons dû voyager dans son Opel déglinguée pendant dix ans ! Durant le trajet, mon père aimait le faire parler de ses dernières bagarres, estimant que la force physique était le dernier rempart à beaucoup d'agressions :

« La police et les procès, ils s'en foutent, remarquait-il. Une bonne rouste, ça, ça leur fait peur ! »

15

Sacré téléphone

Patrick

Au fil de ses succès, une prison dorée s'était érigée autour de mon père. Ma mère s'aperçut à quel point son mari s'isolait du monde. En apercevant un supermarché dans un des feuilletons télévisés dont il raffolait, il lui dit :

« C'est étonnant, ces rayons bourrés de marchandises ! Et ces petites poussettes dans lesquelles on met ses courses, ça a l'air pratique. C'est toujours comme ça ? »

Ma mère gérait toutes les affaires courantes et discutait contrats ou projets avec les gens du métier. Il lui fallait répondre à une foule d'appels. Mon père en passait d'innombrables sur l'autre ligne, dérangeant sous tous les prétextes des gens qui, honorés de parler à Louis de Funès, abandonnaient illico toutes leurs activités. Toujours très poli, il se répandait en excuses, si bien que ses interlocuteurs ne pouvaient jamais rien lui refuser, pas même ses requêtes les plus loufoques. Rejoindre Nantes presque à chaque week-end imposait des préparatifs minutieux. Quatre coups de fil étaient nécessaires pour retenir les places sur un vol d'Air Inter, et même davantage s'il ne tombait pas sur la préposée habituelle ! Il appelait le chef d'escale d'Orly pour solliciter un embarquement particulier avant les autres passagers, afin de n'être pas trop importuné dans la salle d'attente. Puis, le jour du départ, la tour de contrôle de l'aéroport de Nantes : si le responsable lui annonçait une arrivée sans trop de turbulences, le départ pouvait être envisagé. Il ne restait plus qu'à passer un appel, le plus important, à la cafétéria d'Orly Ouest, pour lui mettre deux croissants de côté : ceux qu'aimait madame de Funès. S'asseoir et boire un café crème avant d'embarquer était un rituel immuable. De peur de se faire remarquer, il enfilait un passe-montagne et mettait des lunettes noires : la dernière chose à faire dans un aéroport.

Il avait le don de compliquer les choses simples en voulant trop bien faire. Mais lorsqu'on atteint une telle renommée, on a beau lutter pour se préserver un espace privé et garder ses habitudes, on a beau être conscient des chausse-trapes à éviter, la vie quotidienne finit tout de même par prendre des allures surréalistes.

Le téléphone était devenu un accessoire tellement indispensable que mon père avait eu cette idée de gag, dont on perçoit aujourd'hui le caractère visionnaire :

« J'imagine des appareils ayant une sonnerie ou un timbre différents suivant la personne qui appelle. Un vilain monsieur : Vroum vroum ! Une jolie femme : Dring dring ! Ah, ça c'est le percepteur ! Ah, ça c'est Marie ! »

Olivier

Un soir d'août 1969, vers 18 heures, le téléphone sonne. Tendant le combiné à mon père, l'employée de maison lui annonce dans un éclat de rire qu'un monsieur veut enlever ses enfants.

- Allô, M. de Funès ?
- C'est moi.
- J'ai besoin de cinq millions de francs très vite. Si vous refusez, vos fils en subiront les conséquences !

Mon père blêmit : ce n'est pas du bluff. Une lettre anonyme, placée à notre insu depuis une semaine dans son secrétaire, réclamait déjà la même chose. Aussitôt, mon père improvise une réunion de famille. Patrick et moi ne sommes guère bouleversés par ces menaces : à vingt-quatre et dix-neuf ans, nous sommes à l'abri du rapt classique à la sortie de l'école.

Sans tarder, mes parents décident de prévenir la police. Le fonctionnaire de service, probablement flatté de parler à Louis de Funès en personne, lui réserve un bel accueil. Une heure plus tard, le commissaire divisionnaire Letaillanter, célèbre pour ses interpellations de braqueurs et malfrats de tout poil, propose de nous rendre visite dès le lendemain matin. Baraqué, affichant le regard volontaire du représentant de l'ordre, il impressionne d'emblée mon père. Tout est prêt pour l'interrogatoire : jus d'orange, café, biscuits… Leur préférant une bonne bière, le policier écoute attentivement les faits : l'heure de l'appel, le timbre de voix du maître chanteur, les termes exacts de la menace, etc. Puis, il nous conte quelques histoires similaires qui, grâce à sa compétence, ont connu un heureux dénouement. Admiratif, mon père lui demande des détails sur le caractère sportif de certaines arrestations, sur la marque de son revolver, sur les planques… Tous ses secrets nous sont dévoilés en moins d'une heure. Dès le lendemain, deux gardes du corps sont chargés de ne plus nous lâcher d'une semelle.

Le soir venu, le maître chanteur rappelle :

« Je vous avertis : si vous prévenez la police, je n'apprécierai pas du tout ! »

Un vrai film d'action ! Mais pas de quoi réjouir mon père : ce deuxième coup de fil témoigne d'une inquiétante détermination. Flanqué de ses deux jeunes inspecteurs, le commissaire débarque chez nous au petit matin, et suggère d'interroger Patrick : adulte, il pourrait bien être mêlé de près ou de loin à cette affaire. A-t-il des relations douteuses ? à quelle heure est-il rentré le jour du premier appel ? se rend-il à des soirées en banlieue ? etc. Mes parents goûtent peu la méthode. Exaspérés, ils lui assurent qu'il fait fausse route. Trouvant l'accueil sympathique et les croissants à son goût, le commissaire renonce donc à son idée, et rejoint le quai des Orfèvres peaufiner son enquête. Chaque matin, ses deux lieutenants m'accompagnent au cours d'art dramatique René Simon, avant de passer la journée à la maison pour intercepter les appels téléphoniques. Le dispositif d'écoute est déjà branché

sur notre ligne, quand survient le troisième appel :
« Votre femme déposera la somme convenue demain au vestiaire de la brasserie Dupont-Montparnasse. Mais attention : pas de police, sinon… »
Catastrophe : un blocage du magnéto ruine l'enregistrement ! Paniqués, les inspecteurs appellent le divisionnaire, lequel échafaude un plan dans la foulée. Il suffira de livrer un colis rempli de coupures de journaux, et la police s'occupera du reste. Courageuse, ma mère accepte sans hésiter. Le lendemain, faisant fi de tous les risques, elle saute dans un taxi, munie d'un paquet emballé de papier kraft. De mon côté, bravant l'interdiction de nos gardiens, je décide de la suivre. L'observant d'un œil soucieux entrer dans la brasserie, je cherche un homme affublé d'un chapeau et d'une paire de lunettes, comme dans les films. Mais personne ne me semble suspect, et ma mère, soulagée de sa mission, ressort bientôt d'un bon pas.
À notre retour, le résultat des investigations ne se fait guère attendre :
« Allô, ici le commissaire Letaillanter. Nous avons ceinturé celui qui venait chercher le colis ! C'est un chauffeur de taxi, censé apporter l'argent dans un hôtel du boulevard Raspail. Nous l'avons laissé effectuer sa livraison, mais nous planquons, nous planquons, ne vous inquiétez pas ! »
Aussitôt après, un autre coup de téléphone :
« Merci pour votre comité d'accueil, M. de Funès ! Ce n'est pas raisonnable pour vos enfants ! »
Désormais, toute planque est devenue inutile : le maître chanteur ne se montrera plus. Mais quelques jours plus tard, dans une interview pour un quotidien, il révèle avoir déjà tenté d'enlever Johnny Hallyday, et certifie qu'on entendra encore parler de lui ! Les fichiers du quai des Orfèvres identifient un nommé Jacques Robert, relâché pour des raisons psychiatriques à l'issue de la tentative d'enlèvement de Johnny :
« Je crois que c'est un pauvre type, il n'est pas dangereux… » nous assure le commissaire.

Tranquillisés, et débarrassés de nos gardes du corps, nous reprenons une vie normale, lorsque, trois semaines plus tard, le commissaire nous apprend qu'il vient d'arrêter Jacques Robert – pour être précis, il s'est rendu. À la clé, un séjour de quelques mois en prison. L'affaire semble close. Mais un jour de juillet 1970, un homme élégant s'introduit dans la cour de notre propriété de Clermont :
- Je suis Jacques Robert, annonce-t-il à ma mère qui, ayant oublié ce nom maudit, croit avoir affaire à un notable de la région.
- Bonjour, monsieur !
- Vous vous souvenez de moi ? Je regrette de vous avoir causé du tort, croyez-moi. Mais vous savez, la vie est dure quand on sort de prison. Et là… je suis un peu à sec, vous comprenez ?
À ces mots, ma mère croit défaillir. Mais, prenant une fois de plus son courage à deux mains, elle le reconduit fermement vers la sortie.

Nous n'avons plus entendu parler de ce Jacques Robert, jusqu'au jour où une caravelle d'Air Inter est restée bloquée au sol par un pirate du même nom. Une hôtesse y trouva la mort, abattue d'une balle en plein cœur. Ce « pauvre type », comme disait le commissaire, était devenu un assassin. Nous avons alors appris qu'il avait tué son père à l'âge de vingt ans. Mais la justice n'avait pas rassemblé assez de preuves pour conclure au parricide.

16

Petits arrangements avec la célébrité

Patrick

Notre jardin de Saint-Clair-sur-Epte était bien modeste, à côté de ce que fut le potager du château de Clermont. Mais il constitua un laboratoire idéal pour étudier le comportement de ceux qui se font engager comme jardiniers, alors qu'ils n'ont jamais été que de simples ouvriers agricoles. En partant tourner *Le Corniaud*, mon père avait quitté un petit univers verdoyant. À son retour, à cause de la négligence du gardien, il trouva des plantes avachies et jaunâtres. Il retroussa ses manches, et consacra le peu de temps libre qui lui restait avant son prochain film à sarcler, biner, désherber et bêcher. Les diplômés d'écoles d'horticulture étant engagés dans des parcs et jardins publics, il était condamné à accepter l'aide de gens plus ou moins souillons. Aussi, il décida de prendre lui-même des cours au Potager du Roi à Versailles, et à Bagatelle. L'épouse de ce gardien eut au moins le mérite de faire découvrir à Louis de Funès qu'il était devenu « quelqu'un ». S'il n'était pas sensible aux flatteries des courtisans, il bénéficiait de multiples petits passe-droits, dont il faisait profiter tous ceux qu'il connaissait. Cet hiver-là ayant été particulièrement rude, des chutes de neige avaient rendu les routes impraticables. Cette dame se mit à souffrir de maux de tête, mais son médecin ne pouvait se déplacer sur cette patinoire. Le mari téléphonait toutes les heures pour nous annoncer que les douleurs ne faisaient qu'empirer. En bruit de fond, on entendait des gémissements et des complaintes. Affolé, mon père se souvint qu'à la première du *Gendarme de Saint-Tropez*, il avait sympathisé avec M. Perrier, patron de la gendarmerie française. Il n'hésita pas à le déranger :

- Cher monsieur, je crois que la femme du gardien de notre maison a une méningite ! Pensez-vous que les gendarmes pourraient venir la chercher avec un véhicule tout-terrain ?

- M. de Funès, nous envoyons tout de suite un hélicoptère de l'armée pour l'évacuer !

Mon père n'en demandait pas tant.

« Vous avez vu, les enfants ! Ils déplacent l'armée pour moi ! »

On imagine la tête des voisins, en voyant une Alouette III, identique à celle de *Rabbi Jacob*, se poser sur la place du village. Prévenu, l'hôpital de Pontoise était sur le pied de guerre. Effet de l'altitude ? Plaisir d'enquiquiner tout le monde ? Quand la dame fut débarquée avec autant de soin qu'un soldat blessé, l'insupportable douleur avait miraculeusement disparu. Après quelques examens, on se rendit compte qu'elle n'avait qu'une légère sinusite… Mon père pestait, ne sachant plus où se fourrer. M. Perrier ne lui en tint jamais rigueur. Cela leur permit même de nouer des relations régulières, avec un nouveau petit service à la clé, mais en ma faveur, cette fois.

À l'époque, je roulais dans un cabriolet MGB noir. Ce Spider – un vrai tape-cul – m'avait été offert, comme toujours, en contrepartie d'une réussite à un examen. C'était, sans doute, pour ma troisième année de médecine. J'ai toujours conduit avec prudence – pas très bien d'ailleurs, d'après Olivier… À quelques kilomètres de Saint-Clair, je double un camion qui roule au pas. Deux motards de la gendarmerie sont en embuscade sur le bas-côté. Ils m'arrêtent, me reprochant d'avoir franchi la ligne jaune. Ils semblent ravis de se payer ce jeune dans une voiture de sport. Je ne me laisse pas faire, et leur montre que la fameuse ligne est effacée : on n'y voit que de misérables vestiges de peinture ! Obligés d'en convenir, ils m'assurent qu'ils ne me verbaliseront pas. Tu parles ! Un mois plus tard arrive une superbe contravention. Mon père, qui m'engueulait souvent pour des broutilles, se mon-

trait très compréhensif dans les cas plus graves. Il savait qu'être le fils d'une vedette peut entraîner aussi bien des brimades que des marques de sympathie. Il m'est arrivé plusieurs fois de me faire arrêter pour une babiole. En lisant mon nom, on me demande toujours si je suis bien « le fils de... » et l'on devient charmant, on me lance des compliments sur le talent de mon père. Mais un collègue s'approche toujours à ce moment-là, et commence à verbaliser, en me chargeant au maximum. Les autres compatissent, lèvent les yeux au ciel, l'air de dire : « C'est un crétin, qu'y pouvons-nous ? »
Plusieurs fois, je me suis retrouvé au tribunal de police. Pour cette histoire de ligne jaune, M. Perrier fut mis à contribution par mon père, qui insista sur le fait que j'étais un étudiant consciencieux, pas un de ces fils de vedette tout juste bons à s'en mettre plein les narines. L'affaire fut prise très au sérieux : une équipe photographique fut envoyée sur « le lieu du crime », et l'on m'acquitta.
« Cher ami, votre fils a dit vrai, et je peux vous assurer que ces policiers vont être sévèrement rappelés à l'ordre : ils ont menti et c'est inadmissible ! » conclut M. Perrier.

Alors que j'étais jeune externe au service d'obstétrique de l'hôpital Lariboisière, Solange Troisier, chef de service adjoint – une femme intelligente, énergique et par ailleurs députée –, me demanda un jour si mon père pourrait intervenir en faveur du fils unique de l'une de ses patientes, en phase terminale d'une grave maladie. Malgré les relations de Solange, on s'obstinait à refuser un sursis au jeune homme, appelé sous les drapeaux. J'ignore comment mon père se débrouilla, mais deux jours plus tard, le problème était résolu.
M. Roulland, gérant d'un cinéma indépendant à Saint-Lot, comptait aussi parmi ses interlocuteurs privilégiés. Il l'avait connu en allant présenter un film dans sa salle. Il admirait la ténacité de cet homme à maintenir tant bien que mal son cinéma à flot.
« Tu sais, les fauteuils sont impeccables, il veille au grain ! Les ouvreuses n'ont pas intérêt à demander à l'opérateur de

baisser le son pour continuer leurs bavardages ! Il se démène pour obtenir des copies neuves : ce n'est pas un marchand de soupe, il est vraiment passionné ! »
Je ne le connaissais pas, mais j'appréciais grandement ses envois hebdomadaires de magnifiques gigots d'agneaux de prés-salés, élevés dans la baie du Mont-Saint-Michel, et d'huîtres ! Jamais en reste, mon père lui faisait parvenir en retour des chocolats, des jambons de Parme, des saucissons… Il fallut songer à engager quelqu'un pour accommoder toutes ces victuailles. Un premier cuisinier se présenta : un Asiatique, dont la cuisine était succulente. Mais les arrivages de Saint-Lot ne l'arrangeaient guère : ils l'empêchaient de prélever sa commission habituelle auprès des commerçants. Il se mit alors à évoquer en reniflant les largesses de son précédent patron, Johnny Hallyday, qui ne voyait peut-être aucun inconvénient à payer le filet de bœuf au prix du caviar. Il ne tarda pas à prendre congé, pour rejoindre un autre chanteur, sans doute.
Nous avons assisté à un défilé ininterrompu de soi-disant cuisinières – plus ou moins douées, il faut le reconnaître. Quand un plat arrivait sur la table, l'ambiance se tendait imperceptiblement. Ma mère, au palais extrêmement délicat, affichait généralement une petite moue : ce n'était pas ce à quoi elle s'attendait ! Mon père, las de cet interminable cortège, et voulant se persuader d'avoir enfin trouvé la perle rare, disait en se resservant :
- Eh bien moi, j'aime !
- Enfin, Loulou ! C'est franchement immangeable !
À ces mots, il en prenait une deuxième fois.

Un jour enfin, le miracle arriva en la personne d'Émilie. Cette femme, d'un certain âge déjà, était admirablement rompue à la cuisine bourgeoise dont raffolait ma mère : simple, sans addition intempestive de crème fraîche ni fonds de sauce indigestes. Miracle est le mot, car elle appartenait à une secte qui lui pompait soigneusement ses économies. Elle invoquait le bon Dieu à tout bout de champ, jusqu'à se mettre à genoux

La notoriété de Louis de Funès (ici dans *Fantômas contre Scotland Yard*) lui a parfois valu des mésaventures cocasses.

en levant les bras au ciel quand elle avait réussi une sauce. Son grain de folie n'a fait qu'empirer avec le temps… Mais le plus gênant, c'était qu'en dépit de verres correcteurs épais d'un bon centimètre, elle n'y voyait goutte ! Lorsque mon père entrait dans la cuisine, elle ne le reconnaissait pas. J'ai même entendu un jour :

- Qui est là ?
- C'est moi, Émilie.
- Qui ?
- Moi, votre patron ! Louis de Funès, l'acteur de cinéma !
- Ah ? Je n'avais pas reconnu monsieur…

Elle évoluait dans un tel brouillard que ma mère devait l'aider à monter ses sauces, allumer les fourneaux… autrement dit, passer autant de temps qu'elle dans la cuisine. Mais comme nous aimions bien cette dame, au lieu de nous en séparer, nous avons décidé d'accorder de fréquents jours de repos à ma mère en allant dîner au restaurant. Ce qui, hélas, n'était pas simple : profiter de tous ces petits bistrots qui font le charme de Paris aux côtés de mon père nous était désormais interdit. Quelques tentatives nous avaient valu d'être constamment dérangés par des gens qui, non contents d'avoir obtenu un autographe, se lançaient dans des plaisanteries bien grasses. Une des rares fois où l'on nous avait laissés tranquilles, le patron avait appelé des journalistes en douce, qui nous attendaient de pied ferme à la sortie. Nous étions donc condamnés aux grandes tables, aux endroits chic, aux « gastros », comme on dit maintenant – jargon qui n'est pas sans rappeler de pénibles maux de ventre… À l'époque déjà, ces endroits étaient assez prétentieux.

« Comme je t'envie de pouvoir aller dans une pizzeria ! me disait mon père. Malheureusement, moi, j'en suis privé. »

Dans ces lieux ennuyeux, les dîners étaient souvent folkloriques. Comme à l'aéroport, mon père faisait de son mieux pour passer inaperçu… Sa candeur le mettait dans des situations incroyables, qui, avouons-le, nous divertissaient bien. De même, le personnel et certains clients avaient beaucoup de mal à garder leur sérieux. À peine arrivé, il commençait par changer au moins trois fois de table, pour être sûr de tourner le dos à la salle et dénicher un coin sans voisins. Un soir, au Relais Plazza, il s'était aperçu que ma mère se trouvait juste sous une bouche d'air conditionné. Afin de s'épargner un nouveau déplacement, il demanda qu'on le réduise légèrement. Le maître d'hôtel l'ayant assuré que c'était impossible, il se fit conduire au local technique. Au retour, il était ravi : après avoir trifouillé quelques interrupteurs, il avait carrément coupé la climatisation !

Au moment du café, ma mère était toujours déçue de ne pas retrouver le nectar qu'elle avait bu en Italie. De peur de vexer le personnel, mon père avalait les deux tasses, ce qui ne jouait pas en faveur de son sommeil. Une autre fois, lors d'un déjeuner en tête à tête qu'ils s'étaient offert dans le même établissement, il lui fit remarquer :

« Ici, c'est un endroit très bien. Regarde, à toutes les tables ou presque, tous ces messieurs qui ont invité leur fille à déjeuner ! »

Abasourdie, ma mère crut qu'il plaisantait. Pas du tout : il était quelquefois d'une telle naïveté…

17

De de Gaulle à Mitterrand

Patrick

Quelque temps après *Le Corniaud*, le général de Gaulle reçut le monde des artistes à l'Élysée. Ému, Georges, le chauffeur, faillit déglinguer son Opel (qui l'était déjà) en serrant de trop près le porche du palais. Obligé de reculer pour négocier son virage, il sema la confusion dans le cortège de voitures. Puis, en approchant du perron, il roula malencontreusement sur le tapis rouge. L'huissier, tout de blanc ganté, avait beau tirer sur la portière fatiguée, elle refusait de s'ouvrir. Coincés à l'intérieur, mes parents apercevaient à travers les vitres le Général, qui les attendait, immobile comme une statue de sel. Ils se résignèrent à sortir de l'autre côté. Selon le protocole, ma mère devait se tenir une marche en retrait de son mari pour se présenter au Général. Celui-ci gratifia mon père d'un tonitruant : « Bonjour, maître ! » On ne l'avait encore jamais appelé ainsi ! Mais les civilités n'allèrent pas plus loin, car Brigitte Bardot, resplendissante dans un uniforme noir de hussard à boutons dorés, descendait de voiture à son tour. Bouche bée, le chef de l'État ne perdait pas une miette de son arrivée. De son côté, fidèle à son goût des gens discrets, voire effacés, mon père était ébloui par madame de Gaulle, dont il nous parla pendant une semaine :

« Charmante, distinguée, quelle classe ! »

Ma mère n'était pas moins subjuguée.

En 1971, Georges Pompidou sollicita une représentation exceptionnelle d'*Oscar* à l'Élysée, en présence du gouvernement. On installa le décor dans le jardin d'hiver. Tandis que ministres et secrétaires d'État attendaient le lever de rideau autour du Président, mon père n'eut pas le temps de s'imaginer dans la peau de Molière, jouant face à la cour. Taraudé par une terrible migraine, il était allongé par terre, respirant lentement, dans l'espoir que les douleurs cessent. La gêne de faire attendre le Président n'arrangeait rien. Malgré le retard, toutes ces personnalités ne manifestaient aucune impatience. Son angoisse diminua et, jouant le tout pour le tout, il autorisa le régisseur à frapper les trois coups. Sur scène, ses maux de tête s'évanouirent instantanément : comme si, suite à un véritable dédoublement de soi, il était entré dans un autre corps. Oubliant le mal qui le rongeait, le Président riait comme un collégien.

« Il était ravi, me raconta mon père. À la réception, madame Pompidou lui répétait sans arrêt : “Georges, vous fumez trop !” Je lui ai fait remarquer aussi : il allumait cigarette sur cigarette. »

Le lendemain, la présidence fit porter à mon père une aquarelle du XVIIe siècle représentant des roses : il nota aussitôt au dos du cadre la date du cadeau, avant de l'accrocher au salon. Quelques jours plus tard, arriva un pli de la principauté de Monaco : leurs altesses souhaitaient voir *Oscar* au palais, précisant que son prix serait le leur. Par retour de courrier, mon père leur fit part de son refus, sans donner de détails.

« Si la princesse veut voir la pièce, elle ira au théâtre, comme tout le monde, nous dit-il. Quand nous tournions une scène du *Corniaud* à Monaco, elle est descendue de voiture pour regarder, et n'a même pas daigné nous dire bonjour. Je ne l'ai pas oublié. »

Sous Valéry Giscard d'Estaing, obtenir une ligne téléphonique n'était pas une mince affaire. Mon père, qui en avait déjà une, réussit à en obtenir une seconde. L'appareil blanc, tel un objet d'art, était en évidence au milieu du salon. Il

En 1972, Jeanne, Olivier et Patrick accompagnent Louis de Funès à sa remise de la Légion d'honneur à l'Élysée.

restait muet la plupart du temps, car personne n'en connaissait le numéro, pas même nous ! Quand il sonnait, nous savions d'avance que ce ne pouvait être qu'une erreur. En décrochant, je lançais volontiers une plaisanterie du genre :
« Allô, ici la présidence de la République, j'écoute ! »
Lorsqu'on me répondit un jour « Mais nous sommes l'Élysée ! », je crus d'abord à un canular… On insistait : il s'agissait bien du chef du protocole, qui voulait joindre mon père au plus vite ! Le président du Gabon, en visite en France, désirait rencontrer Louis de Funès deux jours plus tard, au dîner officiel.
Surpris, mon père restait pensif. Il ne comprenait pas pourquoi on l'avait appelé à ce numéro, qui était sur liste rouge. Puis, il nous dit :
« Mes enfants, ce n'est pas un hasard. Ils veulent me faire comprendre qu'il serait imprudent de décliner l'invitation. »
L'État français, alors en pleine crise pétrolière, faisait les yeux

doux au président Bongo, s'évertuant à lui être agréable. À l'époque, je trouvais parfois les raisonnements de mon père outranciers. Il m'a fallu une trentaine d'années pour m'apercevoir qu'il avait souvent raison. Comme chez tous les grands artistes, sa sensibilité à fleur de peau lui faisait déceler des signes infimes, qui nous échappaient totalement. Quand on exerce un tel pouvoir sur des foules, et qu'on attire des dizaines de millions de gens dans des salles obscures, le talent n'explique pas tout : il faut être légèrement médium.
Contraint d'annuler ses quelques jours de repos à Clermont, il passa donc un smoking. S'il s'y était rendu à contrecœur, il en revint enchanté.

Un acteur tel que mon père percevait les personnalités réelles « derrière le masque », selon sa formule.
Flatté par l'admiration que lui avaient manifestée Valéry Giscard d'Estaing et son épouse, il avait apprécié la courtoisie du Président. En revanche, il avait trouvé ridicules les valets habillés « à la française » qui, au son d'un orchestre de chambre, accompagnaient les invités vers la grande salle à manger des candélabres à bout de bras :
« C'est démodé, des trucs pareils, mes enfants ! Ça sent la fin de règne. »
Il était à la droite du président Bongo, et ma mère à celle de son fils, lequel ne lui parla que d'éléphants, de lions et de safaris pendant tout le repas. Par politesse, mon père s'était abstenu de leur dire ce qu'il pensait des tueurs d'animaux.
« Dis donc, ma petite fille, je l'ai trouvé bien empressé avec toi. Il ne t'aurait pas un peu fait la cour ? »
Ces invitations, auxquelles il ne pouvait se soustraire, le privaient de son jardin et de soirées en famille qu'il aimait par-dessus tout. Il n'y perdait toutefois pas son temps : en nous relatant la soirée, il bâtissait des petits scénarios humoristiques, bien souvent surréalistes. Et, pour notre plus grand plaisir, il en parodiait les personnages principaux :
« La scène se passerait au conseil des ministres. À l'arrivée du Président, tout le monde se lève, puis se rassoit, la mine

sinistre. Il commence à parler : “Gnagnagna…” En voyant la gueule d’enterrement des ministres, il les engueule et martèle de plus belle : “Gnagnagna !” Il parodie leur expression lugubre, et reprend l’engueulade. Il leur fait signe d’être plus souriants, et sort en claquant la porte. Puis, il accueille un chef d’État étranger, qui lui dit “Gnognogno !”, que l’interprète lui traduit par “Gnagnagna !”. L’étranger enchaîne avec “Gnaou gnaou !”, que, de nouveau, l’interprète transforme en “Gnagnagna !”. Le Président court alors vers un autre salon, où se tient une réception en l’honneur des décorés du jour. Ils ont un nœud sur la tête. Le Président fait son entrée en arborant un nœud encore plus gros, et traverse une haie de personnages élégants qui cherchent son regard, tandis que les femmes lui font la révérence. »

On retrouve dans ses films des variantes de ces « Gnagnagna », quand il parle dans des langues étrangères en employant des mots qui ne veulent rien dire. Il résumait la politique à du bavardage :

« Je ferai un jour un film qui s’appellera *La Parlotte.* Paroles de politiques, de parloirs, de prisons : ce sont les mêmes bruits. Il y aura une école de la parlotte, avec des élèves parlementaires, qui, pour parfaire leur élocution, apprendront à parler en disant n’importe quoi. Et moi, je leur parlerai comme un meneur d’hommes, en leur racontant des inepties avec un tel aplomb que j’aurai droit à un tonnerre d’applaudissements. Dans un défilé grotesque, on verra tous les grands de ce monde, des petits, des gros. Certains porteront des plumes à leur chapeau, d’autres, des souliers d’un mètre de long ! »

Mon père avait des notions de politique plutôt floues, il n’y comprenait pas grand-chose. Et de toute façon, il estimait qu’un acteur n’avait pas à s’engager :

« Quelle folie, ces politiques qui ne pensent qu’au pouvoir ! Ils ne voient rien de la beauté qui les entoure : les lilas, les roses, les papillons… »

Une seule entorse à ce principe : l’élection présidentielle de 1981.

- Je ne comprends pas pourquoi tu es allé soutenir Giscard à son meeting, toi qui ne t'occupes jamais de ça, lui fis-je remarquer.
- C'était difficile de refuser : Marcel Dassault a toujours été si gentil avec moi dans *Jours de France*. Son magazine m'a beaucoup aidé, j'aurais été un ingrat. Et puis, Olivier aime les avions.
- Mais papa, tu t'es trompé ! Dassault, c'est le parti de Jacques Chirac. C'est lui que tu aurais dû soutenir.
- Ah bon, tu crois ? me répondit-il, l'air très ennuyé.

Au soir de l'élection de François Mitterrand, il était plutôt amusé. Ce n'était pour lui qu'un mâle chimpanzé qui en avait dégommé un autre dans une lutte fratricide.
Pour lui, les hommes politiques n'étaient que de mauvais acteurs, qui ne pensaient qu'à leur carrière, au mépris du peuple. De gauche ou de droite, ils débitaient des lieux communs, sans grande conviction :
« Mais pourquoi ne prennent-ils pas des cours de comédie ? soulignait-il. Je suis sûr que Georges Marchais, lui, en a pris ! Et Pierre Mauroy est redoutable, il a une audace incroyable : je le prendrais bien comme partenaire. »
Les bons acteurs se sentent et s'apprécient. Georges Marchais fut le seul homme politique à lui écrire quand il fut hospitalisé. Et Pierre Mauroy, le seul ministre, à sa mort, à nous envoyer une longue lettre de condoléances.
Roland Dumas le faisait rire :
« On dirait une dame ! »
Quant à François Mitterrand, il n'aimait pas ce qu'il apercevait « derrière le masque » : du dédain. Ce qu'il trouvait très cocasse, dans cette période de prétendus changements, c'était la propension des journalistes à se laisser pousser les cheveux au fil des sondages :
« Celui-là, quand la barre virait à droite, il avait les cheveux courts. Maintenant que ça penche à gauche, il les porte longs. »

18

Sur les planches avec mon père

Olivier

Lorsque nous avons joué *Oscar* au théâtre du Palais-Royal en 1972, je me suis aperçu que son esprit ressemblait à un immense laboratoire de recherches. Il ne se passait pas une représentation sans qu'il invente quelque chose : un regard, un geste, une expression, même un petit sketch improvisé. Cette hyperactivité m'inquiétait presque, j'avais peur qu'il se fatigue.

Le public se souciait souvent de sa santé en assistant au match de boxe auquel il se livrait tous les soirs : « Vous devez être vidé après une telle performance ! Vous perdez combien de kilos en une représentation ? C'est un vrai marathon que vous nous offrez ! »

Pour ma part, je pense que l'activité cérébrale qu'il déployait était beaucoup plus épuisante que sa performance sportive. Elle s'accompagnait, de surcroît, d'une grande anxiété lorsqu'il ne trouvait pas ce qu'il cherchait.

Juillet. J'apprends le texte d'*Oscar*, qui me semble interminable. Le rôle de Christian Martin est très explicatif :

« C'est ce qu'il y a de plus difficile à jouer, le bavardage ! »

Mon père organise le travail. Nous répétons tous les jours de quatorze à dix-huit heures dans une petite pièce du château.

Adieu, balades à moto, heures de vol et sorties du soir !

« Tu vas voir, c'est un énorme boulot, le théâtre ! »

Conscient de l'importance de ce rôle, mon moral oscille entre la joie de me retrouver sur le pont d'envol du Meilleur espoir de l'année et la crainte d'être mauvais. Mais après tout, j'ai accepté de jouer cette pièce. Si mes parents m'ont encouragé, ils m'ont laissé libre de refuser. Louis n'est pas professeur de comédie. Il ne me donne pas d'indications sur ma gestuelle ni sur la nature profonde du personnage : il guette surtout les timides signes de sincérité que je peux exprimer, pour m'amener à les exploiter petit à petit.

« Là, tu vois, c'est très bien ! Tu ne t'es même pas rendu compte que tu mettais les bras en croix. C'est sorti comme ça. Pierre Mondy te cadrera aux répétitions. Pour l'instant, donne tout ce que tu as ! »

Je suis effrayé à l'idée d'entrer seul en scène au lever de rideau. C'est moi qui dois surprendre le public, le séduire, l'intéresser tout de suite à l'histoire. Et ne pas le décevoir : il m'attend tout de même au virage. Surtout, il me faut être assez crédible pour que Bertrand Barnier ait de bonnes raisons d'être exaspéré dès son arrivée. Quelle responsabilité ! Je ne peux pas me résoudre à une performance moyenne. La pièce en souffrirait et les spectateurs me jugeraient définitivement. Ce serait un échec. Il faut être bon.

Mes inquiétudes n'entravent pas la confiance de Louis :

« Tu seras formidable. Tu as une bonne nature, et tu t'y connais déjà pas mal dans le métier. »

Ma mère est également persuadée que je possède assez d'atouts pour en découdre avec ce rôle. Encouragé au moindre progrès, je commence à y croire. L'adrénaline aura peut-être un effet révélateur sur mon jeu. Le travail que je vais fournir pendant trois mois me sera sans doute bénéfique. J'espère avant tout que le public sera indulgent pour ma première apparition sur la scène du Palais-Royal. Ce nom prestigieux me fait perdre le sommeil : j'aurais préféré faire mes débuts sur les planches d'une salle des fêtes !

Au cours de nos petites répétitions, Louis m'apprend à ne pas préparer mes répliques, pour que je trouve la spontanéité qui m'évitera un ton de récitant.

« Surtout, écoute ton partenaire intensément. Ne pense pas à ta réplique. Pour l'instant, je préfère que tu ne saches pas quoi dire. Tu n'as qu'à faire “ta la la” après m'avoir écouté : “- Dites, vous vous foutez de moi… - Ta la la.” C'est ton expression qui est importante. Dans la vie, tu ne réponds pas du tac au tac, il y a un petit temps de réflexion. Le pire, c'est de se préparer à sa réplique. Ça se voit dans le regard qui décroche. Si tu sais écouter, c'est gagné à 90 %. Ce n'est pas soi-même que l'on doit écouter : c'est l'autre. »
Lorsque j'ai du mal à prononcer sincèrement une phrase qui ne m'appartient pas et qui n'a, en somme, rien de commun avec ma personnalité, il me facilite la tâche :
« C'est ce que les acteurs intellectuels appellent “se mettre dans la peau d'un personnage difficile”. Il y a des techniques pour cela. Il faut déjà casser la phrase, la dire lentement en articulant, plusieurs fois par jour. Elle va entrer petit à petit, et finira par faire partie de toi. Ensuite, si elle n'est toujours pas dans tes tripes, tu peux justement jouer sur ce décalage. Dis-toi qu'il n'est pas capital que cette phrase t'appartienne. Lorsque tu racontes une histoire, tu fais bien parler des gens, tu les mimes. Alors, raconte-la comme si elle avait été prononcée par quelqu'un d'autre. »

Afin d'appuyer ses conseils, il me fait imaginer mon rôle joué par des comédiens de renom.
« Pense un peu à ce que Jerry Lewis aurait inventé dans cette scène ! »
Parfois, il me montre comment il l'interpréterait lui-même. Ces démonstrations ne sont pas de nature à me remonter le moral, mais fatigué d'expliquer l'inexplicable, c'est-à-dire le talent, il utilise ces images pour m'aider à découvrir la palette des interprétations possibles. Si cette méthode a le mérite de me faire prendre conscience du travail qui me reste, elle me fait surtout douter de mes dons.
Sur le tournage d'*Oscar*, Claude Rich se montra très irrité par ce principe pédagogique, au point de l'évoquer lors d'une interview télévisée. Fort du succès de la pièce jouée à la Porte-

Saint-Martin avec Guy Bertil pour partenaire, Louis n'avait eu de cesse de citer leur connivence en exemple : « Tu vois, Guy le disait de cette manière. C'était très drôle ! » Ce parallèle avait vexé Claude Rich, acteur confirmé, qui excellait au théâtre ! Il s'agissait là d'une maladresse dont mon père n'avait certainement pas conscience. Il croyait aider son partenaire en stimulant son imagination.

Au début du premier tableau, après m'être annoncé à la domestique de M. Barnier, je dois attendre quelques minutes que le maître des lieux veuille bien me recevoir. Je vais donc rester seul en scène, devant des centaines d'yeux inquisiteurs.
« Tu ne verras pas tous ces regards, parce que tu ne dois jamais regarder la salle. Mais tu vas découvrir qu'ils font un certain bruit. Plus tard, lorsque tu auras un peu de bouteille, tu sentiras tout de suite si tu les intéresses ou si tu les laisses indifférents. C'est un des grands mystères du théâtre ! »
Je ne me sens pas assez d'aisance pour affronter cette difficulté.
« Rappelle-toi que ton rôle est celui d'un type très effronté. Il va jouer les timides devant Barnier, mais c'est une crapule ! Il faut que tu aies du culot. Tu en connais, des mecs culottés ? Tu noteras qu'ils observent tout avec arrogance. Ils fouinent beaucoup. Tu peux regarder le tableau qui est au mur, ou bien ce qui est posé sur la table. Tu peux même toucher un objet. Essaie de penser, en attendant mon entrée, que tu n'es plus au théâtre. Pense à un bon petit escroc sûr de lui, qui va peut-être voler tous les meubles de cette maison. Mais attention ! Il y a un écueil à éviter en début de représentation : les spectateurs étant loin d'être acquis, tu vas sentir très vite que l'attention et les rires ne sont pas au rendez-vous. Dans ce cas, il ne faut surtout pas en rajouter. Au contraire, il faut ralentir le rythme, parler un peu moins fort. On a tous tendance à accélérer : c'est une erreur ! Tu dois les amener doucement à s'intéresser à ce que tu dis. Et pour cela, il faut que tu t'accroches à la sincérité. Tu n'as qu'à te dire : "Puisque vous ne m'écoutez pas, je vais expliquer très calmement la situation à quelqu'un d'autre!" »

Nous travaillons un bon mois en aparté, en attendant les répétitions au théâtre, avec toute la troupe. Pierre Mondy me dirige comme si j'étais un comédien expérimenté. Les autres acteurs vivent les mêmes angoisses que moi. Cela me rassure, et m'amène à penser que je peux tirer mon épingle du jeu. Louis n'est plus mon père pendant ces séances de travail. Il ne se préoccupe que de la pièce, de l'éclairage, des places de chacun et de son propre jeu. Il redevient un professionnel du spectacle. De retour à la maison, et de nouveau mon père, il raconte notre journée à ma mère, parlant de mes progrès, de sa confiance en moi et surtout de son bonheur à partager cet enjeu avec moi.
Un enjeu ? En est-ce vraiment un pour lui ? Je ne crois pas. Il me met le pied à l'étrier, sans être certain que j'embrasse cette carrière. Mais au moins, il aura essayé. La seule exigence qu'il m'impose est de ne pas me laisser griser par les planches :
« C'est très agréable d'être applaudi tous les soirs et de signer des autographes à la sortie du spectacle. Tu vas jouer dans une pièce à succès, on va parler de toi… Tu dois faire attention à ne pas prendre la grosse tête. Je sais que ce n'est pas dans ton caractère, mais on se laisse vite embobiner par les autres, surtout par les gens du métier au cours des soirées tardives : “Tu es formidable, coco, j'ai un projet pour toi !” Tu parles ! Pense toujours à la représentation du lendemain. Si tu te disperses la veille, tu perdras toute ton énergie et tu joueras de la soupe ! Crois-moi, un concertiste ne s'amuse pas beaucoup, la veille d'un concert à Pleyel ! »

À quelques jours de la première, j'essaie de faire le point sur ce que j'ai appris. Je connais bien mon texte, mes déplacements sont réglés et la sincérité que je cherche m'obsède toutes les nuits. Il est maintenant trop tard pour refuser l'obstacle : les dés sont jetés.
Ce soir-là, je prends la mesure de ce fameux trac qui mine tant les acteurs. Je l'ai pour de bon, et Louis encore plus. Pour le chasser, nous répétons quelques passages du texte en arpentant le foyer, à une demi-heure du lever de rideau. Le

cérémonial du plateau commence. Il s'agit de se familiariser avec le décor. Nous parcourons le salon dans la pénombre, et repérons nos places :
« Quand j'entre, j'arrive ici. Non, un peu plus près de la porte. Voilà, je m'arrêterai là ! Il faut que tu laisses une distance entre nous, arrête-toi ici ! »
Les grondements sourds des spectateurs me terrorisent, et m'animent à la fois d'une détermination à les séduire.
« Ne t'inquiète pas ! Pense uniquement à ta première réplique. Surtout, ne la dis pas trop vite, et tout ira bien. »
Les trois coups retentissent, mon père est derrière moi pour me pousser sur scène. Je suis comme un parachutiste que l'on précipite dans le vide. La représentation se déroule sans que je puisse analyser quoi que ce soit. Je joue d'un bout à l'autre avec les armes que l'on m'a données. Je découvre le véritable jeu de Louis, qui s'adapte aux imprévus, à mon rythme, à celui de tous les acteurs. Il ajoute des silences qu'il n'utilisait pas en répétition, m'aide à être présent en soutenant mon regard, s'intéresse intensément à ce que je lui raconte. Il me hisse vers la sincérité. Rien ne lui échappe. Je ne sais pas si je joue bien ou mal, mais dans ses yeux, je lis une approbation lorsque je trouve la note juste. Je l'entends presque me dire : « Là, c'est très bien ! Continue comme ça ! »

Le dimanche, journée bien difficile, nous jouons en matinée et en soirée. Relâche le lundi. Après le spectacle, je rejoins mon petit studio de la rue Singer, et mon père son appartement de la rue de Monceau. Il ne m'appelle jamais pour me parler travail. Lorsque nous déjeunons en famille, il ne l'évoque pas non plus. Nous faisons maintenant le même métier, et cela lui est maintenant naturel ; il réserve son temps libre au repos et à sa vie auprès de ma mère.
L'une des représentations a bien failli me décider à poursuivre ma carrière. J'apprends que Jean Anouilh assiste au spectacle. Une indiscrétion de la costumière met également mon père au courant. Le trac que lui cause la présence d'une personnalité ne tarde pas à le tenailler. Il est furieux :

« J'avais bien dit que je ne voulais jamais savoir qui était dans la salle ! Je vais rentrer en scène avec la trouille au ventre ! »
Dès les premières minutes de spectacle, il est nerveux. Il parle de plus en plus vite. L'inquiétude ne lâche pas son regard. Il perd confiance, au point d'intervertir une réplique du deuxième acte avec l'une du premier. Conscient de son erreur, il quitte la scène. Je me retrouve seul et désemparé. Depuis les coulisses, il ordonne de baisser le rideau. Le régisseur annonce que la représentation est momentanément interrompue, suite au léger malaise d'un acteur.
« On va reprendre bille en tête, il faut les récupérer ! »
Après quelques exercices respiratoires, il décide de se replacer avec moi à la place que nous avons quittée :
« Vous pouvez lever le rideau ! »
Sentant qu'il s'accroche de toutes ses forces pour faire oublier au public cet incident, je trouve en moi des ressources insoupçonnées. Je cherche la spontanéité dont il a besoin pour se remettre dans la peau de M. Barnier. Le rythme revient, je l'aide, et son jeu se fait plus calme. La machine est repartie, et nous terminons sous un tonnerre d'applaudissements qui salue, comme chaque soir, sa performance, mais aussi son courage.
Jean Anouilh nous félicite chaleureusement, et me crédite d'un don naturel pour la scène. Mon père me remercie :
« C'est grâce à toi que j'ai pu repartir ! Tu m'as soutenu comme peu de comédiens savent le faire ! »

Pourtant, la fierté que j'ai pu en tirer ne l'a pas emporté sur ma lucidité. Les nouveaux acteurs changent la donne, et les jeunes premiers romantiques ou comiques doivent désormais faire face à de vraies gueules de la rue, des caractères violents. Une nouvelle vague s'impose : les Depardieu, Dewaere, de Niro, Pacino, créent un cinéma-vérité. Ma décision de quitter les planches n'affecte pas trop mon père. Il est juste un peu déçu. Mais ma passion de l'aviation le séduit aussi :
« C'est un métier formidable. Tu ne dois pas hésiter si ça te plaît. »

En 1972, sur la scène du Palais-Royal, père et fils ont su donner le meilleur d'eux-mêmes.

À l'issue de la représentation d'*Oscar*, Gérard Oury, Michèle Morgan, Alice Sapritch et Jean-Paul Belmondo félicitent Louis de Funès dans sa loge.

Le vendredi soir, je quittais Paris pour rejoindre Clermont, et suivre mes premières leçons de pilotage à l'aéroclub de Nantes. Me prenant déjà pour un aviateur, j'avais acheté un blouson de vol à col de fourrure et une paire de Ray-Ban. Mon père ne m'a pas raté :
« Tu as l'air d'un pilote de chasse ! Même ta démarche a changé. Tu vois, il suffit de se mettre dans la peau d'un personnage pour le jouer à la perfection. »
Me permettant de voler de mes propres ailes, mon diplôme de pilote privé me donna l'occasion de lui faire partager un de mes vols. Rendez-vous avait été pris à l'aéroport, un dimanche de juillet. La chaleur était étouffante. De peur de le décevoir, je révisais en boucle ma technique d'atterrissage devant une limonade. Bien entendu, tous les membres du club l'accueillirent à son arrivée. Ils n'auraient manqué l'événement sous aucun prétexte. Une fois dans l'avion de toile, je me suis employé à respecter les vérifications nécessaires à la mise en route du moteur.
- Tu es sûr d'avoir bien tout regardé ? me demanda-t-il.
- Oui, ne t'inquiète pas !
- Non, mais tu sais, on peut toujours oublier quelque chose. C'est normal, ce bruit ?...
- J'espère que tu n'as pas peur ?
- Non, non… Il a l'air de bien marcher, ce moteur. C'est une bonne marque, Jodel ?
- Oui, excellente.
- Eh bien, comme ça, je suis rassuré… Il n'y a pas trop de vent ?
Afin de se protéger du soleil écrasant, il s'était fabriqué un petit bob avec un mouchoir blanc noué aux quatre coins. Je pensai alors aux photos que la presse locale pourrait prendre à notre retour…
Nous avons pris notre élan sur la piste. Moi cramponné à mes commandes, lui au tableau de bord. Il ne se détendit qu'à cinq cents mètres d'altitude, sans toutefois profiter du

survol de notre maison, car je ne pouvais pas incliner les ailes à plus de dix degrés sans qu'il s'agrippe de nouveau au tableau de bord.

« Et pour retrouver le chemin du retour, ça va aller ? »

Après un atterrissage assez confortable, il me couvrit de louanges :

« Tu pilotes très bien ! Je n'ai pas eu peur du tout. On a l'impression que tu joues de l'orgue avec tes pieds. En tout cas, moi, je n'y arriverais pas ! »

À la descente de l'avion, je constatai tout de même que ses jambes avaient du mal à le guider jusqu'à la voiture. Mais aucune photo n'est parue dans le journal régional du lendemain ! Je l'ai remercié de sa confiance, et je lui suis toujours reconnaissant d'avoir eu le courage de surmonter sa peur pour être mon premier passager.

En 1974, engagé comme pilote professionnel dans une compagnie nantaise d'aviation d'affaires, j'ai vécu aux côtés de mes parents pendant un an, avant de m'installer dans un studio en ville. Mon salaire de débutant étant assez modeste, mes parents m'aidaient. Mais ils mettaient toujours une limite à leurs largesses, de façon à nous empêcher, Patrick et moi, de sombrer dans la paresse. Mon père venait de terminer le tournage des *Aventures de Rabbi Jacob* et les représentations de *La Valse des Toréadors* de Jean Anouilh.

19

Jean Anouilh

Patrick

Le contact direct avec le public et le côté imprévisible du théâtre ont toujours attiré mon père. Il appréciait les grands auteurs, comme Molière, mais aussi Jean Anouilh. Il avait sauté de joie en se voyant offrir en 1955 le rôle de Machetu dans *Ornifle ou le courant d'air.* Il avait donné la réplique à un des plus grands acteurs de l'époque, un monstre sacré : Pierre Brasseur. Charmant et drôle, celui-ci n'était pas avare de conseils :

« Fais comme moi, Louis ! Arrive deux heures avant le lever de rideau pour t'imprégner de l'atmosphère. Écoute les craquements des planches, sens les odeurs… Après les trois coups, tu seras dans ton personnage, et ta mémoire ne te jouera jamais de sale tour. »

En sortant du théâtre, Pierre Brasseur avait la fâcheuse habitude de faire la tournée des bistrots. Mon père repoussait avec tact ses invitations à se joindre à lui. Un soir, froissé de ces refus successifs, le comédien se permit une réflexion :

« Alors, Bobonne t'attend à la maison ? »

Mon père, qui n'a jamais supporté la moindre critique sur sa femme, jugea bon de lui donner un petit coup de semonce dès le lendemain, en lui provoquant trois fous rires sur scène, par des improvisations inédites. Brasseur s'en amusa, et plus aucun nuage ne vint assombrir leurs relations.

Dix ans plus tard, après la sortie du *Corniaud*, Jean Anouilh écrit à mon père :
« Cher Louis de Funès,
Machetu me hante, et je me fais rire tout seul depuis dix ans en vous imitant, mais je n'osais pas vous en parler. Quand je pense à *Ornifle*, c'est de vous que je me souviens, avec ce petit creux de plaisir à l'estomac. »
Il souhaite alors écrire une pièce pour lui, mais avoue son échec dans une autre lettre :
« Sans doute parce que je vous aime trop, j'écrivais les répliques comme vous alliez les dire. Et finalement, ça me bloquait. »
Il pense alors à une pièce qu'il avait écrite des années plus tôt, et jouée à Londres avec un succès mitigé : *La Valse des Toréadors*.
« Je l'ai relue et j'ai été ébloui de penser que vous pourriez faire vivre cet homme que j'adore, et qui n'a jamais vécu en France. *La Valse* est ma nostalgie, et je voudrais la voir vivre. Et je ne vois pas qui mieux que vous. »

La pièce est créée le 19 octobre 1973 à la Comédie des Champs-Élysées.
- Je n'avais pas vu papa aussi heureux depuis longtemps ! confiait récemment Colombe Anouilh à ma mère.
- La tête qu'a dû faire votre père, le soir où Louis, au lieu d'entrer en scène en portant Luce Garcia-Ville dans ses bras, l'a transportée dans une brouette ! Comme il la trouvait trop lourde, il avait imaginé ce moyen.
- Oui, papa n'en revenait pas ! Plié de rire, il me racontait toutes les trouvailles de votre mari : "Tu imagines, Colombe ? Aujourd'hui, Louis s'est accroché aux doubles rideaux et les a à moitié arrachés !"
Frédéric Chopin, qui n'avait qu'un piano aigrelet, n'eut pas le bonheur d'entendre ses valses jouées sur un grand Steinway. Jean Anouilh, lui, eut la chance d'entendre la sienne transfigurée par le jeu de mon père.
- Papa s'inquiétait de la durée de la représentation, qui

Pendant les répétitions de *La Valse des Toréadors*, en 1973 :
la dernière pièce de Louis de Funès. Une complicité sans faille l'unissait à Jean Anouilh.

s'allongeait chaque soir un peu plus, poursuivit Colombe. Les syndicats des machinistes s'étaient même plaints au directeur de la salle !
Ma mère conta alors à la fille d'Anouilh une anecdote qui en disait long sur la finesse de son père :
- Un jour, votre père est arrivé chez nous en pleine scène de ménage. Il m'a tiré une belle épine du pied ! "Jean, vous tombez à pic, lui ai-je dit. Donnez-nous votre opinion : j'ai hérité de ma tante une petite chambre de bonne à Paris. Une cousine voudrait me l'acheter pour son fils. Je veux bien la lui vendre, mais mon mari souhaite que je lui en fasse cadeau..." Sans hésiter, votre père a répondu : "Mon cher Louis, si vous lui en faites cadeau, elle ne vous le pardonnera jamais !".
- Ça, c'est papa tout craché ! fit remarquer Colombe. Et qu'a dit votre mari ?

- Il a dit : “C’est vrai, Jean, vous avez raison, comme toujours…” Louis était en admiration devant votre père. Il lui vouait un immense respect.

Olivier

Au moment de *La Valse des Toréadors,* mon père s’était acheté une Fiat 650 pour se rendre au théâtre. Ravi, il la trouvait très pratique et d’une discrétion absolue : personne ne soupçonnait que le conducteur engoncé dans cette coque de noix pouvait être Louis de Funès. Un jour où il avait freiné un peu tard, un chauffeur de taxi lui avait lancé :
« Alors, pépère ! Tes freins sont graissés à la confiture ? »
Cette phrase est devenue l’une de nos références du comique populaire de la rue.

La Fiat nous fit connaître d’autres instants mémorables, notamment à l’issue d’une soirée de gala donnée par Maria Callas au Théâtre des Champs-Élysées. Alors qu’elle s’apprêtait à rejoindre sa Mercedes 600 au milieu d’une foule d’admirateurs, mon père, au même instant, regagnait sa Fiat, épuisé par sa performance sur la scène de la Comédie des Champs-Élysées. Il se retrouva bloqué derrière la berline noire, dans l’impasse commune aux deux théâtres : les adieux de la diva durèrent un bon quart d’heure, sous les flashes des photographes. Mais le public ne tarda pas à noter la présence de Louis de Funès, lequel attendait de pouvoir enfin se dégager en tapotant sur son volant. Un attroupement de curieux se forma alors autour de sa voiture. Il avait beau leur faire désespérément signe d’avertir le chauffeur de la Callas qu’il voulait passer, il était littéralement coincé sous les rires et les applaudissements. Un spectacle supplémentaire, offert au public des deux salles de l’avenue Montaigne !

Pour Louis de Funès
de la lecture (pas obligatoire)
pour toute la durée d'un
déluge breton..
En souvenir des deux joies
les rares qu'il m'aura données
dans ma vie de théâtre

PIÈCES
ROSES

affectueusement

Jean Anouilh
19 oct 73

20

L'infarctus ou comment ma mère lui a sauvé deux fois la vie

Patrick

Investissant des sommes considérables sur le nom de Louis de Funès, les producteurs l'assuraient à grands frais. Si jamais il se trouvait dans l'incapacité de tourner, ils pourraient ainsi se faire rembourser toute la mise, et même un peu plus. Prudente, la compagnie d'assurances le faisait d'abord examiner sous toutes les coutures par d'éminents médecins à nœuds papillons.

- Mon cher, vous avez une tension de rêve ! Vous êtes dans une forme éblouissante.

- Mais docteur, ces douleurs que j'ai parfois dans la poitrine, ça ne vous inquiète pas ?

- De l'aérophagie, mon cher ! Rotez, ça ira mieux !

À chaque visite, il rajeunissait ! C'était à croire qu'il avait trouvé le secret de l'immortalité. Quand *Le Crocodile*, le nouveau projet de Gérard Oury, se profila après le triomphe de *Rabbi Jacob*, le niveau de vigilance se renforça : ses films étaient très éprouvants. Dans cette nouvelle aventure, mon père devait jouer un dictateur sud-américain d'extrême-droite. Évincé du pouvoir par son rival, emprisonné, puis en cavale, il devait finir par commander une horde de guérilleros d'extrême-gauche pour revenir en force. Bien entendu, le scénario avait prévu cascades et rebondissements très exigeants sur le plan physique. On ne plaisantait plus : il fallait se rendre chez un cardiologue, et un bon !

- Mon cher, vous avez un cœur de jeune homme ! lâcha le spécialiste en jetant un œil sur le tracé de l'électrocardiogramme. Voici mon téléphone personnel en cas de besoin.

Trois jours plus tard, un matin de mars 1975, une douleur épouvantable au thorax cloue mon père sur son lit. Lui, qui n'a jamais été douillet, se tient la poitrine à deux mains. Ma mère téléphone aussitôt au cardiologue :
« Calmez-vous madame, c'est son aérophagie ! »
Sans attendre que son mari éclate comme une baudruche, elle lui raccroche au nez et appelle les pompiers. Ils ne sont pas passés par la fac de médecine, mais comprennent l'évidence : cinq minutes plus tard, le Samu est là.
C'est un infarctus. Pour le soulager, ils commencent un traitement sur place. Emballé comme un saucisson dans son papier alu, mon père est emmené à l'hôpital. On le place en soins intensifs, électrodes et tuyaux à l'appui. C'est sacrément enquiquinant pour un service hospitalier d'accueillir une célébrité : il faut déjouer l'indiscrétion des journalistes. On boucle toutes les issues. Une photo de l'acteur relié à des machines serait une aubaine. Et si d'aventure, l'irréparable arrivait, le cliché du cher disparu n'aurait plus de prix !
L'après-midi même, je débarque à l'hôpital, où l'agrégé du service, sachant que je suis médecin, m'explique qu'il s'agit d'une ischémie-antéro-machin-chouette…
- Écoutez, lui dis-je, la cardio, je n'y connais rien ! Je suis radiologue et je m'occupe plutôt des seins. Cette histoire de pompe aspirante et refoulante me dépasse. Dites-moi juste s'il risque d'y passer !
- Non ! Nous avons la situation bien en main. Mais il ne faut pas qu'il s'énerve.
Effectivement, il n'allait pas si mal que ça : sous l'effet d'un anxiolytique, sans doute, il semblait ravi, apaisé :
- Vous savez, mes enfants, cet infarctus, c'est un don du Ciel, une grande chance !
- Ah bon !
- C'est un signal : je ne dois plus me faire de souci pour un

rien. Et puis, c'est ma faute. Depuis quelque temps, je buvais trop de vin !
- Mais tu ne bois presque pas !
- Si ! Hier soir, j'ai bien bu la moitié de la bouteille au restaurant !
Il nous fallait garder le sourire et ne pas le contredire.

Le lendemain, ma mère croise dans le couloir un homme très digne : le patron du service. Elle l'aurait deviné sans qu'il se présente, voyant étinceler une rosette à sa boutonnière.
- Madame de Funès, quelle terrible épreuve pour vous ! Vous avez toute ma sympathie…
- Merci, professeur. Il va mieux aujourd'hui, grâce aux soins de votre équipe.
- Mais madame, avez-vous conscience qu'il est au plus mal ? lâche-t-il en lui serrant le bras.
- Mais… ne me dites pas qu'il va mourir !
- Hélas… acquiesce-t-il du menton avant de lui tourner le dos.
Elle vacille. Une infirmière la rattrape de justesse avant qu'elle ne s'effondre sur le linoléum… Ironie du sort : un mois plus tard, mon père, bien vivant, verra l'agrégé entrer dans sa chambre, l'air abattu :
- Quelque chose ne va pas ?
- Le professeur est mort ce matin !
- Oh, mon Dieu ! Que lui est-il arrivé ?
- Le cœur !…
- Ça alors ! mon Dieu ! mon Dieu !
Ma mère devra réprimer un fou rire…
Au fil des jours, mon père récupère. Bénéficiant d'un traitement de faveur, ma mère peut dormir dans sa chambre, où l'on a installé un deuxième lit. De mon côté, je pars reprendre mon poste à Tunis. Le week-end de Pâques, le service s'est vidé de ses médecins et d'une partie du personnel.
- Louis, je vais dîner, mais je reviens tout de suite !
- Ça t'ennuierait de rester ?
- Non, pas du tout. Tu te sens mal ?
- Non, mais je n'ai pas envie que tu t'éloignes.

Elle se rassoit, et lui parle de choses et d'autres. Soudain, elle se rend compte qu'il ne répond plus. Son visage est crispé. L'appareil auquel il est relié se met à sonner. Sur l'écran, le tracé cardiaque, d'habitude régulier, est désordonné, presque plat. L'interne de garde entre en trombe dans la chambre.
- Que se passe-t-il ? demande ma mère.
- Je ne sais pas.
À demi conscient, mon père se plaint. Apathique et en sueur, le jeune médecin se contente d'écarquiller les yeux.
- Soulagez-le ! Faites-lui une injection de morphine, comme les gens du Samu ! suggère-t-elle.
- Non, je ne peux pas…
- Alors faites quelque chose ! Vous voyez bien, c'est la même chose que la première fois !
Le tracé est de plus en plus désordonné. Les infirmières qui assistent à la scène ne sont d'aucun secours.
- Appelez l'assistant immédiatement !
- On n'a pas son numéro à la campagne…
C'est alors qu'une jeune aide-soignante lui fait signe de la suivre. Elle ouvre le bureau de l'assistant avec sa clé. Son numéro est en évidence sur le bureau, et il répond à la première sonnerie :
« Vite, passez-moi l'interne ! » s'écrie-t-il.
Il lui donne des directives très précises. Lorsque l'assistant arrive une heure plus tard, la situation s'est améliorée. Mon père nous racontera plus tard qu'il n'éprouvait plus aucune douleur. Il ne sentait plus que la main de ma mère dans la sienne. Sans son intervention, sans le concours de l'aide-soignante, la carrière et la vie de Louis de Funès s'arrêtaient, le soir de Pâques 1975.

- Vous savez, cette fois, son cœur en a pris un sacré coup ! m'apprend-on le lendemain.
En dépit de ce pessimisme, le malade se rétablit à une vitesse surprenante. Un matin, sa chambre est vide !
- M. de Funès est en examen ?
- Non, non, il se promène !

Je le découvre en grande conversation avec quatre patients d'une chambre voisine, pas troublés le moins du monde de bavarder avec Louis de Funès, assis en pyjama sur le bord d'un lit.
« Je vous présente mon fils Patrick ! Il est médecin ! Tu vois, tous ces messieurs ont eu aussi un infarctus : ils mangeaient trop. Ils aimaient les plats en sauce, me racontait-il en mimant le parcours d'aliments lourds descendant le long de son œsophage. »
Et ces messieurs d'acquiescer, avec un air d'enfants pris en faute…
« Maintenant, c'est fini, tout ça ! Tu te rends compte, ce monsieur vient d'en refaire un : il avait continué à fumer ! » dit-il en me montrant un homme ressemblant à s'y méprendre à Raymond Bussières.
Tout penaud dans sa robe de chambre en linon verdâtre, le récidiviste opine de la tête.
« Messieurs, je vous quitte ! conclut mon père. Et n'oubliez pas : de la marche, de la marche ! Rien de tel pour fortifier un cœur récalcitrant. »

Chers lecteurs, permettez-moi de vous donner un conseil : faites de d'exercice modérément. Ne fumez pas. Ne vous en faites pas trop pour vos kilos superflus. Et fuyez comme la peste les régimes amaigrissants. Si vous êtes en bonne forme physique, vous récupérerez bien plus vite après un pépin de santé. Contrairement à ce qu'il croyait, mon père n'avait jamais fait aucun excès – à part la cigarette, qu'il avait arrêtée depuis vingt ans. Il s'est rétabli de ses deux infarctus successifs avec une rapidité surprenante. Au bout d'un mois, il demandait sa libération anticipée ! Elle ne lui fut accordée qu'après comparution devant trois blouses blanches, qui lui mirent les points sur les i : il devrait désormais rendre des comptes aux médecins, qui sont des gens sérieux, des « grandes personnes ». La rigolade, pour Louis de Funès, c'était terminé ! Et surtout les bons petits plats… L'énoncé de diktats alimentaires incroyablement stricts commença.

L'idéal aurait été de ne rien avaler : chaque bouchée représentait quelques heures de vie en moins. Le beurre et les corps gras le précipiteraient en enfer. Seule l'huile de tournesol, bizarrement, échappait à cette règle ! Inutile de préciser qu'un verre de vin aurait des conséquences incalculables sur sa pompe cardiaque, déjà brinquebalante après ces deux attaques. Le bœuf, il fallait le bouillir, et bien l'égoutter, voire l'essorer. Le mouton, hélas, entraînerait une fantastique montée des triglycérides. Quant au porc, mieux valait ne pas en parler…

- Peut-être pourriez-vous me dire ce qui est autorisé, se risqua timidement le malade.

- Le poisson bouilli, pas de problème.

L'assistant marqua une pause, avant de lancer l'avertissement suprême à son patient, recroquevillé sur sa chaise :

« Pas de poissons gras, surtout le saumon. Et nous vous prévenons solennellement : si vous avalez une cuillérée de caviar, vous êtes mort ! Foie gras, idem. Par contre, cher monsieur, vous avez droit le dimanche à quelques pommes de terre frites, mais cuites en dessous de 80 degrés. »

Le pire était à venir :

« Bien entendu, vous arrêtez votre métier définitivement. Il est hors de question que vous tourniez un jour un nouveau film. Voilà, tout est dit. Et surtout, M. de Funès, gardez le moral ! Dans ces maladies, c'est capital. »

À peine rentré, il me téléphona à Tunis :

« Allô, c'est moi ! Je viens d'arriver à la maison. Dis, j'ai un sacré régime ! Ce qui m'inquiète, c'est que le docteur m'a dit qu'il suivait le même. Tu verrais sa tête de déterré ! Demain, nous partons à Clermont, au moins, je pourrai manger des fruits. »

Il envoya à Robert Dhéry et Colette Brosset une carte postale empreinte d'humour noir. Il s'y vieillissait de dix ans pour les faire rire :

« Aujourd'hui, j'ai 72 ans. Jeanne m'a fait une semoule au lait écrémé, et j'arrive très bien à la mâcher. L'autre nuit,

mon cœur s'est arrêté trois minutes. J'étais très inquiet. Actuellement, il ne bat pas, et _____ ça y est, il est reparti. »
Cela amusa beaucoup Robert, dont le cœur venait aussi de subir quelques ratés.
Mon père avait une conscience aiguë du sort qu'on réserve au troisième âge dans notre société, et s'amusait à le tourner en dérision :
« Au-delà de 65 ans, on commence à être regardé de travers, mes enfants. On est déjà démonétisé. Je vois bien une scène où un représentant de l'ordre arrêterait un homme de cet âge : "- Vos papiers ! Quel âge avez-vous ? - 36 ans. - Ah bon…" Et l'homme se mettrait à sautiller comme un gamin pour passer entre les gouttes. »

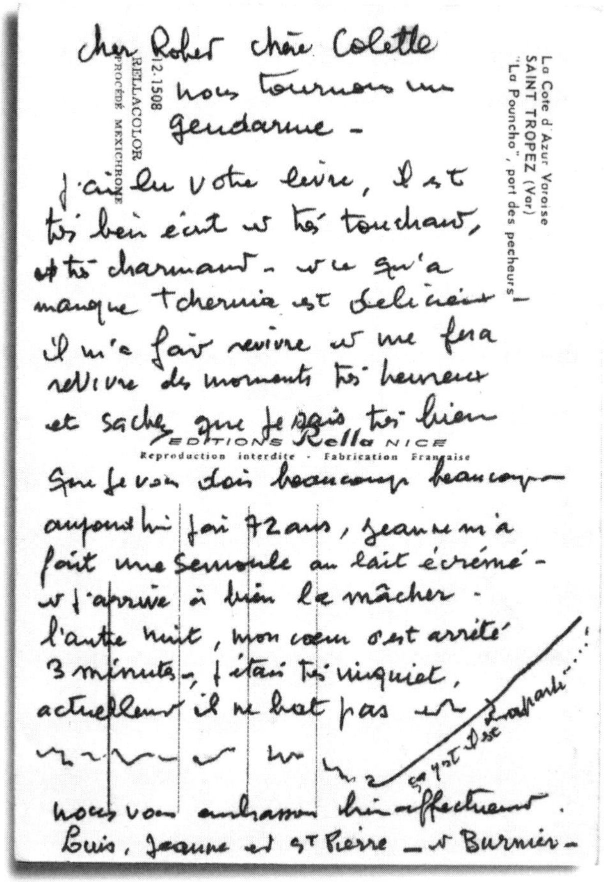
cher Robert chère Colette
nous tournons un gendarme -
j'ai lu votre livre, il est très bien écrit et très touchant, et très charmant - et ce qu'a manqué Tcherina est délicieux -
il m'a fait revivre et me fera revivre des moments très heureux
et sachez que je suis très bien
que je vous dois beaucoup beaucoup -
aujourd'hui j'ai 72 ans, Jeanne m'a fait une semoule au lait écrémé -
et j'arrive à bien la mâcher -
l'autre nuit, mon coeur s'est arrêté 3 minutes, j'étais très inquiet,
actuellement il ne bat pas et
ça y est il est reparti.....
nous vous embrassons bien affectueusement.
Louis, Jeanne et St Pierre - et Burnier -

12.1508 RELLACOLOR PROCÉDÉ MEXICHROME
La Cote d'Azur Varoise SAINT TROPEZ (Var) "La Pouncho", port des pecheurs
EDITIONS Rella NICE
Reproduction interdite - Fabrication Française

Carte postale écrite par Louis de Funès à Robert Dhéry et Colette Brosset (1978), où il tourne son infarctus en dérision. Leur amitié ne s'est jamais démentie.

Ma mère était bien décidée à suivre à la lettre les ordres des ayatollahs hospitaliers. Une friteuse électrique à gros thermostat rouge trônait dans la cuisine, d'où sortaient des bâtonnets de patate informes, mollassons à souhait. Mon père les avalait pour lui faire plaisir. Elle avait même inventé un succédané de beurre : une sorte de béchamel au tournesol, durcie au frigo dans des petits moules, qui faisait illusion sur les haricots verts ! Tous ces régimes sont obsolètes de nos jours. La mode est à la Méditerranée. Vins, poissons, huiles d'olive, couscous, sont très tendance. Le foie gras aussi : c'est bien connu, les habitants du Sud-Ouest ont moins d'accidents cardio-vasculaires. Mais ce n'est qu'une toquade : imaginez une seconde qu'une étude révèle que les mangeurs de chiens et de serpents ont des coronaires de rêve !…

Quittant le centre anti-cancéreux de Tunis, je suis rentré en France pour m'installer dans un cabinet privé. En allant rendre visite à mes parents le week-end, j'ai trouvé ma mère inquiète :
- Tu sais, il ne se sent pas très bien. Il est fatigué, il maigrit, il y a un truc qui cloche.
- J'ai l'impression qu'il est sous-alimenté avec ce régime insensé. Invite donc Émile à déjeuner !
Obstétricien nantais, notre ami Émile Guillet avait le verbe haut et un talent de conteur hors pair. Il partait dans d'impayables histoires de gynécologie campagnardes.
« Il exagère un peu, Émile ! disait mon père. C'est carrément leste ! Enfin au moins, c'est lui la vedette, ce n'est plus moi ! Il a un vrai don comique ! »
Le lendemain midi, fidèle à lui-même, Émile nous imitait une de ses vieilles patientes paysannes, à qui il demandait si elle avait encore des rapports avec son mari. Elle lui avait répondu :
« Le père, y m'voyage ben encore un peu ! »
Fou rire général. Monsieur le curé, invité lui aussi, n'était pas en reste : la réplique était digne de Marcel Aymé.
Et il enchaînait sur cette dame très convenable, qui s'était

retrouvée enceinte « sans avoir jamais approché un homme ! » Tout en ingurgitant ses pâtes sans sauce, mon père l'écoutait, amusé et ravi de retrouver la verve et la gouaille de notre ami : « Et elle a ajouté : “Docteur, je suis très méticuleuse dans ma toilette, mais serait-il possible que dans un hôtel, un bidet ait été mal nettoyé ?” Alors là, Louis, j'ai crié : “Dites donc, madame, les spermatozoïdes ne montent pas le long des canalisations !” Cela vous fait rire, Louis ! Votre Nuits-Saint-Georges est sublime : tendez-moi votre verre, nous allons trinquer à votre guérison ! »
Ma mère fit signe à mon père que non. Il reposa son verre, comme un gamin pris en flagrant délit. Assuré de mon plein soutien, Émile explosa :
« Qu'est-ce que c'est que cette histoire ! Un verre de bon vin n'a jamais fait de mal à personne. Quel est le con qui vous a mis cette idée en tête ? Jeanne, dès demain, Louis sera suivi à Nantes par un de mes amis, qui n'est pas un pisse-froid. »
Il reprit alors du poids, se sentit en meilleure forme, et mes parents recommencèrent à sortir.

21

Le cœur y est toujours

Olivier

Plus du tout certain de tourner de nouveau un jour, mon père affichait au début une détermination fataliste :

« J'ai encore beaucoup de boulot pour avoir un beau jardin et rénover la maison. C'est peut-être le bon Dieu qui m'envoie cette opportunité ! »

Très vite, son moral s'assombrit. Il se mit à douter de son utilité sur cette Terre.

« Si je ne tourne plus, je ne sers plus à rien. C'est la seule chose que je sache faire. Et puis, au moins, j'ai le sentiment de faire du bien aux gens en les faisant rire. »

Après avoir assisté au spectacle d'Henri Salvador à l'Olympia, il reçut « le coup de buis », selon son expression :

« C'est terrible d'aller au théâtre en se disant que pour moi, tout ça, c'est bien fini ! »

Ma mère s'empressa de demander leur avis aux médecins du C.H.U. de Nantes sur une éventuelle reprise de son métier. Leur réponse évasive, qui voulait dire : « Oui, mais pas trop ! », suffit pour qu'elle incitât les producteurs à s'intéresser de nouveau à Louis de Funès.

Christian Fechner nourrissait pour lui une passion sans bornes, et attendait son tour depuis longtemps. Il nous rendit visite, accompagné du réalisateur Claude Zidi. Sa proposition était inespérée : il assumait le risque de produire *L'Aile ou la Cuisse* sans que mon père soit assuré, ou presque. Car depuis son accident cardiaque, plus aucune compagnie n'acceptait de couvrir Louis de Funès.

Nous avons déjeuné au restaurant, première incartade au régime draconien des médecins. Mon père retrouvait son regard d'avant. L'espoir de tourner semblait le libérer de ses maux.

L'idée de lui donner Coluche comme partenaire fut avancée au dessert. Ne le connaissant qu'à travers quelques sketches, il lui était difficile d'apprécier ce choix.

« Il a du talent, mais vous croyez qu'il peut tenir un tel rôle ? »

Enthousiaste, j'intervins pour le convaincre de la force comique de ce nouvel artiste, que j'étais allé applaudir dans un café-théâtre parisien. Sa réaction ne se fit pas attendre :

« Si Olivier trouve ça bien, c'est qu'il a raison ! Moi, je suis une vieille baderne. Ce sont les jeunes comme lui qui sentent le truc. Je suis d'accord ! »

Christian Fechner, par son courage et sa détermination, sauva mon père d'une mélancolie insidieuse, qui aurait sans doute accéléré le processus de sa maladie : « Un homme d'une telle qualité ! C'est sûrement le bon Dieu qui me l'a envoyé, quel mec charmant ! Et puis, il en a, pour prendre un risque pareil ! »

Dès les premiers jours de tournage, est née une connivence entre les deux acteurs. Louis trouvait à Coluche une exceptionnelle présence :

« La relève est assurée, quel phénomène ! Ce sera un grand ! »

Coluche, de son côté, était friand de tous ses conseils : après tout, il était un débutant au cinéma.

Mon père avait profité de sa maladie pour changer son jeu :

« Comme je ne dois pas me fatiguer, ça tombe très bien, je voulais depuis longtemps jouer moins nerveusement. Il faut que je trouve un registre un peu plus délicat. »

C'est dans ce registre qu'il tournera par la suite *La Soupe aux Choux,* aux côtés de Jean Carmet, avec qui il s'entendait à merveille. Jouant maintenant sur un comique moins trépidant, il ajoutait même quelques notes de tendresse lorsque

Pendant le tournage de *La Soupe aux Choux*, en 1981, il avait sympathisé avec des gens du coin, dont il aimait le caractère authentique.

l'histoire les justifiait. Mais il tenait à ne jamais basculer dans une interprétation purement dramatique.
« Ce que je veux, c'est faire rire ! Mais différemment. Je ne jouerai jamais un personnage sérieux, comme le faisait Bourvil. C'est pas mon boulot. Lui, il a commencé par des rôles d'opérettes, et il est venu au comique beaucoup plus tard. Seulement voilà : les bons scénarios sont bien rares dans mon domaine, parce qu'ils sont beaucoup plus difficiles à écrire. »

Toute sa vie, il avait rêvé de jouer *L'Avare* de Molière, seul texte classique qu'il accepterait de servir, bien que le rôle d'Harpagon soit dramatique.
« Ce n'est pas un personnage très amusant, il est même sinistre. Mais ce qui m'intéresse, c'est ce que peut provoquer

une névrose comme l'avarice. J'aimerais montrer que cet homme devient fou comme on le devient tous dans des moments de panique. Notre cerveau est bien fragile lorsque les choses nous échappent. On est capable de sauter à pieds joints ou de se rouler par terre. Et ça, c'est drôle ! »
Il pensait trouver cette folie sur les planches :
« C'est au théâtre, soir après soir, qu'un personnage se construit, le public est une aide précieuse, il me guide par ses réactions vers la folie ordinaire, le rôle de Barnier dans *Oscar* s'est étoffé chaque jour. Je ne sais pas ce que deviendrait Harpagon, je n'ai pas d'idées préconçues sur le rôle. Mais il se dessinerait petit à petit. D'abord au fil des répétitions, puis au fur et à mesure des représentations. »

Hélas, sa santé ne l'y autorisait plus. Lorsqu'il entreprit l'écriture du film avec Jean Girault, il s'attacha à ne pas changer un mot du texte, et aussi à faire en sorte que cela ne soit pas une pièce filmée. Le grand écran exigeait un spectacle, et un spectacle tous publics. Loin de céder à une vulgarisation terne, il fit preuve d'une inventivité qu'il ne considérait pas comme répréhensible :
« Je suis sûr que Molière était très drôle. Tout ce qu'il racontait était universel, et aurait pu être joué dans toutes les langues. Ce sont les dignitaires de la culture classique qui le rendent un peu ennuyeux. C'est justement parce que l'écriture est solide que l'on peut se permettre de l'interpréter de manières très différentes. »

Son objectif était de dénoncer les travers humains que l'auteur avait mis en vers, en peignant des tableaux accessibles aux enfants. Il voulait réaliser une fresque de la détresse humaine en mimant les intentions de Molière, qui comptait sur sa troupe de comédiens pour les rendre crédibles.

À l'époque, on lui reprocha de toucher au saint des saints, que seule, la Comédie-Française s'appropriait. Pourtant, aujourd'hui, certains professeurs de comédie utilisent des passages du film pour guider leurs élèves vers une interprétation originale. Et dans les classes de collège, il fait référence.
Tous ces projets et réalisations fortifiaient sa santé morale. Il profitait encore mieux de ce qu'il aimait vraiment : vivre auprès de Jeanne.

22

Côté cour, côté jardin

Olivier

Avec le temps, le château méritait d'être rénové. Les toitures, les pierres de tuffeau, la plomberie et l'électricité ont occupé toutes les journées de mes parents pendant des années. Il fallut d'abord installer le chauffage central. Les experts proposèrent une unité importante et complexe. Mes parents en étaient très fiers, mais six mois furent nécessaires avant qu'ils sachent l'utiliser !

« Ça y est ! J'ai compris : le bouton vert, puis la manette sur "down". Mais… Et voilà, ça ne démarre toujours pas ! »

La demeure était bien grande pour une vie à deux. Un espace plus modeste leur suffisait : trois chambres, la cuisine, la salle à manger, le salon, réservé aux invités, et la salle de billard, devenue à la fois salle de projection et bibliothèque. Ne se sentant pas l'âme d'un chef de travaux, mon père chargeait ma mère d'organiser les rencontres avec les entrepreneurs.

« Il va falloir discuter des heures de choses que je ne connais pas. Je vais me faire embobiner. Tu penses bien qu'ils vont essayer de me refaire : "Louis de Funès est richissime, on va lui refourguer notre camelote." Et moi, je ne sais pas dire non ! »

Il s'occupait essentiellement du jardin et de quelques ouvrages qui lui tenaient à cœur. Il prit en main son bureau, le grenier et la chapelle, et se chargea surtout des fermetures de la maison : portes, volets et clôtures.

Patrick

Sous la houlette de ma mère, la restauration du château dura deux ans, ce qui est peu pour un tel domaine. Le seul architecte qui montra son nez avait été envoyé par le service des Monuments historiques : il était venu la titiller sur des trucs sans importance, comme la couleur des géraniums de la cour. Ironie du sort, lorsque nous nous sommes séparés du château, cette même administration se montra d'un grand laxisme, laissant les nouveaux propriétaires défigurer les lieux avec une consternante absence de goût.

« Les ouvriers étaient formidables, ils étaient tous du coin, se souvient ma mère. C'était la première fois qu'ils pouvaient montrer leur savoir-faire. D'ailleurs, ils sont devenus des amis. Ton père aimait bien discuter avec eux. Quels bons souvenirs ! Tu te rappelles, avec sa petite caméra 8 mm, il filmait les progrès, le remontage pierre par pierre des tourelles de la façade. Quand tout a été terminé, nous avons organisé un grand déjeuner avec les ouvriers et leurs épouses. Et ces toilettes, qu'il faisait installer partout ! Il était très fier d'un modèle silencieux, sans doute conseillé par Gérard (Oury). Du coup, il en a acheté au moins une douzaine ! C'était la première chose qu'il montrait aux amis qui venaient en week-end. "Écoutez, on n'entend pas l'eau couler ! leur annonçait-il en appuyant sur le bouton de la chasse. Et puis vous voyez, quand vous faites pipi, ça ne tombe pas directement dans l'eau, il n'y a aucun bruit !" Certains visiteurs avaient bien du mal à garder leur sérieux… "Et c'est solide ! Regardez l'épaisseur de la faïence. Car vous savez, il faut faire attention : Patrick m'a raconté qu'à l'hôpital, il avait vu des gens gravement blessés par des cuvettes qui s'étaient brisées sous eux !" »

Olivier

Il vouait un intérêt particulier à la salle d'eau du rez-de-chaussée. Comme souvent, une lubie le tenaillait : cet endroit, visité par les invités, devait être impeccable et pratique. Il

changeait le lavabo tous les mois, vérifiait chaque jour l'éclairage et le débit des robinets :
« Tu sais, finalement, j'ai mis des ampoules de 60 W : c'était trop sombre ! »
S'il avait organisé une visite guidée du château, je suis sûr que l'endroit aurait fait l'objet d'un détour privilégié !

Patrick

Les artistes veulent se débarrasser des contraintes matérielles, qui les horripilent. Deux attitudes les caractérisent : soit le dénuement complet, avec à peine l'électricité, soit, à l'inverse, une fascination pour la technologie dont ils espèrent tous les miracles.

Le côté jardin était devenu le domaine de mon père. Il avait réussi à créer un potager d'un charme unique. Les végétaux semblaient être sortis tout seuls de terre. Mais rien n'avait été laissé au hasard, tout était pensé. Il y avait un rythme, une vibration dans cette composition du paysage, qui rappelait un tableau impressionniste. La nature n'apparaissait pas enserrée comme dans un corset, elle n'était pas domptée avec autorité. Les fleurs égayaient de leurs couleurs les carrés de poireaux.
« Je ne veux pas de ces saloperies d'engrais chimiques. Bientôt, il va falloir que les poireaux poussent en trois jours, et mesurent un mètre de haut ! Les coccinelles que je ramasse dans le parc avalent tous les pucerons, c'est parfait. Pas besoin d'insecticides, quelle horreur, ça empoisonne tous les oiseaux ! Les vipères, c'est pareil : pourquoi les tuer ? Comme les autres serpents, elles nous débarrassent des petits rongeurs qui bouffent tout. Il n'y a qu'à regarder où l'on met les pieds. À force de tout détruire, un jour, on verra des musées où seront empaillés des écureuils, des hirondelles, des bergeronnettes… plein d'espèces communes qui auront disparu. L'homme ne peut pas s'empêcher de tuer, mes enfants. Il faudrait que je joue le rôle d'un abruti qui tire sur tout ce qu'il voit. Pan ! un faisan tombera, pan ! un autre oiseau. Le bon-

homme s'extasierait sur la beauté des oiseaux, et en tuerait d'autres pour comparer les couleurs. Il ne manquerait plus que des publicités pour des marques de fusils, avec comme slogan : "Perdrix, canards… Tremblez !" »

Quelques rosiers faméliques, qui avaient survécu dans un coin de l'ancien potager, s'agrippaient encore à de vieux arceaux rouillés, sans avoir la force d'y grimper. Du temps de leur splendeur, ils ombraient les allées d'une myriade de fleurs rose pâle qui embaumaient. D'ailleurs, il existe bien une rose nommée *Louis de Funès* : mon père avait tout simplement accepté de donner son nom à cette variété, créée après de multiples croisements par la maison Meilland. Sa couleur lui plaisait, parce que c'était la plus proche de celle du bouton d'or, sa fleur préférée : il en cueillait tous les jours, à la rosée, et les déposait près de la tasse de café de ma mère.

Avec toutes ses plantations, nous aurions dû être submergés de fruits et de légumes. Or, la nuit, ils disparaissaient étrangement… La veille encore, les branches d'un arbre du verger ployaient sous le poids des fruits : au matin, il n'y en avait plus un seul.
« C'est encore les perce-oreilles ! » lui disait-on.
Des entomologistes auraient dû venir enquêter sur cet insecte, d'ordinaire long d'un petit centimètre et pourvu de deux petites pinces en guise de queue : ceux de Clermont devaient alors être des mutants, dignes des criquets d'Afrique ! Mains sur les hanches et bouche bée, mon père était stupéfait. Les poules ne pondaient pas non plus… Parfois, de bonnes âmes murmuraient que ces fruits réapparaissaient sur des marchés de proximité. Et, de-ci de-là, nous trouvions des collets. On se serait cru dans un remake de *Ni vu ni connu*, mais le casting était modifié. Mon père n'incarnait plus Blaireau : il chaussait cette fois les bottes du garde champêtre Parju. Il surveillait les poires qu'il voulait cueillir juste à point pour en garnir le plateau de petit déjeuner de ma mère. Tous les jours, il les

humait, les palpait. Et hop ! une fois bien mûres, elles s'évanouissaient dans la nature. Furieux, il pestait devant l'arbre, son petit sécateur à la main. Les jours suivants, dès six heures du matin, il se cachait, à quatre pattes dans un carré de choux lui offrant une vue parfaite sur les poiriers. Et un beau jour, il aperçut un corbeau, qui détachait soigneusement le fruit avant de l'emporter.

Olivier

Les seuls grands espaces où il se sentait bien appartenaient vraiment à la nature. Il ne trouvait pas démesurés les quatre-vingt-dix hectares du parc. Son potager lui semblait même presque trop petit pour ses ambitions.

Certains l'ont imaginé gentleman-farmer. C'était tout le contraire : ni déguisement de châtelain, ni Range Rover. Une veste de pêcheur et deux Renault 6 faisaient l'affaire. En revanche, il avait une vraie noblesse dans les gestes et dans le regard, toujours émerveillé par un fruit, une fleur ou un animal. Il ne heurtait jamais la nature par des mouvements ou des mots inutiles. Depuis longtemps, le calme de cette campagne le reposait, surtout après un tournage éprouvant ou une année au théâtre.

Pour protéger ce qu'il appelait « son domaine » en parodiant les grands propriétaires terriens, Tzar était là. Ce berger allemand, que Patrick lui avait offert, ne laissait pénétrer personne dans la maison. La phobie des visiteurs indésirables l'avait convaincu d'acheter un revolver, dont il ne savait pas se servir ! J'avais été chargé de récupérer, dans une armurerie nantaise, un Smith & Wesson ressemblant fort à celui de Clint Eastwood dans *L'Inspecteur Harry*. Il est vrai qu'un jour, nous avions surpris un homme embusqué dans un châtaignier près du potager. Ce n'était heureusement qu'un paparazzi, rapidement reconduit à sa voiture par les gendarmes alertés.

Par une nuit d'insomnie, mon père entendit des pas feutrés dans le grenier. Prenant son courage à deux mains, il se saisit de son « flingue », comme il disait, et d'une lampe électrique

Louis de Funès nourrissait une passion sans bornes pour les plantes et le jardinage.
Il passait la plupart de son temps libre à entretenir son potager et s'occuper de ses fleurs.

Louis de Funès et le berger allemand Tzar,
gardien du château de Clermont.

pour aller inspecter les combles. Et il dénicha… un hibou grand duc, qui faisait les cent pas en quête d'un loir à se mettre sous la dent. Ouf, il était rassuré ! Je lui ai demandé ce qu'il aurait fait s'il s'était trouvé face à un cambrioleur :
« Je lui aurais ordonné de lever les mains en l'air, et je l'aurais menacé de lui tirer dans les jambes ! »
Comme il n'avait jamais tiré une seule balle de sa vie, je doute fort qu'il eût atteint sa cible…
Vers 18 heures, il rendait visite aux fermiers voisins, Joséphine et son gendre Joseph. Tout en dégustant un petit blanc tiré du tonneau à la pipette, il s'inquiétait de leur confort :
« Votre télévision marche bien ? Il faudrait peut-être isoler votre grenier pour consommer moins de fioul ? »
Puis il faisait, avec eux, le tour des étables et de la porcherie. Leur conversation l'enchantait :
« Au moins, avec eux, on parle de choses nobles : la culture, les animaux, tout ce qui nous fait vivre ! Ce n'est pas comme avec les "grandes personnes" ! »
Il trouvait à Joseph une allure distinguée : « Il est très élégant quand il conduit son tracteur. Voilà un personnage dont les

acteurs pourraient s'inspirer pour jouer un paysan, au lieu de tomber dans la caricature. »
En communiant avec ces personnes authentiques, il était heureux, et sa sérénité le rendait imaginatif :
« Joséphine a eu un regard de victime formidable quand je lui ai parlé du percepteur ! Ça, c'est du tragicomique ! J'écrirais bien une scène sur un contrôle fiscal : "Vous prendrez bien quelque chose ? un p'tit cognac ? En tout cas, moi, je paie mes impôts avec plaisir et je déclare tout, monsieur l'inspecteur !" »
Avec eux, il pouvait rester enfant. Son esprit vagabondait dans toutes les directions. Son imagination était aussi débridée que celle d'un potache. C'est bien la source majeure de sa créativité. S'il n'aimait pas la compagnie des « grandes personnes », c'était moins par goût que par conscience professionnelle. Il voulait à tout prix préserver un regard innocent, et ressentir les choses telles qu'elles sont, non telles qu'elles apparaissent.
À la maison, il passait une heure à trier son courrier ou rédiger des lettres jugées urgentes :
- Il faut que j'écrive à M. Verdier.
- Il est tard, tu pourras lui écrire demain, suggérait ma mère.
- Non, je vais lui écrire tout de suite, même si ça prend deux heures ! Tiens, je vais même lui écrire deux lettres !
Prise d'un fou rire, ma mère cédait, et l'aidait à mettre un peu d'ordre dans ses papiers. Pour lire ou écrire, il chaussait des lorgnons ayant appartenu à l'oncle Charles, ou bien une simple loupe. Craignant d'avoir l'air d'une « grande personne », il refusait les demi-lunes. Arc-bouté sur ses documents, il prenait alors une allure d'horloger.

Lorsqu'en 1976, j'ai rencontré mon épouse Dominique, passagère d'un vol privé que j'effectuais de Tunis à Paris, mes parents furent surpris de ma proposition : inviter cette jeune fille à Clermont pour le week-end. Jamais auparavant, je n'avais osé convier une amie à partager un séjour familial : par pudeur, mon père n'aimait pas deviner que des gestes amoureux aient pu naître sous son toit. Certain que cette rencontre n'avait rien d'une aventure passagère, je pris le risque de bouleverser les convenances.

Dominique et moi étions surpris par l'attroupement qui encombrait le hall de l'aérogare de Nantes à notre arrivée. Nous avons cru qu'un ministre était attendu. Les flashes des photographes indiquaient la présence d'une célébrité.

« Louis de Funès est là ! » nous confia un voyageur.

L'accueil de mes parents n'était pas prévu : nous pensions louer une voiture pour nous rendre au château. Mais, sentant que ce jour était un grand jour, mon père avait tenu à nous accueillir au pied de l'avion. Ma mère et lui s'étaient mis sur leur trente et un : robe de soie verte et chaussures vernies, veste bleue et cravate rouge. Les présentations faites, ils étaient aussi séduits que moi, et ne regrettaient pas d'avoir réservé une table dans un des meilleurs restaurants des bords de Loire. Me confiant le volant de sa petite Renault 6, qu'il bichonnait comme une Rolls, mon père prit place à mes côtés, laissant ma mère et Dominique s'installer à l'arrière. Inquiet, comme toujours, il préférait voir la route et rester proche du frein à main :

« Fais attention à ce con-là, tu vas voir, il va déboîter ! »

Les toussotements du moteur me firent penser à un mauvais réglage :

- Elle a des problèmes d'allumage, ta voiture !

- Oui, je vais la faire réviser. Il y a plusieurs petits trucs qui ne vont pas !

- Mais pas du tout ! protesta ma mère. Elle marche très bien, elle a été réparée le mois dernier. Le moteur n'est pas assez chaud, c'est tout !

- Voilà la grande garagiste qui parle ! rétorqua mon père. Heureusement que tu es là !

Découvrant un homme qu'elle n'imaginait pas si drôle dans la vie, Dominique se mit à rire. Du coup, mon père eut envie de renchérir :

« Vous voyez, mademoiselle, si quelque chose ne fonctionne pas, vous demandez à ma femme. Elle répare tout : les moteurs, les avions, les robinets… tout ! »

Au fond de la salle de restaurant, comme toujours, mon père s'asseyait face au mur pour ne pas être reconnu. Il se soucia tout le dîner de la nouvelle venue, l'engageant à parler de ses projets, de ce qu'elle aimait, de sa famille, avec une élégance et une discrétion qui ne pouvaient laisser imaginer une tentative d'interrogatoire.

Ma mère m'avouera plus tard qu'après le repas, mon père lui avait discrètement confié :
« Ce sera elle, sa femme ! »
Sur la route du château, il lui vantait les richesses de la Loire, ses couleurs, ses courants, ses îles, ses petites plages… Il évoquait les cultures maraîchères et les pépinières que nous longions.
Une fois dans les avenues de la propriété, il annonça à Dominique que nous arrivions à sa modeste demeure, pour qu'elle en rie, plutôt que de paraître impressionnée. La simplicité et l'humour de l'homme qu'elle ne connaissait qu'à

Dominique, l'épouse d'Olivier, leur fille Julia,
Louis et Jeanne de Funès à Saint-Tropez en 1982.

l'écran la rassurèrent pleinement. Pendant notre séjour, mon père n'a eu de cesse de lui témoigner une grande reconnaissance. Elle était jolie et, surtout, elle avait de l'humour. Cueillant les plus jolies fleurs et les assemblant avec art, il composait désormais deux bouquets, l'un pour ma mère, l'autre pour elle. Dans sa serre, il choisissait aussi les deux plus belles grappes de raisin, qu'il déposait dans leurs chambres. Il souhaita tout de suite que Dominique les appelle Louis et Jeanne : c'était moins guindé. Il lui racontait un tas d'histoires pour l'amuser :

- Figurez-vous que cette nuit, j'ai vu un ovni ! Je vous assure, je l'ai vu ! Il était juste au-dessus de la maison. Il est resté dix secondes, et puis il est reparti !

- C'était peut-être un avion, Louis.

- Mais non ! Il était énorme, je l'ai vu !

- Vous savez, beaucoup de gens croient voir des ovnis, alors que ce sont des hélicoptères ou des avions de chasse.

- C'est ça, donc, j'ai rêvé ! C'est terrible ! Vous ne me croyez pas. Je vous dis qu'il arrivait de ce côté, ici, vous voyez ? Et il est reparti par là !

Tous les invités profitaient aussi de sa délicatesse. Chaque matin, leur chambre était décorée d'une jolie fleur ou d'une coupe de fruits frais. Surveillant attentivement la maturité des poires du verger, il cueillait la plus belle le jour venu. Puis, il l'enveloppait avec soin d'une feuille de papier, et la frottait du revers de sa manche pour la faire briller avant de l'offrir comme on offre une pierre précieuse. Vers six heures du matin, il prenait son sécateur et son Opinel, afin de rapporter quelques merveilles de son jardin. Il s'enfouissait parfois sous des toits de ronces pour atteindre une branche de houx ou des boutons d'or.

À la naissance de notre fille Julia, il voulut agrandir le poulailler et installer des clapiers à lapins, afin que la petite côtoie des animaux et mange des œufs biologiques. Lorsqu'elle fut en âge de marcher, il l'emmenait dire bonjour aux lapins en inventant toutes sortes d'histoires. Il lui soutenait que certains d'entre eux lui parlaient :

Julia et ses grands-parents à Saint-Tropez en 1982, pendant le tournage du *Gendarme et les Gendarmettes.*
Julia garde un souvenir très vivace de son grand-père.

night club

« Le gros lapin roux, c'est monsieur le comte. Il m'a demandé que tu lui prépares un bon petit plat. Mais la concierge – la poule blanche – n'est pas d'accord. Alors, monsieur le commissaire – le coq – a décidé qu'ils pourraient faire de toi un bon repas. Ça doit être bon, des bons jarrets bien dodus comme les tiens ? »

Il lui parlait aussi des éléphants et des tigres qu'il avait rencontrés dans le parc. L'appelant toujours « madame la comtesse », il l'emmenait chaque jour dans son monde imaginaire. Son rôle de grand-père renforçant son anxiété, il vérifiait tout : serrures, propreté des biberons, prises de courant, radiateurs… Il cadenassait les portes menant aux escaliers. Les numéros d'urgence : pompiers, police, Samu et centre antipoison, étaient épinglés près de chaque téléphone.

Aux vacances de Noël 1982, mes parents emmenèrent Julia aux sports d'hiver pour qu'elle respire l'air pur des montagnes. Ils séjournaient dans un hôtel de la station des Arcs. Mon père, qui détestait le ski et le froid, tint tout de même à surveiller les activités sportives de Julia. Refusant de la confier à un club pour enfants par crainte des risques d'enlèvement, il la suivait à pied, en implorant le moniteur de ne pas aller trop vite, et surtout de l'attendre :

« Il y a un peu trop de neige par là, vous ne pouvez pas revenir ? Il fait un froid glacial, on pourrait peut-être remettre ça à demain ? Non, non, je ne préfère pas que vous la rameniez à l'hôtel ! Je vais attendre… J'ai le nez gelé, mais j'attendrai tout de même ! »

C'est en repartant d'un week-end où j'étais venu partager ses angoisses que j'ai croisé son regard pour la dernière fois.

Louis de Funès
et Julia aux Arcs
en 1982.

Épilogue

Patrick

Mon père aimait le cirque. Quand nous étions gosses, il nous y emmenait souvent. Je ne vais pas me mettre à disserter sur sa fascination pour l'auguste au nez rouge – il préférait d'ailleurs le clown blanc. Parlons plutôt des chimpanzés accoutrés comme des collégiens endimanchés. Ils couraient autour de la piste, suivis par des petits caniches enrubannés. Les spectateurs leur lançaient des quolibets.

« Ces pauvres bêtes seraient bien mieux dans leur forêt natale ! Quelle tristesse ! » déplorait-il.

Une fois célèbre, il n'eut plus qu'une crainte : se retrouver à leur place ! Les soirées de la Saint-Sylvestre ou du 14 Juillet étaient sa hantise :

« Mes enfants, si l'on m'aperçoit dans ma voiture, ils vont vouloir me toucher, m'embrasser pour me souhaiter la bonne année, et se mettre à plaisanter : “Eh Fufu, ça va ? Fais-nous des grimaces !” Puis, ils vont me secouer : très vite, je ne serai plus qu'un singe pour eux. La foule, c'est terrible. Son humeur change comme le vent. La sympathie peut tourner en agressivité. Je pourrais me faire écraser dans une bousculade. »

On ne savait alors pas grand-chose de ces chimpanzés que l'on voyait chez Medrano. Qui aurait imaginé alors que la composition de leur ADN ne différait de la nôtre que de 0,3 % ? En 1960, Jane Goodall, jeune éthologue anglaise fraîche émoulue de l'université, partit en Tanzanie pour les observer. Elle

Juillet 1980, à Clermont. Louis de Funès
se sentait revivre au milieu de la nature et des animaux.

partage leur vie depuis plus de quarante ans, notant au jour le jour tous leurs faits et gestes. Si, la plupart du temps, ils mènent une vie de farniente, elle a découvert que malheureusement, comme l'espèce humaine, ils s'empoisonnent la vie avec d'incessantes luttes de pouvoir. Comme nous, ils sont capables de dissimulations de toutes sortes et d'alliances douteuses pour arriver à leurs fins.

Quand Frédéric Dieudonné et Jean-Christophe Jeauffre, qui organisent à Paris le Festival Jules Verne du film d'aventure depuis plus de dix ans, m'ont proposé par amitié de faire

partie du jury de l'édition 2004, j'ai d'abord hésité. Je ne me voyais pas absorber une vingtaine de documentaires à la queue leu leu… Mais lorsqu'ils m'ont annoncé que Jane Goodall viendrait elle-même présenter son nouveau film *Retour à Gombé*, ça changeait tout. Elle est apparue sur la scène du Grand Rex, fragile, évanescente, mais droite comme un i. On avait du mal à imaginer qu'elle vivait la plupart du temps à quatre pattes dans la brousse !
« Qu'est-ce qu'elle est sympathique ! Elle aurait bien plu à ton père ! » me chuchota ma mère, assise à mes côtés.
Il aurait été horrifié de voir ces routes africaines, noyées dans les volutes de fumée des barbecues, où toutes sortes de brochettes de chimpanzés étaient offertes aux automobilistes.

Ce soir-là, Jane Goodall répondit à une foule de questions du public, sans jamais manifester la moindre lassitude. La salle était comble. Enfants, ados, vieux n'avaient d'yeux que pour elle. C'est là que l'on prend conscience du décalage total, en France, entre ceux qui gouvernent et les citoyens. Avez-vous déjà entendu un ministre évoquer la disparition imminente des tigres ? Le prix du public est pourtant allé à un magnifique documentaire sur ces grands félins. Mon père s'en était déjà inquiété depuis longtemps :
« Vous verrez, dans vingt ans, il ne restera plus que 50 couples de tigres royaux. Mais les hommes politiques seront passés de 20 000 à 2 millions. »

Le lendemain avait lieu le déjeuner de clôture, au Grand Hôtel. Dans le salon Opéra, merveilleusement restauré, sous la voûte dorée Second Empire, James Cameron, invité d'honneur, pouvait se croire à bord du *Titanic*. Il aurait été logique que je sois à sa table, car après tout, c'est son film, *Titanic*, qui a battu le record d'entrées détenu jusqu'alors par *La Grande Vadrouille* ! Mais Frédéric, fine mouche, préféra me placer à côté de Jane Goodall :
- Oh, vous êtes le fils de Louis de Funès ! Mais j'aime beaucoup cet acteur !

- Comme vous, il était catastrophé de cette destruction systématique de la nature. Au fait, il n'y avait pas de léopards à Gombé ?
- Si ! On les entendait autour de nous quand nous dormions à la belle étoile avec mon mari.
- Mais c'est dangereux, vous auriez pu être dévorés !
- C'est vrai, mais nous n'avions pas peur. Nous nous sentions à l'abri de tout au milieu de notre forêt. C'était notre maison !
- Vous savez, comme vous, il n'aimait pas les chasseurs. Il nous disait : "L'ouverture de la chasse ! On devrait appeler cela l'ouverture de la connerie. On verra un jour un monsieur avec un drapeau à damiers donner le départ, comme dans une course automobile. Ce sera retransmis à la télé, et ça se changera immédiatement en fusillade générale, qui s'étendra au monde entier. Les rouges-gorges, les lapins, les ours, les loups, les éléphants… tout y passera !"
- Il voyait juste, et d'ailleurs, nous en sommes là, en Afrique ! Les gens ne sont pas éduqués, ils tirent sur tout ce qui bouge.
J'eus peur de la vexer en lançant :
- Au fond, comme vous, mon père étudiait les grands singes. Vous, les chimpanzés, et lui, l'homme. Un singe encore plus dangereux.
- Bien sûr ! C'est cela, le travail d'un grand acteur. Retrouver dans son jeu nos origines animales. Moi, j'ai écrit des livres d'après mes observations. Lui, il nous restitue tout cela à l'écran, c'est fantastique.
- La plupart des comiques font rire en prenant des coups de pied dans le derrière, ce sont de perpétuelles victimes. Lui, c'est tout l'inverse : il est dans la peau d'un singe dominant, comme Frodo, le grand mâle qui a failli vous casser un bras.
- Oui, Frodo était d'une brutalité épouvantable. Tandis que votre père n'emploie jamais la force, mais la ruse.

Un parfait exemple de ce comportement se retrouve dans *La Grande Vadrouille*, où Stanislas Lefort (mon père), grand chef d'orchestre, et Augustin Bouvet (Bourvil), petit peintre en bâtiment, marchent sur une route de Bourgogne. Bouvet est excédé par l'arrogance de son compagnon, qui le traite comme son domestique. Il part seul en avant, avançant d'un bon pas dans des chaussures confortables. Lefort traîne la patte dans ses escarpins de soirée. Prendre de force les souliers de Bouvet est irréalisable… Alors, il élabore un plan plus machiavélique pour se les approprier. Il ne va pas hésiter à changer de registre, adoptant soudain une attitude accablée, résignée. Il se courbe, se fait tout petit. Son regard perçant se voile. Il gémit pour attirer l'attention de son coéquipier, et l'attendrir. Les chimpanzés aussi savent très bien feindre la soumission lorsqu'ils sont en position défavorable.

Lorsque Bourvil se retourne enfin, il aperçoit son compère effondré sur une borne kilométrique. Il a bien perdu de sa superbe. Bourvil revient sur ses pas ! Apitoyé, il tente de lui remonter le moral, pour qu'il se remette en route. Louis de Funès se redresse péniblement, main sur le cœur. Il rechausse son escarpin en geignant. Bourvil lui tend la main, le soutient : celui qui était ignoré et méprisé quelques instants plus tôt s'est rendu indispensable ! Quand Louis de Funès lui montre une nouvelle fois ses escarpins d'un air implorant, il n'a plus guère le choix, et accepte l'échange, imaginant ainsi conforter son ascendant. Par ce geste d'une grande générosité, il croit devenir le patron incontesté, celui dont on ne peut plus se passer. Il se trompe lourdement. Parvenu à ses fins, Stanislas Lefort reprend tête haute et regard acéré.

Bourvil et mon père savaient que, dans le règne animal, c'est souvent le plus malin qui l'emporte : celui qui sait analyser une situation pour en tirer le meilleur parti. Ce n'est pas toujours celui qui a les meilleures capacités physiques. Le soir même, à la nuit tombée, Bourvil, claudiquant, aperçoit une patrouille de soldats qui arrive vers eux. Toujours furieux, mais bon bougre, il se jette sur son compagnon qui n'a rien vu, et le soustrait à la vue des Allemands.

Gérard Oury raconte qu'il a dû insister pour décider Louis de Funès à remercier Bourvil dans ce plan. Il ne voulait rien savoir, sans doute par pudeur et retenue. Selon Gérard ce merci, susurré du bout des lèvres, est d'une grande émotion.

Pour moi, il sonne faux. Mon père sentait bien qu'il était déplacé. Un mâle alpha ne remercie jamais un subordonné, sous peine de perdre une parcelle de son pouvoir. Souvenez-vous, dans *La Folie des Grandeurs* :
« Ne vous excusez pas ! Ce sont les pauvres qui s'excusent ! »
Jamais dans le monde animal, on n'a vu un chef remercier un inférieur : il perdrait son statut de mâle dominant, qu'il a déjà tant de difficultés à préserver.

Je me suis souvent demandé pourquoi Louis de Funès a toujours autant de succès. Parce qu'il fait rire, certes. Mais aussi parce que tout le monde ressent, sans même en avoir conscience, l'influence des mêmes gènes ancestraux enfouis au plus profond de soi. Ces réactions programmées, que l'éducation ou la mode refoulent et condamnent, mais qui sont tellement naturelles.
Mon père n'a pas suivi de cours d'éthologie dans de prestigieuses universités. Des singes, il n'en a vus qu'au cirque et au zoo. En revanche, l'homme était à portée de regard. À tout moment de la journée, il notait sur des petits bouts de papier les attitudes, les gestes et les allures des gens qu'il côtoyait. Il ne risquait pas sa vie comme Jane Goodall, mais lui aussi devait se faire oublier, devenir transparent, pour que ses voisins se laissent entraîner par leur vraie nature. Pas facile quand on est une star !

Olivier
« J'ai croisé deux types qui s'insultaient en voiture : un très grand et un tout petit, me raconta mon père un jour. Le grand avait les poings sur ses hanches et le torse bombé. Il marchait autour de la voiture du petit avec l'allure d'un boxeur sûr de remporter le combat. Le petit semblait avoir capitulé et essayait de dégager son auto pour en finir avec ce cauchemar, mais le grand donnait un coup de poing sur son capot à chaque tentative de fuite. Lorsque le grand décida d'en finir, il autorisa son adversaire à quitter les lieux en lui

indiquant, le bras tendu à la manière d'un policier, qu'il fallait filer tout de suite ! »
Ce qui lui semblait révélateur du pouvoir dans cette anecdote ne résidait pas tant dans la menace, que dans la capacité du grand à laisser partir le petit selon son bon vouloir. L'observation minutieuse de ces comportements lui permettait, jour après jour, de peaufiner la construction de ses personnages.

La recherche du détail, de l'insolite, de l'expression juste, aiguise la curiosité de tous les admirateurs de Louis de Funès : « Où va-t-il chercher tout ça ? ».
« C'est un don ! » répondait-il modestement.
Un don, certes, mais constamment renforcé par le doute et le travail. Lorsque je parle de travail, il ne s'agit pas du temps passé à s'imprégner d'un personnage, mais plutôt d'opiniâtreté à garder de l'énergie.
« Je suis toujours menacé par la distraction et le confort. Si je me repose sur mes lauriers, sur ce qui marche, je vais devenir un bon petit acteur sans surprise. »
Les films de Gérard Oury auraient très bien pu le détourner de cet esprit de recherche. Ils étaient bien écrits, bien construits. Mon père n'avait pas à compenser par ses improvisations un scénario bâclé. C'est pourtant au cours de ces tournages qu'il fit preuve de sa plus grande inventivité. Profitant du travail de fond réalisé par Gérard, il s'attacha à embellir chaque plan de touches personnelles, reflets de son analyse des hommes – sans avoir à se préoccuper de la bonne marche du film, comme cela fut le cas ailleurs. Il pouvait enfin ne se consacrer qu'à l'interprétation. Cet environnement très professionnel lui permit de s'écarter du fameux rail sur lequel il est bon de revenir, pour le quitter à nouveau.
Ses escapades imaginaires l'entraînèrent vers des thèmes que personne n'osait, à l'époque, traiter de manière comique. La scène de la douche (*Le Corniaud*), puis celle du lit partagé avec Bourvil (*La Grande Vadrouille*), lui donnèrent l'occasion d'aborder l'homosexualité, *Rabbi Jacob*, le racisme ordinaire. Sans

jamais pour autant dépasser les frontières du bon goût : il puisait dans des comportements plus inconscients que réfléchis. Car c'est bien dans l'inconscient qu'il fouillait. Le sien et celui des autres. C'est là que résidait sa puissance comique. Il fuyait le cliché facile ou le gag téléguidé. Il exprimait seulement ce que tout le monde ressent ou a ressenti un jour. Comme les écrivains qui nous révèlent ce que l'on devinait de façon floue avant de les lire, il explorait notre sensibilité la plus secrète.

Sa recherche constante de la sagesse aurait pu donner lieu, j'en suis sûr, à une rencontre très intéressante avec le dalaï-lama. Mon père possédait un recul suffisant sur les événements graves de la vie, ainsi qu'une notion précise de la non-permanence des pensées et des actes, qui l'auraient rapproché du chef spirituel tibétain, dont l'humour était – et reste – une arme pédagogique.
Il commentait l'horreur des conflits et des guerres en ne les justifiant que par l'ignorance des hommes. Lorsqu'il campait un personnage avide de pouvoir et d'argent, il lui réservait toujours un côté candide qui évitait de le rendre antipathique. Il lui donnait une détermination imbécile et irréfléchie, pour qu'à la fin, il change radicalement de comportement. Ils auraient sans doute parlé ensemble des antidotes contre les pensées négatives, les sentiments de jalousie, d'orgueil ou d'avidité. Sans recourir aux mêmes moyens, ils seraient sûrement tombés d'accord sur la nécessité de se soustraire aux idées destructrices. Trop fataliste quant à sa fragilité, mon père n'aurait pas été tenté par la méditation. Mais il aurait apprécié la détermination altruiste des moines bouddhistes.

Lorsque nous regardons l'émission de cinéma *Actors Studio*, de James Lipton, Patrick et moi pensons souvent à notre père. Il aurait sans doute aimé y participer. Non pas pour parler de lui, mais pour donner des conseils aux étudiants. Je me prends même à imaginer ce qu'il aurait pu répondre au fameux questionnaire abrégé de Proust, que l'animateur pose à son invité en fin d'émission.

Votre mot préféré ? *Jeanne*
Le mot que vous détestez ? *La mise à mort, y compris dans les corridas*
Votre drogue favorite ? *Le théâtre*
Le son, le bruit que vous aimez ? *Une poule qui caquette*
Le son, le bruit que vous détestez ? *Les détonations des fusils de chasse*
Votre juron, gros mot, ou blasphème favori ? *Jean-foutre*
Le métier que vous n'auriez pas aimé faire ? *Homme politique*
La plante, l'arbre ou l'animal dans lequel vous aimeriez être réincarné ? *Un cèdre*
Si Dieu existe, qu'aimeriez-vous, après votre mort, l'entendre vous dire ? *Tous les gens que vous connaissez sont au salon. Ils vous attendent depuis longtemps, très longtemps !*

Mais nous arrêtons là, car nous l'entendons presque nous dire : « Ne parlez pas trop de moi, les enfants ! Il y a une foule de gens plus intéressants que moi sur cette Terre. »

Louis de Funès et ses fils : une complicité et un respect mutuel de chaque instant.

En 1979, à Saint-Tropez. En privé comme en tournage, la présence de Jeanne lui était essentielle.

REPÈRES BIOGRAPHIQUES

1914 :	naissance de Louis de Funès naissance de Jeanne Barthélémy
1942 :	rencontre de Louis et Jeanne à Paris fiançailles au château de Clermont
1943 :	mariage de Louis et Jeanne installation rue de Miromesnil
1944 :	naissance de Patrick de Funès
1945 :	première apparition de Louis de Funès au cinéma dans *La Tentation de Barbizon*
1949 :	naissance d'Olivier de Funès
1952 :	déménagement rue de Maubeuge rencontre avec Sacha Guitry
1953 :	création au théâtre de *Ah ! Les belles bacchantes* de Robert Dhéry
1955 :	rencontre avec Jean Anouilh pour la pièce *Ornifle ou le courant d'air*
1956 :	*La Traversée de Paris* de Claude Autant-Lara acquisition d'une maison de campagne aux Alluets (Yvelines) jusqu'en 1961
1959 :	*Oscar* au théâtre et la tournée Karsenty
1960 :	déménagement rue de Rome
1961 :	acquisition d'une résidence secondaire à Deauville acquisition d'une maison de campagne à Saint-Clair-sur-Epte (Val-d'Oise) jusqu'en 1967
1962 :	déménagement rue de Monceau création au théâtre de *La Grosse Valse* de Robert Dhéry
1964 :	*Le Gendarme de Saint-Tropez* de Jean Girault
1964-66 :	*Le Corniaud* puis *La Grande Vadrouille* de Gérard Oury
1967 :	acquisition du château de Clermont
1973 :	au cinéma, *Les Aventures de Rabbi Jacob* de Gérard Oury ; au théâtre, *La Valse des Toréadors* de Jean Anouilh
1975 :	infarctus de Louis de Funès
1976 :	retour au cinéma dans *L'Aile ou la Cuisse* de Claude Zidi
1979 :	Louis de Funès coréalise *L'Avare* avec Jean Girault
1983 :	dernier regard.

FILMOGRAPHIE

La Tentation de Barbizon
1945 - 100 minutes
Mise en scène : Jean Stelli
Interprètes : François Périer, Simone Renant, Pierre Larquey, Daniel Gélin, Henri Crémieux, Louis de Funès

Six Heures à perdre
1946 - 90 minutes
Mise en scène : Alex Joffé et Jean Lévitte
Interprètes : André Luguet, Denise Grey, Pierre Larquey, Jean Richard, Dany Robin, Louis de Funès

Dernier Refuge
1946 - 90 minutes
Mise en scène : Marc Maurette
Interprètes : Raymond Rouleau, Mila Parely, Noël Roquevert, Louis de Funès

Antoine et Antoinette
1946 - 80 minutes
Mise en scène : Jacques Becker
Interprètes : Roger Pigaut, Claire Maffféi, Annette Poivre, Noël Roquevert, Jean-Marc Thibault, Louis de Funès

Le Château de la dernière chance
1946 - 85 minutes
Mise en scène : Jean-Paul Paulin
Interprètes : Nathalie Nattier, Marguerite Pierry, Luce Fabiole, Cécile Jaffray, Robert Dhéry, Jean Marchat, Juliette Carette, Guy Rivière, Louis de Funès

Croisière pour l'inconnu
1947 - 90 minutes
Mise en scène : Pierre Montazel
Interprètes : Claude Dauphin, Pierre Brasseur, Sophie Desmarets, Noël Roquevert, Henri Crémieux, Louis de Funès

Du Guesclin
1948 - 100 minutes
Mise en scène : Bernard de Latour
Interprètes : Fernand Gravey, Junie Astor, Noël Roquevert, Gérard Oury, Louis de Funès

Rendez-vous avec la chance
1949 - 75 minutes
Mise en scène : Émile-Edwin Reinert
Interprètes : Henri Guisol, Suzanne Flon, Danièle Delorme, Louis de Funès

Je n'aime que toi
1949 - 95 minutes
Mise en scène : Pierre Montazel
Interprètes : Luis Mariano, Martine Carol, Robert Dhéry, Raymond Bussières, Annette Poivre, Colette Brosset, Louis de Funès

Mission à Tanger
1949 - 100 minutes
Mise en scène : André Hunebelle
Interprètes : Raymond Rouleau, Gaby Sylvia, Mila Parély, André Valmy, Louis de Funès

Vient de paraître
1949 - 100 minutes
Mise en scène : Jacques Houssin
Interprètes : Pierre Fresnay, Blanchette Brunoy, Frank Villard, Rellys, Louis de Funès

Au revoir, monsieur Grock
1949 - 105 minutes
Mise en scène : Pierre Billon
Interprètes : Grock, Suzy Prim, Maurice Régamey, Georges Chamarat, Louis de Funès

Adémaï au poteau-frontière
1949 - 95 minutes
Mise en scène : Paul Colline

Interprètes : Paul Colline, Jean Richard, Noël Roquevert, Sophie Carral, Louis de Funès

Millionnaires d'un jour
1949 - 100 minutes
Mise en scène : André Hunebelle
Interprètes : Gaby Morlay, Pierre Brasseur, André Valmy, Ginette Leclerc, Pierre Larquey, Jacques Dynam, Louis de Funès

Pas de week-end pour notre amour
1949 - 95 minutes
Mise en scène : Pierre Montazel
Interprètes : Luis Mariano, Maria Mauban, Jules Berry, Denise Grey, Louis de Funès

Un certain monsieur
1949 - 90 minutes
Mise en scène : Yves Ciampi
Interprètes : René Dary, Hélène Perdrière, Louis Seigner, Louis de Funès

Quai de Grenelle
1950 - 95 minutes
Mise en scène : Émile-Edwin Reinert
Interprètes : Henri Vidal, Maria Mauban, Jean Tissier, Françoise Arnoul, Louis de Funès

Le Roi du bla-bla-bla
1950 - 95 minutes
Mise en scène : Maurice Labro
Interprètes : Roger Nicolas, Irène de Trébert, Lise Delamare, Jean Tissier, Christian Duvaleix, Louis de Funès

Boniface somnambule
1950 - 85 minutes
Mise en scène : Maurice Labro
Interprètes : Fernandel, Andrex, Yves Deniaud, Michel Ardan, Louis de Funès

La Rue sans Loi
1950 - 100 minutes
Mise en scène : Marcel Gibaud
Interprètes : Gabriello, Annette Poivre, Paul Demange, Dinan, Nathalie Nattier, Louis de Funès

L'Amant de Paille
1950 - 85 minutes
Mise en scène : Gilles Grangier
Interprètes : Gaby Sylvia, Jean-Pierre Aumont, Alfred Adam, Louis de Funès

La Rose rouge
1950 - 95 minutes
Mise en scène : Marcel Pagliero
Interprètes: Françoise Arnoul, Dora Doll, Barbara Laage, Yves Deniaud, Yves Robert, Louis de Funès

Folie douce
1950 - 90 minutes
Mise en scène : Jean-Paul Paulin
Interprètes : Gabriello, Duvallès, Lisette Jambel, Marthe Mercadier, Louis de Funès

Bibi Fricotin
1950 - 90 minutes
Mise en scène : Marcel Blistène
Interprètes: Maurice Baquet, Alexandre Rignault, Nicole Francis, Colette Darfeuil, Yves Robert, Jacques Dufilho, Louis de Funès

Knock
1950 - 100 minutes
Réalisateur: Guy Lefranc
Interprètes : Louis Jouvet, Jean Brochard, Pierre Renoir, Yves Deniaud, Jean Carmet, Louis de Funès

La Passante
1950 - 100 minutes

Mise en scène : Henri Calef
Interprètes : Henri Vidal, Maria Mauban, Daniel Ivernel, Noël Roquevert, Jacques Dynam, Annette Poivre, Louis de Funès

Sans laisser d'adresse
1950 - 90 minutes
Mise en scène : Jean-Paul Le Chanois
Interprètes : Bernard Blier, Danièle Delorme, Carette, Simone Signoret, Gérard Oury, Jacques Dynam, Louis de Funès

La Vie est un Jeu
1950 - 80 minutes
Mise en scène : Raymond Leboursier
Interprètes : Rellys, Jacqueline Delubac, Jimmy Gaillard, Jacques Dynam, Louis de Funès

Les Joueurs
1951 - 50 minutes
Mise en scène : Claude Barma
Interprètes : Daniel Lecourtois, Jacques Morel, Alexandre Rignault, Louis de Funès, Pierre Gallon

Un Amour de parapluie
1951 - 35 minutes
Mise en scène : Jean Laviron
Interprètes : Jacques-Henri Duval, Noël Roquevert, Denise Provence, Louis de Funès

Boîte à vendre
1951 - 25 minutes
Mise en scène : Claude Lalande
Interprètes : Gabriello, Paul Demange, Louis de Funès, Gaby Basset

Champions juniors
1951 - 25 minutes
Mise en scène : Pierre Blondy
Interprètes : Jean Daurand, Louis de Funès, René Hell, Gilberte Risse

Le Voyage en Amérique
1951 - 90 minutes
Mise en scène : Henri Lavorel
Interprètes : Pierre Fresnay, Yvonne Printemps,
Jean Brochard, Louis de Funès

Pas de vacances
pour monsieur le maire
1951 - 85 minutes
Mise en scène : Maurice Labro
Interprètes : André Claveau, Grégoire Aslan, Albert Duvaleix,
Noël Roquevert, Dario Moreno, Louis de Funès

Ma femme est formidable
1951 - 95 minutes
Mise en scène : André Hunebelle
Interprètes : Fernand Gravey, Sophie Desmarets, Simone Valère,
Alfred Adam, Jacques Dynam, Pauline Carton,
Noël Roquevert, Louis de Funès

Ils étaient cinq
1951 - 90 minutes
Mise en scène : Jack Pinoteau
Interprètes : Jean Carmet, Jean Gaven, Michel Jourdan,
Jean-Claude Pascal, Jean Marchat, Nicole Besnard, Louis de Funès

La Poison
1951 - 85 minutes
Mise en scène : Sacha Guitry
Interprètes : Michel Simon, Germaine Reuver, Jean Debucourt,
Pauline Carton, Jeanne Fusier-Gir, Louis de Funès

Monsieur Leguignon, lampiste
1951 - 105 minutes
Mise en scène : Maurice Labro
Interprètes : Yves Deniaud, Jane Marken, Pierre Larquey,
Albert Duvaleix, Jean Carmet, Louis de Funès

Les Sept Péchés capitaux
1951 - 90 minutes
Sketch : La Paresse
Mise en scène : Jean Dréville
Interprètes : Noël-Noël, Jacqueline Plessis, Madeleine Barbulée, Louis de Funès

Le Dindon
1951 - 85 minutes
Mise en scène : Claude Barma
Interprètes : Nadine Alari, Denise Provence, Jacques Charon, Robert Hirsch, Louis de Funès

Agence matrimoniale
1951 - 110 minutes
Mise en scène : Jean-Paul Le Chanois
Interprètes : Bernard Blier, Michèle Alfa, Carette, Philippe Noiret, Louis de Funès

Les Dents longues
1951 - 105 minutes
Mise en scène : Daniel Gélin
Interprètes : Daniel Gélin, Danièle Delorme, Jean Chevrier, Louis Seigner, Roger Vadim, Brigitte Bardot, Louis de Funès

La P. respectueuse
1951 - 95 minutes
Mise en scène : Charles Brabant et Marcel Pagliero
Interprètes : Barbara Laage, Yvan Desny, Marcel Herrand, André Valmy, Louis de Funès

Les Loups chassent la nuit
1951 - 95 minutes
Mise en scène : Bernard Borderie
Interprètes : Jean-Pierre Aumont, Carla Del Poggio, Marcel Herrand, John Kitzmiller, Fernand Ledoux, Ronaldo Lupi, Louis de Funès

Le Huitième Art et la manière
1952 - 35 minutes

Mise en scène : Maurice Régamey
Interprètes : Georgette Anys, Georges de Caunes, Louis de Funès

L'Amour n'est pas un péché
1952 - 85 minutes
Mise en scène : Claude Cariven
Interprètes : Robert Dhéry, Colette Brosset, Maryse Martin, Louis de Funès, Paul Demange

Monsieur Taxi
1952 - 80 minutes
Mise en scène : André Hunebelle
Interprètes : Michel Simon, Jane Marken, Pauline Carton, Jeanne Fusier-Gir, André Valmy, Louis de Funès

Je l'ai été trois fois
1952 - 80 minutes
Mise en scène : Sacha Guitry
Interprètes : Sacha Guitry, Bernard Blier, Lana Marconi, Simone Paris, Pauline Carton, Louis de Funès

Moineaux de Paris
1952 - 90 minutes
Mise en scène : Maurice Cloche
Interprètes : Jean-Pierre Aumont, un petit chanteur à la Croix de Bois, Virginia Keiley, Louis de Funès

La Fugue de monsieur Perle
1952 - 100 minutes
Mise en scène : Roger Richebé
Interprètes : Noël-Noël, Arlette Poirier, Gaston Orbal, Simone Paris, Louis de Funès

Légère et court vêtue
1952 - 90 minutes
Mise en scène : Jean Laviron
Interprètes : Jean Parédès, Madeleine Lebeau, Jacqueline Pierreux, Louis de Funès, Jacques Dynam

Elle et moi
1952 - 100 minutes
Mise en scène : Guy Lefranc
Interprètes : François Périer, Dany Robin, Jean Carmet, Noël Roquevert, Louis de Funès

Au diable la vertu !
1952 - 90 minutes
Mise en scène : Jean Laviron
Interprètes : Henri Genès, Liliane Bert, Carette, Christian Duvaleix, Simone Paris, Louis de Funès

La Vie d'un honnête homme
1952 - 85 minutes
Mise en scène : Sacha Guitry
Interprètes : Michel Simon, Marguerite Pierry, Laurence Badie, Claude Gensac, Louis de Funès

Tambour battant
1953 - 90 minutes
Mise en scène : Georges Combret
Interprètes : Armontel, Sophie Leclair, André Gabriello, Albert Gambier, Jimmy Gaillard, Alfred Adam, Alice Tissot, Louis de Funès

Le Rire
1953 - 25 minutes
Mise en scène : Maurice Régamey
Interprète : Louis de Funès

Dortoir des grandes
1953 - 100 minutes
Mise en scène : Henri Decoin
Interprètes : Jean Marais, Françoise Arnoul, Denise Grey, Noël Roquevert, Louis de Funès

L'Étrange Désir de monsieur Bard
1953 - 110 minutes

Mise en scène : Géza Radványi
Interprètes : Michel Simon, Geneviève Page, Henri Crémieux, Georgette Anys, Louis de Funès

Mon Frangin du Sénégal
1953 - 85 minutes
Mise en scène : Guy Lacourt
Interprètes : Raymond Bussières, Annette Poivre, Paulette Dubost, Paul Demange, Louis de Funès

Capitaine Pantoufle
1953 - 90 minutes
Mise en scène : Guy Lefranc
Interprètes : François Périer, Marthe Mercadier, Noël Roquevert, Jane Marken, Louis de Funès

Le Blé en herbe
1953 - 105 minutes
Mise en scène : Claude Autant-Lara
Interprètes : Edwige Feuillère, Nicole Berger, Pierre-Michel Beck, Renée Devillers, Louis de Funès

Le Chevalier de la Nuit
1953 - 90 minutes
Mise en scène : Robert Darène
Interprètes : Renée Saint-Cyr, Jean-Claude Pascal, Jean Servais, Annette Poivre, Louis de Funès

Week-end à Paris
1953 - 95 minutes
Mise en scène : Gordon Parry
Interprètes : Alastair Sim, Claude Dauphin, Margaret Rutherford, Louis de Funès

Mamzelle Nitouche
1953 - 90 minutes
Mise en scène : Yves Allégret

Interprètes : Fernandel, Pier Angeli, Jean Debucourt, Renée Devillers, Michèle Cordoue, Jacques Dynam, Louis de Funès

Tourments
1953 - 115 minutes
Mise en scène : Jacques Daniel-Norman
Interprètes : Tino Rossi, Blanchette Brunoy, Jacqueline Porel, Raymond Cordy, Louis de Funès

Le Secret d'Hélène Marimon
1953 - 100 minutes
Mise en scène : Henri Calef
Interprètes : Isa Miranda, Carlo del Poggio, Frank Villard, Jean Debucourt, Noël Roquevert, Louis de Funès

Faites-moi confiance
1953 - 85 minutes
Mise en scène : Gilles Grangier
Interprètes : Zappy Max, Gabriello, Jacqueline Noëlle, Francis Blanche, Jeanne Fusier-Gir, Louis de Funès

Les Compagnes de la Nuit
1953 - 90 minutes
Mise en scène : Ralph Habib
Interprètes : Françoise Arnoul, Raymond Pellegrin, Noël Roquevert, Marthe Mercadier, Suzy Prim, Jane Marken, Louis de Funès

Les Corsaires du Bois de Boulogne
1953 - 75 minutes
Mise en scène : Norbert Carbonnaux
Interprètes : Raymond Bussières, Annette Poivre, Christian Duvaleix, Denise Grey, Louis de Funès

Les Intrigantes
1954 - 95 minutes
Mise en scène : Henri Decoin
Interprètes : Raymond Rouleau, Jeanne Moreau, Raymond Pellegrin, Louis de Funès

Les Hommes ne pensent qu'à ça
1953 - 70 minutes
Mise en scène : Yves Robert
Interprètes : Jean-Marie Amato, Jean Bellanger, Jacques Fabbri, Louis de Funès, Rosy Varte

Les Impures
1954 - 90 minutes
Mise en scène : Pierre Chevalier
Interprètes : Micheline Presle, Raymond Pellegrin, Dora Doll, Colette Castel, Jacques Duby, Louis de Funès

Huis-clos
1954 - 95 minutes
Mise en scène : Jacqueline Audry
Interprètes : Arletty, Gaby Sylvia, Yves Deniaud, Nicole Courcel, Danièle Delorme, Jean Debucourt, Louis de Funès

Napoléon
1954 - 180 minutes
Mise en scène : Sacha Guitry
Interprètes : Pierre Brasseur, Sacha Guitry, Danielle Darrieux, Michèle Morgan, Micheline Presle, Patachou, Orson Welles, Erich von Stroheim, Louis de Funès

Les Pépées font la loi
1954 - 95 minutes
Mise en scène : Raoul André
Interprètes : Claudine Dupuis, Dominique Wilms, Louise Carletti, Suzy Prim, Louis de Funès

Poisson d'avril
1954 - 105 minutes
Mise en scène : Gilles Grangier
Interprètes : Bourvil, Annie Cordy, Pierre Dux, Denise Grey, Louis de Funès, Maurice Biraud

La Reine Margot
1954 - 95 minutes
Mise en scène : Jean Dréville
Interprètes : Jeanne Moreau, Françoise Rosay, Henri Genès, Daniel Ceccaldi, Louis de Funès

Scènes de ménage
1954 - 80 minutes
Mise en scène : André Berthomieu
Interprètes : Sophie Desmarets, Bernard Blier, Marthe Mercadier, François Périer, Jean Richard, Louis de Funès

Le Mouton à cinq pattes
1954 - 100 minutes
Mise en scène : Henri Verneuil
Interprètes : Fernandel, Denise Grey, Louis de Funès, Noël Roquevert

Ah ! Les belles bacchantes
1954 - 95 minutes
Mise en scène : Jean Loubignac
Interprètes : Robert Dhéry, Colette Brosset, Raymond Bussières, Louis de Funès, Francis Blanche, Michel Serrault, Jacqueline Maillan, Roger Caccia

Escalier de service
1954 - 95 minutes
Mise en scène : Carlo Rim
Interprètes : Danielle Darrieux, Robert Lamoureux, Louis de Funès, Fernand Sardou, Gérard Blain

Papa, maman, la bonne et moi
1954 - 95 minutes
Mise en scène : Jean-Paul Le Chanois
Interprètes : Robert Lamoureux, Gaby Morlay, Fernand Ledoux, Nicole Courcel, Louis de Funès, Jean Tissier

Ingrid
1955 - 115 minutes

Mise en scène : Géza Radványi
Interprètes : Johanna Matz, Paul Hubschmid, Paul Edwin Roth, Erni Mangold, Louis de Funès, Alice Treff, Joseph Offenbach

L'Impossible Monsieur Pipelet
1955 - 85 minutes
Mise en scène : André Hunebelle
Interprètes : Michel Simon, Gaby Morlay, Louis Velle, Maurice Baquet, Jean Brochard, Louis de Funès, Noël Roquevert

Frou-frou
1955 - 110 minutes
Mise en scène : Augusto Genina
Interprètes : Dany Robin, Gino Cervi, Philippe Lemaire, Louis de Funès, Mylène Demongeot

Papa, maman, ma femme et moi
1955 - 105 minutes
Mise en scène : Jean-Paul Le Chanois
Interprètes : Robert Lamoureux, Gaby Morlay, Fernand Ledoux, Nicole Courcel, Louis de Funès, Jean Tissier

La Bande à Papa
1955 - 90 minutes
Mise en scène : Guy Lefranc
Interprètes : Fernand Raynaud, Noël Roquevert, Louis de Funès, Henri Crémieux, Annie Noël

Bonjour Sourire
1955 - 90 minutes
Mise en scène : Claude Sautet
Interprètes : Jimmy Gaillard, Olga Torel, Louis de Funès, Darry Cowl, Jean Carmet

Les Hussards
1955 - 105 minutes
Mise en scène : Alex Joffé

Interprètes : Bernard Blier, Bourvil, Carlo Campanini, Giani Esposito, Virna Lisi, Louis de Funès

Si Paris nous était conté
1955 - 130 minutes
Mise en scène : Sacha Guitry
Interprètes : François Arnoul, Danielle Darrieux, Louis de Funès, Sacha Guitry, Michèle Morgan, Odette Joyeux, Jean Marais, Lana Marconi

Bébés à gogo
1955 - 85 minutes
Mise en scène : Paul Mesnier
Interprètes : Jane Sourza, Raymond Souplex, Andréa Parisy, Jean Carmet, Louis de Funès

La Loi des rues
1956 - 110 minutes
Mise en scène : Ralph Habib
Interprètes : Jean-Louis Trintignant, Raymond Pellegrin, Silvana Pampanini, Fernand Ledoux, Louis de Funès, Lino Ventura

Courte-Tête (ou Les Ramasse-miettes)
1956 - 85 minutes
Mise en scène : Norbert Carbonnaux
Interprètes : Fernand Gravey, Jean Richard, Jacques Duby, Louis de Funès, Darry Cowl, Micheline Dax, Jacques Dufilho

La Traversée de Paris
1956 - 85 minutes
Mise en scène : Claude Autant-Lara
Interprètes : Jean Gabin, Bourvil, Louis de Funès, Jeannette Batti, Georgette Anys

Comme un cheveu sur la soupe
1957 - 80 minutes
Mise en scène : Maurice Régamey
Interprètes : Louis de Funès, Noëlle Adam, Jacques Jouanneau, Robert Manuel, Nadine Tallier

Ni vu ni connu
1957 - 95 minutes
Mise en scène : Yves Robert
Interprètes : Louis de Funès, Noëlle Adam, Moustache, Claude Rich, Pierre Mondy

Totò à Madrid (**ou Un coup fumant**)
1958 - 85 minutes
Mise en scène : Steno
Interprètes : Totò, Giacomo Furia, Abe Lane, Louis de Funès

Taxi, roulotte et corrida
1958 - 80 minutes
Mise en scène : André Hunebelle
Interprètes : Louis de Funès, Raymond Bussières,
Annette Poivre, Paulette Dubost, Guy Bertil, Véra Valmont

La Vie à deux
1958 - 110 minutes
Mise en scène : Clément Duhour
Interprètes : Pierre Brasseur, Danielle Darrieux, Fernandel, Robert Lamoureux,
Jean Marais, Edwige Feuillère, Louis de Funès, Gérard Philipe

Fripouillard & Cie
1959 - 90 minutes
Mise en scène : Steno
Interprètes : Totò, Miranda Campa, Aldo Fabrizi, Louis de Funès, Fernand Sardou

Mon pote le Gitan
1959 - 90 minutes
Mise en scène : François Gir
Interprètes : Jean Richard, Louis de Funès, Michel Subor, Guy Bertil

Certains l'aiment froide (**ou Les Râleurs font leur beurre**)
1959 - 85 minutes
Mise en scène : Jean Bastia
Interprètes : Louis de Funès, Pierre Dudan, Francis Blanche,
Noël Roquevert, Jean Richard

Les Tortillards
1960 - 90 minutes
Mise en scène : Jean Bastia
Interprètes : Jean Richard, Roger Pierre, Danièle Lebrun,
Louis de Funès, Christian Marin

Candide (ou L'Optimiste au XXe siècle)
1960 - 90 minutes
Mise en scène : Norbert Carbonnaux
Interprètes : Jean-Pierre Cassel, Dahlia Lavi, Pierre Brasseur, Michel Simon,
Jean Richard, Louis de Funès, Jean Poiret, Michel Serrault

Le Capitaine Fracasse
1960 - 145 minutes
Mise en scène : Pierre Gaspard-Huit
Interprètes : Jean Marais, Geneviève Grad, Gérard Barray,
Louis de Funès, Philippe Noiret

Le Crime ne paie pas
1961 - 160 minutes
Sketch : L'Homme de l'avenue
Mise en scène : Gérard Oury
Interprètes : Edwige Feuillère, Michèle Morgan, Annie Girardot,
Danielle Darrieux, Louis de Funès

La Belle Américaine
1961 - 100 minutes
Mise en scène : Robert Dhéry
Interprètes : Robert Dhéry, Colette Brosset, Alfred Adam, Louis de Funès,
Jean Carmet, Michel Serrault

Dans l'eau qui fait des bulles
(ou Le Garde champêtre mène l'enquête)
1961 - 90 minutes
Mise en scène : Maurice Delbez
Interprètes : Pierre Dudan, Louis de Funès, Marthe Mercadier, Philippe Clay,
Jacques Dufilho

Le Diable et les Dix Commandements
1962 - 80 minutes
Mise en scène : Julien Duvivier
Interprètes : Fernandel, Michel Simon, Françoise Arnoul, Charles Aznavour, Alain Delon, Louis de Funès, Lino Ventura

La Vendetta
1962 - 85 minutes
Mise en scène : Jean Chérasse
Interprètes : Francis Blanche, Louis de Funès, Rosy Varte, Jean Lefèbvre, Christian Mery

Le Gentleman d'Epsom
1962 - 85 minutes
Mise en scène : Gilles Grangier
Interprètes : Jean Gabin, Madeleine Robinson, Louis de Funès, Paul Frankeur, Jean Lefèbvre

Carambolages
1962 - 95 minutes
Mise en scène : Marcel Bluwal
Interprètes : Jean-Claude Brialy, Louis de Funès, Michel Serrault, Sophie Daumier, Alfred Adam

Les Veinards
1962 - 100 minutes
Sketch : Le Gros Lot
Mise en scène : Philippe de Broca, Jean Girault, Jack Pinoteau
Interprètes : Louis de Funès, France Rumilly, Blanchette Brunoy, Darry Cowl, Pierre Mondy, François Périer, Guy Tréjean, Mireille Darc, Jacqueline Maillan

Un clair de lune à Maubeuge
1962 - 105 minutes
Mise en scène : Jean Chérasse
Interprètes : Claude Brasseur, Michel Serrault, Robert Manuel, Henri Salvador, Jean Carmet, Bernadette Lafont, Maria Pacôme, Louis de Funès

Nous irons à Deauville
1962 - 90 minutes
Mise en scène : Francis Rigaud
Interprètes : Michel Serrault, Claude Brasseur, Michel Galabru, Roger Pierre, Jean-Marc Thibault, Jean Carmet, Louis de Funès

Des pissenlits par la racine
1963 - 95 minutes
Mise en scène : Georges Lautner
Interprètes : Louis de Funès, Michel Serrault, Mireille Darc, Maurice Biraud, Francis Blanche, Darry Cowl

Pouic-Pouic
1963 - 90 minutes
Mise en scène : Jean Girault
Interprètes : Louis de Funès, Jacqueline Maillan, Mireille Darc, Guy Tréjean, Philippe Nicaud, Roger Dumas, Christian Marin, Daniel Ceccaldi

Faites sauter la banque
1964 - 90 minutes
Mise en scène : Jean Girault
Interprètes : Louis de Funès, Jean-Pierre Marielle, Yvonne Clech, Georges Wilson, Jean Lefèbvre

Une souris chez les Hommes
(ou Un drôle de caïd)
1964 - 90 minutes
Mise en scène : Jacques Poitrenaud
Interprètes : Dany Saval, Louis de Funès, Maurice Biraud, Dany Carrel, Robert Manuel, Dora Doll, Maria Pacôme, Claude Piéplu, Jacques Legras

Le Gendarme de Saint-Tropez
1964 - 80 minutes
Mise en scène : Jean Girault
Interprètes : Louis de Funès, Michel Galabru, Geneviève Grad, Jean Lefèbvre, Christian Marin, Guy Grosso, Michel Modo, France Rumilly

Fantômas
1964 - 105 minutes
Mise en scène : André Hunebelle
Interprètes : Louis de Funès, Jean Marais, Mylène Demongeot, Robert Dalban, Jacques Dynam

Le Corniaud
1964 - 110 minutes
Mise en scène : Gérard Oury
Interprètes : Bourvil, Louis de Funès, Venantino Venantini, Henri Genès, Guy Grosso, Michel Modo

Fantômas se déchaîne
1965 - 95 minutes
Mise en scène : André Hunebelle
Interprètes : Louis de Funès, Jean Marais, Mylène Demongeot, Jacques Dynam, Robert Dalban, Olivier de Funès

Un grand seigneur (ou Les Bons Vivants)
1965 - 100 minutes
Mise en scène : Georges Lautner
Interprètes : Louis de Funès, Mireille Darc, Bernard Blier, Andréa Parisy, Jean Lefèbvre, Jean Richard, Bernadette Lafont

Le Gendarme à New York
1965 - 100 minutes
Mise en scène : Jean Girault
Interprètes : Louis de Funès, Michel Galabru, Geneviève Grad, Jean Lefèbvre, Christian Marin, Guy Grosso, Michel Modo, France Rumilly

La Grande Vadrouille
1966 - 120 minutes
Mise en scène : Gérard Oury
Interprètes : Louis de Funès, Bourvil, Terry-Thomas, Claudio Brook, Mike Marshall, Andréa Parisy, Marie Dubois, Colette Brosset, Mary Marquet, Michel Modo

Fantômas contre Scotland Yard
1966 - 95 minutes
Mise en scène : André Hunebelle
Interprètes : Louis de Funès, Jean Marais, Mylène Demongeot, Jacques Dynam, Jean-Roger Caussimon, Françoise Christophe

Le Grand Restaurant
1966 - 90 minutes
Mise en scène : Jacques Besnard
Interprètes : Louis de Funès, Bernard Blier, Venantino Venantini, Folco Lulli, Pierre Tornade, Robert Dalban, Noël Roquevert, Olivier de Funès, Roger Caccia

Oscar
1967 - 85 minutes
Mise en scène : Édouard Molinaro
Interprètes : Louis de Funès, Claude Rich, Claude Gensac, Mario David, Paul Préboist, Agathe Natanson, Roger Van Hool, Germaine Delbat

Les Grandes Vacances
1967 - 95 minutes
Mise en scène : Jean Girault
Interprètes : Louis de Funès, Claude Gensac, Ferdy Mayne, Martine Kelly, Olivier de Funès, François Leccia

Le Petit Baigneur
1967 - 95 minutes
Mise en scène : Robert Dhéry
Interprètes : Louis de Funès, Robert Dhéry, Andréa Parisy, Colette Brosset, Michel Galabru, Jacques Legras, Pierre Tornade

Le Tatoué
1968 - 90 minutes
Mise en scène : Denys de La Patellière
Interprètes : Louis de Funès, Jean Gabin, Dominique Davray, Henri Virlojeux, Jean-Pierre Darras

Le Gendarme se marie
1968 - 90 minutes
Mise en scène : Jean Girault
Interprètes : Louis de Funès, Claude Gensac, Michel Galabru, Geneviève Grad, Jean Lefèbvre, Christian Marin, Guy Grosso, Michel Modo, Mario David, France Rumilly

Hibernatus
1969 - 100 minutes
Mise en scène : Édouard Molinaro
Interprètes : Louis de Funès, Claude Gensac, Bernard Alane, Olivier de Funès, Martine Kelly, Michael Lonsdale, Paul Préboist, Claude Piéplu

L'Homme-Orchestre
1970 - 85 minutes
Mise en scène : Serge Korber
Interprètes : Louis de Funès, Olivier de Funès, Noëlle Adam, Paul Préboist, Martine Kelly

Le Gendarme en balade
1970 - 100 minutes
Mise en scène : Jean Girault
Interprètes : Louis de Funès, Michel Galabru, Claude Gensac, Jean Lefèbvre, Christian Marin, Guy Grosso, Michel Modo, France Rumilly, Yves Vincent, Dominique Zardi

Sur un arbre perché
1970 - 85 minutes
Mise en scène : Serge Korber
Interprètes : Louis de Funès, Geraldine Chaplin, Olivier de Funès, Alice Sapritch, Paul Préboist, Armontel

Jo
1971 - 85 minutes
Mise en scène : Jean Girault
Interprètes : Louis de Funès, Claude Gensac, Bernard Blier, Guy Tréjean, Michel Galabru, Christiane Muller, Yvonne Clech, Florence Blot, Paul Préboist

La Folie des Grandeurs
1971 - 115 minutes
Mise en scène : Gérard Oury
Interprètes : Louis de Funès, Yves Montand, Karin Schubert, Gabriele Tinti, Alice Sapritch, Paul Préboist, Venantino Venantini

Les Aventures de Rabbi Jacob
1973 - 95 minutes
Mise en scène : Gérard Oury
Interprètes : Louis de Funès, Henri Guybet, Claude Giraud, Suzy Delair, Marcel Dalio, Claude Piéplu, Miou-Miou

L'Aile ou la Cuisse
1976 - 110 minutes
Mise en scène : Claude Zidi
Interprètes : Louis de Funès, Coluche, Julien Guiomar, Claude Gensac, Ann Zacharias, Marcel Dalio, Raymond Bussières, Philippe Bouvard, Vittorio Caprioli

La Zizanie
1978 - 95 minutes
Mise en scène : Claude Zidi
Interprètes : Louis de Funès, Annie Girardot, Maurice Risch, Julien Guiomar, Mario David, Jacques François

Le Gendarme et les Extra-Terrestres
1978 - 90 minutes
Mise en scène : Jean Girault
Interprètes : Louis de Funès, Michel Galabru, Maurice Risch, Jean-Pierre Rambal, Guy Grosso, Michel Modo, Maria Mauban, Jacques François, France Rumilly

L'Avare
1979 - 120 minutes
Mise en scène : Louis de Funès et Jean Girault
Interprètes : Louis de Funès, Michel Galabru, Claude Gensac, Frank David, Claire Dupray, Anne Caudry, Hervé Bellon, Bernard Menez, Guy Grosso, Michel Modo

La Soupe aux Choux
1981 - 100 minutes
Mise en scène : Jean Girault
Interprètes : Louis de Funès, Jean Carmet, Jacques Villeret, Christine Dejoux, Claude Gensac, Marco Perrin, Henri Genès

Le Gendarme et les Gendarmettes
1982 - 100 minutes
Mise en scène : Jean Girault et Tony Aboyantz
Interprètes : Louis de Funès, Michel Galabru, Claude Gensac, Maurice Risch, Guy Grosso, Michel Modo, Patrick Préjean, Babeth, Sophie Michaud, Catherine Serre, France Rumilly

THÉÂTROGRAPHIE

Le Royal Dindon
de Bodèse
Juin 1926, théâtre de Coulommiers

L'Amant de Paille
de Marc-Gilbert Sauvajon
Février 1944, salle Chopin-Pleyel
Interprètes : Meg Lemonnier, Jean-Pierre Aumont,
Bernard Blier, Louis de Funès (remplacement)

La Maison de Bernarda
de Federico García Lorca
Décembre 1945, Studio des Champs-Élysées
Mise en scène : Maurice Jacquemont
Interprètes : Germaine Kerjean, Marthe Mellot,
Silvia Monfort, Madeleine Barbulée, Louis de Funès

Winterset
de Maxwell Anderson
Janvier 1946, théâtre du Carrefour
(Bouffes du Nord)
Mise en scène : André Certes
Interprètes : Renaud Mary, Yves Vincent,
Jean-Roger Caussimon, Daniel Gélin,
Jacques Dynam, Louis de Funès

Thermidor
de Claude Vermorel
Mars 1948, théâtre Pigalle
Mise en scène de l'auteur
Interprètes : Claire Mafféi, Michel Vitold, Jean Servais,
Gérard Oury, François Chaumette, Louis de Funès

Un Tramway nommé Désir
de Tennessee Williams
Octobre 1949, théâtre Édouard-VII
Mise en scène : Raymond Rouleau
Interprètes : Arletty, Yves Vincent, Helena Bossis, Daniel Ivernel, Maurice Régamey, Louis de Funès

Dominique et Dominique
de Jean Davray
Janvier 1951, théâtre Michel
Mise en scène : Raymond Rouleau
Interprètes : Lucien Nat, Jacques François, Louis de Funès, Madeleine Delavaivre

Vache de mouche
de Jean Carmet et Christian Duvaleix
Septembre 1951, cabaret du Pot-aux-Fous

La Puce à l'oreille
de Georges Feydeau
Novembre 1952, Montparnasse-Gaston-Baty
Mise en scène : Georges Vitaly
Interprètes : Pierre Mondy, Jean Le Poulain, Camille Fournier, Marthe Mercadier, Louis de Funès

Bouboute et Sélection
de Robert Dhéry
1952, théâtre Vernet

Le Journal de Jules Renard
1953, cabaret La Tomate

Ah ! Les belles bacchantes
de Robert Dhéry, Francis Blanche et Gérard Calvi
Juin 1953, théâtre Daunou
Mise en scène : Robert Dhéry
Interprètes : Jacqueline Maillan, Louis de Funès, Roger Caccia, Jacques Legras

Poppi
de Georges Sonnier
Mars 1955, théâtre des Arts
Mise en scène : Pierre Valde
Interprètes : Louis de Funès, Maryse Paillet, Maurice Vallier, Marie-Blanche Vergner

Ornifle ou le courant d'air
de Jean Anouilh
Novembre 1955, théâtre de la Renaissance
Mise en scène de l'auteur
Interprètes : Pierre Brasseur, Jacqueline Maillan, Catherine Anouilh, Françoise Seigner, Louis de Funès

Faisons un rêve
de Sacha Guitry
Février 1957, théâtre des Variétés
Mise en scène de l'auteur
Interprètes : Robert Lamoureux, Danielle Darrieux, Louis de Funès, Max Montavon

Oscar
de Claude Magnier
Octobre 1959, tournées Karsenty

Oscar
de Claude Magnier
Janvier 1961, théâtre de la Porte-Saint-Martin
Mise en scène : Jacques Mauclair
Interprètes : Louis de Funès, Denise Provence, Guy Bertil, Mario David, Danièle Lebrun
Dernière le 1er juillet 1961

La Grosse Valse
de Robert Dhéry
Octobre 1962, théâtre des Variétés
Mise en scène de l'auteur
Interprètes : Louis de Funès, Robert Dhéry, Colette Brosset, Jacques Legras, Liliane Montevecchi, Guy Grosso, Michel Modo, Pierre Tornade

Oscar
de Claude Magnier
Novembre 1971, théâtre du Palais-Royal
Mise en scène : Pierre Mondy
Interprètes : Louis de Funès, Gérard Lartigau, Maria Pacôme, Mario David, Laurence Badie, Corinne Le Poulain, Germaine Delbat
Dernière le 21 mai 1972

Oscar
de Claude Magnier
Septembre 1972, théâtre du Palais-Royal
Mise en scène : Pierre Mondy
Interprètes : Louis de Funès, Olivier de Funès, Annick Alane, Mario David, Laurence Badie, Corinne Le Poulain, Germaine Delbat
Dernière le 7 janvier 1973

La Valse des Toréadors
de Jean Anouilh
Octobre 1973, Comédie des Champs-Élysées
Mise en scène : Jean Anouilh et Roland Pietri
Interprètes : Louis de Funès, Luce Garcia-Ville, Gabriel Gobin, Roland Pietri, Mony Dalmès, Sabine Azéma, Gilberte Géniat

LES AUTEURS REMERCIENT :

Robert Dhéry et Colette Brosset
Muriel Robin
Colombe Anouilh
Frédéric Dieudonné
Jean-Christophe Jeauffre
Jules Verne Aventures, www.jva.fr
Jean-Marc Poupard, enseignant, chercheur au LABSAH
(Laboratoire de Biosociologie Animale et Humaine), Paris 5e

Remerciements particuliers à Jane Goodall

Site officiel de Louis de Funès :
www.louisdefunes.com

TABLE

Crédits photos et illustrations

Pp. 5, 14, 18, 20, 21, 23, 25, 27, 28, 31, 33, 34, 35, 36, 39, 42, 45, 48, 57, 63, 68, 82, 85, 88, 94, 101, 107, 122, 126, 130, 133, 134, 137, 143, 147 (haut), 151, 157, 162, 165, 166, 175, 201, 229, 243, 252-253, 254, 257, 260, 264 : © collection Jeanne de Funès ; pp. 1, 97, 111 : © agence Bernand ; pp. 10, 207, 220-221, 259, 273 : © L'Illustration/JDF ; pp. 36, 46 (bas), 53, 90, 180, 182 : DR ; pp. 46 (haut), 74, 125 : © Henri Calba ; p. 77 : © Lipnitzki/Roger-Viollet ; p. 118 : © A.P.I.S. ; p. 147 (bas) : © Sipa Press/Dalmas ; pp. 218-219 : © Nicolas Treatt ; p. 227 : © L'Aurore/DR ; p. 237 : © collection Colette Brosset ; p. 271 : László Veres.

Conception graphique, mise en pages :
Nicolas Trautmann

Imprimé en France par
Normandie Roto Impression SAS (Lonrai)

Dépôt légal : janvier 2013
N° d'édition : 2974 – N° d'impression : 125056
ISBN : 978-2-7491-2974-7